부산대학교 한국민족문화연구소
로컬리티 교양총서 3

지역에서 행복을 찾다

| 필자 |

하용삼_부산대학교 한국민족문화연구소 HK연구교수. 독일 브레멘대학교 철학박사(독일 근대철학)

이명수_부산대학교 한국민족문화연구소 HK교수. 성균관대학교 철학박사(중국 근현대철학)

장세용_부산대학교 한국민족문화연구소 HK교수. 영남대학교 문학박사(서양역사이론)

공윤경_부산대학교 한국민족문화연구소 HK연구교수. 부산대학교 공학박사(도시공학)

차윤정_부산대학교 한국민족문화연구소 HK교수. 부산대학교 문학박사(국어학)

이상봉_부산대학교 한국민족문화연구소 HK교수. 부산대학교 정치학박사(지역정치)

조정민_부산대학교 한국민족문화연구소 HK교수. 일본 규슈대학교 비교사회문화학박사(일본 근현대문학)

오미일_부산대학교 한국민족문화연구소 HK교수. 성균관대학교 문학박사(한국 근현대사)

엄은희_서울대학교 아시아연구소 선임연구원. 서울대학교 교육학박사(환경지리학)

류지석_부산대학교 한국민족문화연구소 HK교수. 프랑스 샤를드골-릴3대학교 철학박사(프랑스철학)

부산대학교 한국민족문화연구소 로컬리티 교양총서 3

지역에서 행복을 찾다

초판 인쇄 2013년 5월 10일 **초판 발행** 2013년 5월 20일

엮은이 부산대학교 한국민족문화연구소

펴낸이 박성모 **펴낸곳** 소명출판 **출판등록** 제13-522호

주소 서울시 서초구 서초동 1621-18 란빌딩 1층

전화 02-585-7840 **팩스** 02-585-7848 **전자우편** somyong@korea.com **홈페이지** www.somyong.co.kr

값 19,000원 ISBN 978-89-5626-839-2 03600

이 저서는 2007년도 정부(교육과학기술부)의 재원으로 한국연구재단의 지원을 받아 연구되었음(NRF-2007-361-AL0001).

부산대학교 한국민족문화연구소 로컬리티 교양총서 3

지역에서 행복을 찾다

Happiness in the Local

부산대학교 한국민족문화연구소 엮음

소명출판

책머리에

요즘 우리 시대의 화두는 '힐링healing'이다. 얼마 전까지 우리 사회를 지배했던 건강 이데올로기, 소위 '웰빙wellbeing' 열풍이 '치유'로 옮아간 느낌이다. 최근 몇 년 사이의 TV 드라마나 오락 프로그램, 영화 그리고 음악, 서적, 운동, 여행, 음식 등의 담론을 되돌아보면 하나같이 몸과 마음을 잘 다스리라고 주문하고 있음을 알 수 있다. 놀랍도록 빠르게 확산된 건강, 치유 담론과 산업 마케팅. 그리고 그에 대한 강렬한 집단적 히스테리 반응은 결국 우리 사회의 개인과 집단이 건강하지 않고 또 행복하지 않음을 스스로 반증하고 있다.

왜 우리 사회는 치유를 필요로 하게 되었을까. 분명 치유에 대한 과잉된 관심과 맹신은 흔히 일컬어지는 무한경쟁시대의 또 다른 산물인지도 모른다. 경쟁의 최종 목표가 행복이라면, 이 행복은 개인의 행복에 국한되는 것이 아니라 지역 사람들의 행복, 더 나아가 인간 전체의 행복을 의미할 것이다. 여기서 분명한 것은 행복한 사회는 규범적이고 정형화된 모습으로 주어지는 것이 아니라는 점이다. 그것은 구체적인 공간 안에서 이웃과 더불어 상호작용하는 가운데 그 가능성이 발견될 수 있으며 또 때로는 좌절될 수도 있다. 이런 의미에서 이 책은 우리에게 주어진 환경에서 행복을 어떻게 상상할 것인지, 무엇이 행복을 방해하는지, 행복의 구체적인 모습은 어떠한 것인지 더듬어보기 위한 하나의 시도라 할 수 있다. 우리는 세계 속에 내던져진 존재가 아니라 행복을 창조하고 교환하는 주체이기에, 행복에 이르기 위한 구상과 설계, 실천과 노력 역시 우리의 몫인 것이다. 이에 맞추어 이 책은 3부로 구성되어 있다.

1부 '행복한 세계를 꿈꾸며'의 세 글 중 두 글은 인간이 상상하는 이상적인 모습은 무엇이며, 동서양에서 꿈꾸었던 이상 사회는 어떠했는가를 알아보고 있다. 행복에 대한 근원적인 질문은 어쩌면 우리를 당혹케 하고 행복을 더욱 멀리 느끼게 할지도 모른다. 그러나 과거에 대한 성찰이 현재와 미래를 조망할 수 있게 만든다는 점은 부정할 수 없기에 이 근원적인 물음은 성가시지만 반드시 필요한 작업이기도 하다. 이를 토대로, 또 하나의 글은 지역이라는 구체적인 삶터에 서게 될 때 행복은 어떤 모습으로 다가오는지에 대해 고민한다.

우리의 삶이 행복하지 않다고 느끼는 이유는 무엇 때문일까. 2부 '고단한 여기에 서서'의 세 글은 주거, 언어, 랜드마크·일상이라는 매개체를 통해 행복을 방해하는 요소들을 살펴본다. 행복의 파랑새는 늘 우리 가까이에 있다고 하지만, 실제로 그것을 느끼며 사는 것은 쉬운 일이 아니다. 그 이유 중 하나는 지금 여기의 삶을 열등한 것으로 설명하는 강고한 구분과 질서가 우리로 하여금 미래와 저곳을 욕망하도록 부추기고 있기 때문일 것이다. 2부의 글들을 통해, 지금 여기를 자생적 발전이 불가능한 곳으로 여기게 하는 요소들을 하나씩 짚어본다.

끝으로 3부 '지금 여기에서 행복하기 위하여'의 네 글에서는 우리 삶을 규정하는 조건들을 되돌아보며 지역에서 행복할 수 있는 방법을 타진해 본다. 1부와 2부에서 우리는 유토피아에 대해 상상했고, 현실의 결핍 부분을 진단했다. 이를 해결하기 위한 구체적이고 현실적인 노력들을 공유하고자 3부에서는 놀이, 살림살이, 음식, 생태라는 키워드를 중심으로 우리의 행복한 삶과 그 삶의 터전인 지역과의 상관관계에 대해 고민한다.

'행복 찾기'를 내건 대부분의 책들을 읽을 때에는 적지 않은 위로와 감동을 얻지만, 책장을 덮고 현실과 마주하는 순간엔 또 다시 공허함과 좌절감이 밀려오는 것을 우리는 경험하곤 한다. 그러나 행복을 상상하고 좌절하는 순간이 무수히 되풀이될 때, 비로소 행복에 대한 이해와 인식을 얻을 수 있다. 따라서 이 책은 곧장 우리의 행복을 보장하고 아름다운 지역을 상상하게 만드는 손쉬운 지름길을 택할 수 없었다. 오히려 행복에 대한 근원적인 물음과 행복을 방해하는 고통스런 현실의 요소들, 그리고 이 가운데서도 우리의 실천으로 개선할 수 있는 조건들을 정리함으로써 행복한 삶과 삶터를 상상할 뿐만 아니라 현실적 가능성을 도모하고자 노력하였다. 행복에 대해 고민하는 독자들에게 이 책이 작은 울림이 되기를 기대한다.

부산대학교 한국민족문화연구소

HK로컬리티의인문학연구단

차례

2부 — 고단한 여기에 서서

3부 — 지금 여기에서 행복하기 위하여

1부

행복한 세계를 꿈꾸며

유토피아와 무위의 공동체

하용삼

1. 유토피아

현재 한국사회에서 사람들이 체험하는 여러 가지 정치적·경제적 어려움이 공동체를 요구하고, 공동체를 열망하게 하고 있다. 공동체에 대한 열망은 역으로 공동체의 부재를 의미하고, 공동체의 부재는 동시에 어떤 공동체를 만들어야 하는가라는 물음을 담고 있다. 이 물음에 대응하기 위해서 우선 이상적 공동체로서 유토피아, 원시공동체를 살펴볼 것이다. 그리고 현실에서 이런 공동체들은 실현되기 어려울 것이다. 또한 원시공동체는 현재 아마존에 존재하고 있고, 원하는 몇몇 사람들은 원시공동체의 구성원이 될 수 있지만, 그 사람들도 원시공동체의 구성원이 되는 과정은 결코 쉽지 않을 것이다. 그러면 공동체는 불가능한가? 우리는 공동체의 가능성을 무위의 공동체에서 보게 될 것이다.

유토피아는 이 장소와 현실에 대한 절망과 불안을 바탕으로 이상적인 다른 장소와 미래에 대한 희망을 추구하고 있다. 아마 인간이 현실과 이 장소에 만족한다면, 이상적인 다른 장소와 미래를 상상할 필요가 없을 것이다. 이런 의미에서 유토피아는 불합리한 인간의 환경과 제도 그리고 인간의 본성을 합리적으로 변화시키고자 하는 인간의 이상을 반영하고 있다. 토마스 모어는 사행시에서 유토피아란 그리스어로 '좋다'로서 '에우'와 '장소'로서 '토피아'를 결합한 '에우토피아eutopia'나 '없다'로서 '오우'와 토피아를 결합한 '오우토피아outopia'와 관련될 수 있다고 말했다. 거의 모든 유토피아는 불합리한 현실을 비판하고, 동시에 이 현실의 불합리성을 극복하고, 인간이 행복하게 살 수 있는 가능성을 제시하고 있다.

플라톤의 전통을 수용하여 세상을 변화시키려는 생각으로서 '장소 유토피아'는 주로 섬이라든가 반도와 같은 공간적인 영역을 통하여 형상되었다가, 프랑스 혁명이 발발하기 전 미래지향적 사고 형태를 지닌 '시간 유토피아'로 변화된다. 즉 공간적 형태의 유토피아주의에서 시간적 과정의 유토피아주의로의 변화이다. '시간적 유토피아'의 형성은 근대적 시간 개념의 형성 즉 '진보'라는 개념의 형성과 그에 대한 믿음, 또한 선형적인 시간을 단축시킬 수 있다는 확신과 그것의 주체로서 인간에 대한 믿음에서 비롯된 것이다. 그리고 그러한 믿음을 더욱 확고하게 만든 두 가지 사건이 '프랑스혁명'과 '산업혁명'이다. 전자는 정치적 측면에서 새로운 근대의 이성적인 인간이 정치적인 주체로서 자리 잡는 계기가 되었고, 후자는 근대적 인간이 과학기술을 통해 자연에 대한 지배를 분명히 하는 계기가 되었다.

유토피아에 대해서는 부정적인 측면과 긍정적인 측면으로 나누어 살펴볼 수 있다. 우선 부정적인 측면은 대부분의 고전 유토피아 저자들이 독재적인 경향이 있다는 것이다. 그들은 융통성 없는 질서와 중앙집권적이고 절대적인 국가 제도를 통해서 획일적인 규율을 강요하려고 했다. 다른 한편으로 유토피아의 긍정적인 측면은 현행 체제에 과거의 체제 그리고 다른 지역의 체제를 이종교배해서 구성원들의 행복한 삶의 가능성을 보장할 수 있는 것이다. 이것이 이상이 갖는 실천적인 기능이다. 또 다른 긍정적인 측면은 생물학이 입증한 전체성과 조화가 모든 유기체의 중요한 속성이고, 이 속성은 인간세계에도 적용된다. 자연과학과 기술의 영역을 포함하는 인간세계의 모든 측면에서 균형과 전체성을 세우기 위해서 인간 생활의 다양한 가능성을 고려해야 한다.

유토피아는 억압으로 가득한 현실세계를 좀 더 살만한 인간세계로 만들려는 인간정신의 산물이다. 유토피아 그 자체는 훌륭한 도시라는 형태의 공동체와 함께 '좋은 생활'을 과감하게 추구하는 하나의 독립된 세계다. 유토피아에 대한 논의는 그것이 쓰인 시대의 형태와 특징을 보여 준다. 플라톤의 『국가』는 펠로폰네소스전쟁 이후 나타난 사회적 붕괴의 시기에 쓰였다. 토마스 모어가 상상의 나라를 위한 기초를 세운 시기도 마찬가지로 무질서와 폭력의 시대였다. 그의 유토피아는 낡은 질서인 중세와 새로운 관심이자 체제인 르네상스 사이의 간격을 메우고자 만든 다리였다.

플라톤(BC.427~BC.347)은 좋은 공동체를 건강한 몸과 같이 생각했다. 몸의 모든 기능이 조화롭게 작용하는 것은 강력함과 활력의 조건이다. 따라서 좋은 공동체는 동포의 복지와 이익을 고려하지 않고 개인적인 특정한 행복만을 주장하는 개인의 집합체일 수는 없다. 플라톤은 좋음과 행복 사이에는 본질적인 차이가 없다고 보고 그 두 가지가 자연에 따른 생활로 이루어진다고 믿었다. 즉, 그 자신을 알고 자신의 성향을 찾아 자신이 할 수 있는 특정한 일을 충족하는 것이었다. 따라서 플라톤에 있어서 좋은 공동체는 기능을 중심으로 삼는 것이었다. 좋은 생활이란 각자가 그 기능을 수행하고 모든 필요 기능이 서로 행복하게 조정될 때 생겨난다. 국가는 그런 육체와 같다. "건강은 몸의 각 부분이 자연의 지배와 질서에 따르는 상태에서 생기고, 질병은 사물의 상태가 자연의 질서에 반하는 상태에서 생긴다." 공동체 최고의 덕성은 정의다. 즉 '적재적소'의 원칙에 따라 일이나 기능이 적절하게 분배되는 것이다. 이 공동체는 하나의 살아 있는 단위로서 유기적으로 건전한 공동체의 건강을 보여 준다. 이런 의미에서 공동체 사람들의 일상적인 일은 과거와 동일하게 행해지지만, 일을 하면서 서로에게 생긴 관계가 근본적으로 변화한다. 플라톤의 공동체에는 예속 · 강제 · 탐욕 · 태만이 없었다. 사람들은 그들이 속한 공동체와 올바른 관계를 가지고 행복하게 살기 위해 각자의 기능을 수행했다. 이 공동체는 사적인 특권의 배제를 통해서 자신의 인격을 최대한 높일 수 있었다.

플라톤에서 토마스 모어(1478~1535) 사이에 거의 2천 년의 세월이 가로놓여 있다. 기원후 최초의 1,500년 사이에 유토피아는 하늘로 올라가 신의 왕국으로 불렸다. 천국의 유토피아로부터 지상의 유토피아로의 전환은 중세의 쇠퇴를 특징짓는 변화와 불안의 시대에 찾아왔다. 토마스 모어의 유토피아는 당대의 정치적 폭력과 경제적 모순에서 출발한다. 당대의 유럽 생활은 모어에게 아무런 매력이 없었다. 부자는 빈민을 착취했고, 적어도 영국에서는 토지가 거대한 울타리로 둘러싸여 방목장으로 변했다. 토지를 개간한 사람들은 추방됐고 자력으로 겨우 살아가야 했다. 한 쪽에서는 엄청난 사치가 번성한 반면 다른 쪽에서는 비참이 번성했다. 모어는 라파엘 히슬로다에우스의 입을 통해 자유롭게 말한다. "사유재산이 존재하고, 모든 것이 돈으로 평가되는 한, 나라는 공정하거나 행복하게 통치될 수 없다고 생각합니다. 최선의 것이 가장 나쁜 사람들의 것이 되므로 공정하지 않습니다. 모든 것이 극소수의 사람들 사이에서 나누어지기 때문에 행복하지 않습니다. 나머지 사람들은 절대적으로 비참하게 살도록 버려져 있습니다." 요컨대 히슬로다에우스는 유토피아 사람들의 실천에 따르는 것 외에 어떤 구제도 없다고 말한다.

유토피아의 기본적 가치관에 의하면 유토피아의 사람들은 "법이 허용하는 한에서 자신의 이익을 보살피는 것이 참으로 현명한 일이라고 생각합니다. 개인의 관심사보다 공공의 이익을 우선하는 것은 분별 있는 것이라고 그들은 생각합니다. 그러나 자기 자신이 즐기기 위해서 남의 쾌락을 빼앗는 것은 분명히 불의라고 봅니다." 이러한 가치관은 인간의 본성에 뿌리내린 것이지, 외부의 제도에 근거하는 것이 아니다. 모든 유토피아 제도의 목표는 모든 사람이 스스로를 돕는 것이다. 모어의 이러한 말은 그 이면에 더욱 심오한 측면을 내재하고 있다.

우리가 좋은 생활을 향해 노력하는 것은 우리가 생활비를 벌기 위해 애쓸 때 언제나 왜곡되기 마련이며, 이익이나 특권으로 재주를 부리면서 권력이나 부나 지위를 추구할 때 우리는 완전한 인간으로 사는 기회를 잃어버리게 된다는 생각이다. 사람들은 가구, 재산, 칭호, 지위를 지키는 것에 급급하여 결과적으로는 가구나 재산이 부여하는 직접적인 만족을 상실하고 만다. 이처럼 공동체적 열망과 동시에 평등지향적인 열망을 보이는 토머스 모어의 유토피아는 이기주의 및 탐욕과 연관된 모든 착취에서 벗어난 국가로 파악될 수 있다.

18세기 후반부터 19세기 초엽 사이의 많은 발명으로 새로운 세계가 현실로 됐다. 유수, 석탄 연료, 회전 기계로 형성된 이 새로운 세계에서 유토피아는 다시 탄생했다. 이런 일이 생긴 이유와 유토피아 저술의 대략 3분의 2가 19세기에 쓰인 이유는 쉽게 알 수 있다. 세계가 눈으로 볼 수 있는 형태로 새롭게 만들어졌고, 지구의 다른 쪽으로 달아나지 않고도 사물의 상이한 질서를 상상할 수 있었던 것이다. 정치도 변해 군주국이 공화국으로 서서히 바뀌었다. 산업발전과 더불어 사회도 변해 사회계층이 이동하고 '단층'이 생겨났다. 그전에는 별 볼 일 없고 굴욕적인 지위에 만족했던 사람들이 특권적인 재산과 혈통의 계승자들과 어깨를 나란히 하게 됐다. 기계의 생산량은 급증하여 모든 사람이 옷을 입을 수 있었다. 새로운 농법과 새로운 농기구는 대량 수확을 약속하여 누구나 배를 채울 수 있었다. 그렇지만 공동체 전체에 좋은 생활을 위한 물질적 기반을 부여해야 할 그 도구가 토지나 자본을 갖지 못한 대부분의 사람들에게는 고문 도구 이외에 다른 아무것도 아님이 드러났다. 새로운 질서에 완강하게 저항한 사람들은 새로운 수단에 반대한 것이 아니라 그 수단이 사용되는 목적에 반대했다. 질서 있는 자연에 대한 정복이 폭력적인 전리품의 쟁탈로 변하고, 극소수의 호전적이고 반사회적인 개인의 이익을 위해 산업주의가 약속한 모든 복지가 상실됐다는 느낌을 받았다.[1]

인간의 본성과 그 사회역사적 맥락에 대한 이론들에 의존한 로버트 오웬(1771~1858)과 앙리 드 생시몽(1760~1825) 그리고 샤를 푸리에(1772~1837)는 기존 사회를 비난한 것이 확실하다. 하지만 그에 그치지 않고 새로운 과학, 즉 사회에 대한 과학을 통해 드러난 변화의 잠재력에 기초한 해결책을 제시했다. 19세기 초에 이 사상가들은 각각 공동체 운동, 결사 혹은 협동조합 운동들에 연계된 세 가지 사상적 흐름들과 대응한다. 또한 이들은 정치적 영역에서의 계급투쟁이라는 급진적 원리를 채택하지 않고서 밑에서부터의 조직과 실험을 역설했다. 폭력적인 해결책에 반대하는 오웬과 생시몽, 푸리에는 전지구적인 화해의 수단을 찾기 위하여 두 가지 탐구영역을 특히 중시했다. ① 역사의 영역. 이들은 생산자와 소비자의 결사를 통해 프롤레타리아화 과정을 회피하라고 주장했다. ② 실험의 영역. 즉 사실을 통한 증명의 영역. 이는 다수의 사람들에게 전지구적 화해의 의미와 그것이 가져올 이익을 즉각적으로 인식하게 만들기 위한 것이다. 그리하여 과학적 사회주의자들에 의하여 유토피아는 현실 사회와는 동떨어진 프티부르주아 엘리트의 환상과 보수적 태도의 산물로 돌려졌다. 반면 유토피아적이라는 수식어는 새로운 연대적 체계의 창조를 지향하는 모든 해결책들을 통칭하게 되었다.

---

1 L. 멈퍼드, 박홍규 역, 『유토피아 이야기』, 텍스트, 2010.

인간이 선과 정의를 추구하는 경로는 다양하다. 그 여정들이 사람에 따라 다양하게 제시되지만 너무나 무시되는 요소인 최종 도달점을 가시적으로 제시할 필요성은 끊임없이 강조되었다. 미래의 다양한 정경들에 우리가 접근하기 위해서는 이론이나 유토피아의 세례를 거칠 필요가 있었다. 그러나 정치의 장에서 이 모든 정경들은 이성과 허구 사이에서 재발견해야 할 독특한 위치를 점하고 있다.[2]

고대부터 근대까지 유토피아가 불합리한 현실을 비판하고, 더 나은 공동체를 구성하려는 노력에도 불구하고, 유토피아의 구성원들은 유토피아의 저자들에 의해서 실천의 주체가 아니라 피동적인 객체였다. 다시 말해 현실정치에서 대부분의 시민들과 마찬가지로 유토피아의 구성원들이 정치적 주체가 되지 못했다. 다음 장에서 우리는 변화된 현실에서 일반 시민들이 정치적 주체로 거듭나기 위한 장으로서 공동체에 관해서 논의할 것이다.

2. 왜 우리는 공동체를 원하는가?

현대 한국사회는 어떤 사회인가? 도대체 어떤 사회이기에 공동체를 열망하는가? 우선 간단히 말하면, 현대 한국사회는 공동체가 아니

---

2 Y. 딜라스-로세리외, 김휘석 역, 『미래의 기억 유토피아』, 서해문집, 2007.

고, 개인주의사회이다. 즉 개인이 정치적 권리와 의무의 주체이고, 또한 경제적 생산과 소비의 주체이다. 그러나 여러 가지 현실적인 사태를 볼 때, 개인의 정치적 권리와 의무에 대한 형식만이 있고, 권리와 의무에 대한 내용은 비어있다. 개인의 정치적 의무는 국가의 독점적인 폭력에 의해서 회피하기 힘들고, 개인의 정치적 권리는 법에만 존재하고, 현실적으로 행사하기 어렵다. 정치가들(국가 관료를 포함함)이 국가의 독점적인 권력·폭력을 (비)가시적으로 행사한다. 이와 반대로 자본가들은 생산과 소비의 중심축을 행사하고, 자본을 통해서 지속적으로 잉여가치를 축적한다. 자본주의사회가 자본과 노동의 관계로 구성되고, 그리고 잉여가치는 노동에 대한 자본의 우월성을 시사한다. 자본의 우월성을 형식적·내용적으로 보장하는 것은 국가(정치권력)이다. 다시 말해 자본주의사회는 자본가들과 정치가들의 상호연합에 의해서 구성된 사회이다. 실제로 국가의 정치권력은 국민들의 지지에 의해서 가능하지만, 현실에서는 국회의원과 대통령을 선출하는 선거가 끝나면 국민들은 다음 선거 때까지 아무런 실질적인 제재수단이 없다. 이렇게 국민들의 일상생활은 자본에 의해서 완전히 지배되고, 그리고 권리는 법적인 형식에만 존재하고, 내용적으로 공허하게 존재한다.

마이클 샌델Michael Sandel(1953~)은 자유주의의 무연고적 개인의 자유를 비판하면서 인류애보다 일상의 삶을 영위하는 공동체와 유대가 더 우선적이고, 또한 거대하고 소원한 힘들에 의해 지배되는 세계에서 공동체적 정체성에 대한 열망이 커질 수밖에 없다고 말한다.

세계화시대에 개인의 자유는 절대적 개별화로 나타나지만, 이 개별화에 대응하는 국가와 자본은 점점 보편화되어 간다. 따라서 원자화된 개인의 자유는 국가와 자본의 보편성에 필연적으로 종속될 것이다. 국가와 자본의 맹목적 종속에 벗어나기 위해서 공동체는 당위적으로 요청된다.

그러나 세계화시대의 정치·경제·사회·기술적인 변화로 인해서 공동체적 요소들이 로컬리티locality에 단지 파편적으로 남아 있을 뿐이다. 이런 상황에서 하비D. Harvey는 "도시와 우리자신을 만들고 또 다시 고쳐 만들 자유는 우리의 인간적 권리 중에서 가장 소중하지만 가장 소홀히 대접받는"다고 주장한다. 로컬리티와 개인의 변화는 서로 분리될 수 없다고 한다면, 로컬주민들은 자신들의 권리를 위해서 로컬리티를 로컬공동체로 구성해야 한다. 이렇게 될 때, 그들의 권리를 위해서 로컬공동체는 강제철거, 로컬리티의 상품화에 집단적으로 저항할 수 있다. 즉 생활공간에서 로컬리티와 개인의 동반적 변화는 공동체적 가치에 의해서 형성된다.

하비는 집중화된 금융체계와 달리 로컬리티와 도시의 사회저항운동은 세계전역에서 무수히 일어나지만, 집중된 힘을 발휘하지 못한다고 한다. 그는 이 문제에 대해 원칙상으로 "잉여생산과 그 활용에 대한 민주적 통제"를 대응으로 내세운다. 다시 말해 금융 권력이 배제와 포섭의 전략을 통해서 로컬리티와 로컬리티의 삶을 상품화하는 것에 대항해서 로컬리티와 도시는 잉여자본에 대한 민주적 관리를 통해서 로컬리티와 도시의 권리를 행사해야 한다. 또한 이러한 권리가 공동체의 형성을 위한 기초조건이 된다.

로컬리티는 국가와 자본에 의해서 배제와 포섭의 전략을 통해서 자본의 축적과정으로서 도시화된다. 이것에 대항해서 개인의 권리와 생활공간의 동반적 변화를 위해서 로컬리티는 공동체로 변화되어야 한다. 자본에 의한 로컬리티의 상품화에 대항해서 개인은 자신의 권리와 자유를 위해서 공동체에 의존해야 한다. 이 견해는 온건한 공동체주의에 해당한다.

여기에서 우리는 로컬리티의 상품화에 대한 대안으로서 공동체의 사회적 의미를 살펴볼 수 있다. 전통적인 공동체는 역사성, 지리적 근접성, 비자발성을 중층적으로 내포하고 있었다. 이 공동체의 거주민들은 자연스럽게 인격적, 대면적 관계망 속에 있고, 공유된 신념과 가치관, 그리고 공동체적 유대감과 정체성을 가지고 있었다. 그러나 전근대 공동체와 달리 현대 공동체에 관한 논의에서 제기되는 문제점은 공동체 구성원들의 유동성이다. 공동체가 유지되기 위해서는 공동체가 어느 정도 안정되어 있어야 한다. 그러나 공동체에 속해야 할 우리의 현대적 삶은 매우 유동적이다. 자본주의의 분업체계는 생산의 효율성을 위해 사람들을 노동력 중심의 단위로 끊임없이 이동시키고 있기 때문이다. 농촌의 젊은 노동력은 일자리 찾아 도시로 끊임없이 이동하며, 생산시설은 낮은 임금과 효율성을 찾아 끊임없이 이동한다. 이러한 인구의 유동성은 로컬공동체의 형성을 가로막는 가장 큰 장애요인이다. 단순히 원자화된 건물 블록이 쌓이듯 단체나 집단이 자동적으로 공동체를 구성하는 것은 아니다. 공동의 신념을 공유하고 어느 정도 공동의 이해를 같이 한 집단적 행위에 참여하기 위해서는 규모의 작음은 물론, 성원들 간에 상호 밀접하게 결합되어 있어야 하는데, 그 같은 기회가 제공되고 있지 못하다는 것이다.

다시 말해 산업화에 따라 생산과 소비의 분리로 인해서 전통적 공동체는 더 이상 존재하기 어렵고, 또한 이러한 공동체의 주요한 요소들이 지리적 근접성, 인격적 · 대면적 관계, 역사성, 공유된 신념과 가치관으로 분리되어서 각기 파편적으로 남아 있다. 이러한 이유로 공동체 정신이 필요한 도시지역은 지리적 근접성에도 불구하고 공동체의 역사성 · 인격적 관계 · 유대감이 결여되어서, 공동체로서 역할을 할 수 없고, 오히려 이러한 공동체의 요소들은 각각 지역감정, 연고주의, 집단이기주의라는 부정적인 형태로 표출되고 있다. 이러한 파편화된 공동체의 요소들은 국가권력과 자본에 동조해서 건전한 공동체 형성을 방해하고 있다.

1980년 이후 세계화시대에 시장의 힘이 극대화되었고, 소비주의가 만연하며, 모든 것이 개인의 선택에 의해서 결정되는 것처럼 보인다. 그러나 무연고적인 · 독립된 개인은 자본과 시장이라는 익명적인 힘의 구조들에 의해 지배되는 세계를 이해하고, 통제할 수 없다. 이런 상황에서 자유주의에 대항하여 공동체주의를 지지하는 마이클 샌델은 정의의 규정은 옮음이라기보다 특정한 좋은 삶에 우선권이 부여되어야 한다고 말한다. 그는 자유주의자의 무연고적 자아를 비판하면서, 이 가족, 이 도시, 이 나라, 이 민족, 이 공화국의 성원이 된다는 것은 공동체에 대한 충성과 시민적 책무, 도덕적 · 정치적 연대를 지키는 것이라고 한다. 시민적 책무는 대내적 것이든 대외적인 것이든 자신의 선택 이전에 존재하는 도덕적 연대를 담당해낼 수 있다는 것을 전제한다. 이 책무는 내 정체성과 연결되어 있는 공동체 성원들과 도덕적 연대에서 발생한다.

마이클 샌델은 민주적 절차와 선거권과 더불어 민주적 공공 문화의 형성이 필요하며, 이를 위해 시민들이 공동 상황에 좀 더 직접적으로 참여해야 한다고 말한다. 경쟁하는 가치들 사이에서 독립적으로 선택할 수 있는 자유주의적인 자유(무연고적 자아의 자유)보다 공화주의적인 '함께 자치하는 자유'가 거대한 정치적·경제적 권력 구조들에 의해 지배되는 세계에서 개인의 자유를 현실화한다. 왜냐하면 시장에서 무연고적 개인의 자유로운 교환이 계약자들의 진정한 동의에 근거한 것 같지만, 시장에서의 거래를 위한 배경 조건이 불공정하기 때문에 교환이 진정한 동의에서 이루어지고 있지 않기 때문이다. 그래서 자유는 자치에 공동으로 참여한다는 것이고, 공동체의 운명을 다스리는 힘을 형성하는 데 참여하는 것이다.

공동체의 운명을 결정한다는 것은 어떤 정치적·경제적 권력의 구조를 만들어 갈 것인가를 결정하는 것에 공동으로 참여하는 것이다. 그리고 공동체의 운명을 결정하는 것에 참여하는 자유, 공동체에서 함께 자치하는 자유가 시민적 덕목civic virtue이 되어야 한다. 이 덕목은 공동선에 관심을 가지고, 함께 숙고하고, 공동선을 실현하기 위해서 공동체와 동료 시민들과 도덕적 유대를 맺는 것이다. 도덕적 유대를 통해서 사익에 대한 공동선의 우선이 성원들에게 내면화된다. 공동선에 대한 숙고, 공동체에 참여와 자치, 그리고 이것을 위한 시민적 덕목의 과정은 공동체의 역사에 적극적인 참여로 이어지는 연속적인 순환이다. 이 순환이 시간과 공간을 동시에 포함하는 공동체를 형성할 것이다. 이 순환은 지리적인 의미에서 로컬공동체이기보다 공동선에 대한 숙고, 공동체에 참여와 자치, 그리고 이것을 위한 시민적 덕목의 과정을 시간과 공간의 단절을 극복하는 것으로 만드는 "일종의 조직화된 기억", 또한 "사람들이 함께 행위하고 말함으로써 발생하는 사람들의 조직체"를 의미한다. 이런 의미에서 이 순환은 참여와 자치로서 공동체와 보편적 인권으로서 지구공동체를 복수의 공동체로서 포함하고, 주민들이 어디에 있든지 간에 공동체의 목적을 위해 함께 살아가는 사람들 사이에 존재할 것이다.[3]

3. 원시공동체에서 삶

피다한Pirahã 사람들의 삶이 원시공동체적 삶에 대한 한 가지 모범적인 사례가 될 것이다. 이 사례를 통해서 공동체의 형식보다 공동체의 삶이 명확하게 드러날 것이다. 자본주의 국가가 '잉여와 권력집중'에 의해서 성립된다면, 자본주의 국가와 가장 먼 반대편에 서있는 피다한 사람들은 '경험과 언어의 직접성 그리고 잉여부재와 권력부재의 공동체'로 표현된다.

계획된 미래의 부재와 관련되는 음식과 식량을 저장하지 않는 것은 공동체 구성 원리로서 권력부재를 낳는다. 훈제나 염장 등 고기를 오래 보관하는 법을 알고 있지만 그렇게 하지 않는다. 그날 사냥, 채집한

3 하용삼, 「로컬리티의 타자화와 로컬공동체」, 『대동철학』 56, 대동철학회, 2011, 70~74쪽.

것은 많든 적든 함께 모여서 그날 바로 먹어치운다. 이들은 어려운 환경을 극복할 수 있다는 확신과 용기를 가지고 있기 때문에 삶의 즐거움과 고통 그리고 죽음을 회피하지 않고 그 자체로 받아들인다. 그들은 매일 3끼를 먹지 않고, 음식이 있으면 다 먹고, 어떤 때는 "사냥도, 낚시도, 채집도 하지 않고 3일 동안 거의 쉬지 않고 춤을" 추며 먹지도 않고 논다. 외부 사람들이 보기에는 게으르게 보이지만, 사냥이나 채집을 할 때 누구보다 부지런히 일한다. 피다한 사람들은 물건의 기능에 대해 관심을 갖기는 하지만, 물건을 소유하려는 욕심이 없고, 이방인의 지식이나 일하는 습관을 쉽게 받아들이지 않는다. 바구니 같은 용기도 즉석에서 단지 1회용으로 야자나무 잎으로 만들어 쓰고 말라 부서지게 놔둬버린다. 장식조차도 대부분 인간들이 추구하는 대칭과 같은 미적인 가치를 고려하지 않고 직접적인 기능 수행에만 관심을 둘 뿐이다. 이와 같이 음식과 물건을 축적하거나 도구의 장기적 사용에 대해서 큰 관심을 보이지 않는다. 이런 관행은 놀고먹을 수 있는 체계와 구조, 그리고 그런 개인이나 계층의 발생을 극단적으로 억제하는 역할을 한다. 잉여 인간도 없다. 빈번하지 않지만 문명사회와 접촉함에도 불구하고, 피다한 사람들은 발전이란 문제에 대해 관심도 없고, 또 그러한 것을 바라지도 않는다. 피다한 사람들은 미래를 계획하지 않고, 하루하루 즐기는 것을 훨씬 중요하게 여기고, 그들은 무엇이든 최소한의 기능을 할 수 있을 정도만 노력한다. 피다한 사람들은 서로에 대해 관용적이다. 그리고 아름다운 자연, 깨끗한 물, 풍부한 음식물을 얻을 수 있는 현재 상태에 만족한다. 한편으로 피다한 사람들은 자신들의 삶에 만족하고, 어릴 때부터 자신의 몫을 스스로 책임지는 법을 터득함으로써 모든 구성원들이 자족하는 사회를 만든다. "피다한 사람들은 자신과 가족의 생존에 관해서는 개인주의적 태도를 취한다. 자기 자신과 가족이 무엇보다 우선이다. 하지만 이들은 분명히 도와줄 필요가 있다고 생각되는 사람에게만 도움을 준다." 다른 한편으로 피다한 사람들은 핵가족을 통해서 공동체 의식을 배우고, 이들의 공동체 의식은 강한 반면에 '공식적인 강압장치'는 거의 없다.[4]

> 피다한 사람들 사이에서는 누군가에게 명령하는 모습을 보기 힘들다. 심지어 부모도 자식에게 명령하지 않는다. 가끔 명령하려 드는 사람도 있지만 대부분 말과 표정, 뻔히 쳐다보는 행동을 통해 무시당하거나 거부당한다. 또한 이들은 다른 사람이 공동체의 규범을 어기는 것을 막기 위해 간섭하는 일도 없다.[5]

철저한 평등과 자유의 생활태도와 분위기는 남녀노소 불문하고 각자 자기 생존 기술과 강인함으로 살아가야 하는 책임감을 어려서부터 체득하도록 만든다. 이외에도 이들에게는 경험의 직접성으로 인해 구전문화와 의례가 없다. 이는 집중된 권력 부재의 이유이기도 하다. 먹을거리 분배과정에서 얼마동안 배제나 추방(아마존에서 사냥을 하거나 동물의 습격으로부터 자신을 보호하려면 사회적 협동이 반드시 필요하기 때문에 추방은 아마존에서 최고의 형벌이다)을 통해서 공동체의 소속감과 가치를 공유

---

4 배윤기, 「경계 밖에서 만난 로컬리티」, 『로컬리티의 인문학』 7, 부산대 한국민족문화연구소, 2012, 274~275쪽.

5 D. 에버렛, 윤영삼 역, 『잠들면 안 돼, 거기 뱀이 있어』, 꾸리에북스, 2010, 192쪽.

하고, 공동체에서 탈선행위를 규제하는 '분산된 통제'가 이루어진다. 결혼식 없이 함께 살고 아이를 낳으면 가족이 된다. 없다, 없다, 없는 것이 너무 많다. 서구인들은 이런 사회들을 '결여'와 '부재'의 사회로 명명하고 지배하여 제거해왔다. 결여와 부재에도 불구하고 그들의 삶은 무한정 만족스럽다. 왜냐하면 결여와 부재에 동전의 이면처럼 붙어 다니는 풍요로움과 있음이 너무나 많고 크기 때문이다.

우리는 피다한 사람들의 일상적인 삶을 통해서 자본주의의 개인주의와 다른 공동체적 삶의 한 단면을 엿볼 수 있다. 피다한 사람들의 공동체는 브라질의 아마존 강가에 있다. 그들은 비록 마이시Maici 강을 따라 수십km 이상 거리(가장 상류에서 하류까지 400km)를 두고 여러 마을로 흩어져 살고 있고, 그 수는 약 300명쯤 된다. 피다한 사람들은 아마존 강을 따라 240km(직선거리 80km)에 거쳐 살고 있지만, 그들은 다른 피다한 사람들에 대해서 서로 잘 알고 있다. 피다한 사람들은 직계 혈통(할아버지와 할머니, 엄마와 아빠, 엄마와 아빠가 모두 같은 남매, 손자와 손녀)을 제외하고 특별한 의례 없이 서로 배우자가 될 수 있다. 현재 배우자가 있는 사람인 경우에 좋아하는 두 사람이 마을 밖에 며칠 동안 있다가, 마을로 돌아오면 전 배우자들과 약간의 실랑이가 있지만 자신들이 살 집을 짓고 새로운 부부가 된다.

피다한 사람들은 다양한 인사말을 하는데, 그들이 자주 사용하는 밤 인사는 "잠들면 안 돼, 거기 뱀이 있어"이다. 피다한 사람들이 이런 인사말을 하는 이유는 두 가지이다. 우선, 그들은 잠을 조금 잘수록 스스로 단련할 수 있다고 믿는다. 신체단련은 피다한 사람들 모두가 공유하는 가치이다. 다른 하나는, 정글에서는 언제 어디서나 위험이 존재하기 때문에 넋을 놓고 잠을 자다가는 마을을 에워싸고 있는 무수한 포식자들의 공격에 노출될 수 있기 때문이다. 실제로 피다한 사람들은 밤에 많은 시간을 웃고 떠들며 보낸다. 그들은 한 번에 많은 시간을 자지 않는다. 밤새 마을에서 아무런 이야기 소리도 들리지 않는 시간은 거의 없다. 또한 누군가 몇 시간을 계속해서 자는 것을 본적도 없다.

피다한 사람들은 천국이나 지옥과 같은 개념이 없이도 삶과 죽음을 의연하게 대면할 수 있다는 것을 보여주었다. 피다한 사람들은 자신들이 처한 환경에서 살아남기 위해 잠을 자지 않는 불편한 생활을 선택했다. 그럼에도 그들은 그러한 상황을 여유롭고 유쾌하게 즐긴다. 이 점이 중요하다.

피다한 사람들을 처음 봤을 때 가장 인상적이었던 것은 아마도 사람들이 모두 행복해 보였다는 것이다. 얼굴마다 웃음이 가득했다. 내(다니엘 에버렛)가 흥미를 가질만한 것들을 이거저것 가리키면서 신이 나게 설명했다. 피다한 사람들은 어떤 일이 생겨도 웃는다. 불행이 닥쳐도 웃는다. 폭풍우에 자신의 오두막이 쓰러져도 웃는다. 물고기를 많이 낚았을 때에도 웃는다. 물고기를 하나도 낚지 못했을 때에도 웃는다. 배가 부를 때에도, 배가 고플 때에도 웃는다. 술에 취하지 않는 한, 그들은 절대 생떼를 쓰거나 무례하게 행동하지 않는다. 이 사람들을 처음 보는 순간부터 나는, 인내심 많고 명랑하고 친절한 그들의 태도에 깊은 인상을 받았다. 피다한 사람들이 언제나 이렇게 즐거워하는 이유를 명료하게 설명할 도리는 없다. 나더러 말하라면, 그들은 어떠한 어려운 환경에 처하더라도 이겨낼 수 있다는 굳건한 확신과 용기가 있기 때문일 것이라고 할 것이다.

피다한 사람들은 집단 내부와 외부(이방인)에 대해서 전혀 공격적인 행동을 하지 않았다(한두 차례 위기의 순간이 있기는 했지만). 지금까지 오랜 시간 피다한 사람들과 생활하면서 느껴온 변하지 않는 인상 하나는 여전히 그들은 온화하다는 것이다.

피다한 사람들은 다른 사람들이 이야기하는 것을 믿기도 했지만, 그것도 말하는 사람이 직접 본 경우에만 그러했다. 또한 피다한 사람들에게는 자신들이 부족하다는 느낌, 타락했다는 느낌, 구원받아야 한다는 생각이 눈곱만큼도 없었다. 아마 피다한 사람들의 이런 생활태도는 아마존이란 환경에서 그들은 매 순간 자신 주변에서 발생한 위험을 스스로 대처하고, 자신의 힘으로 자신의 생계를 해결해야하기 때문인 것 같다. 다시 말해 그들은 자신 만든 도구를 통해서 모든 것을 해결한다. 피다한 사람들은 외부 문명이나 정치적·경제적 장치들을 거의 이용하지 않는다. 이런 이유에서 피다한 사람들은 철저하게 직접 경험한 것만을 믿게 되었던 것 같다. 현대의 도시와 달리 아마존이라는 환경에서 사람들은 항상 위험에 노출되어 있다. 이런 환경에서 잘못된 경험과 기대는 커다란 재난에 처할 수 있다. 아마존 강에서 다니엘은 가족과 더불어 모트보트 위에서 12미터정도 길이 두께 1미터 나무가 떠내려 오는 것을 보았는데, 그 나무를 자세히 보니 거대한 아나콘다인 것을 확인하고 급기야 속도를 내어서 도망친다. 이 상황에서 다니엘은 사람은 누구나 경험과 기대를 바탕으로 세상을 인식하기 때문에 실제 세상을 있는 그대로 보지 못하는 경우가 많거나 아니면 실재를 한 번도 제대로 인식하지 못할 수도 있다고 말한다.

그래서 위험에 상시로 노출된 아마존에서 사람들은 직접 경험한다는 것은 현대도시에서 직접 경험한다는 것과 다른 의미를 가진다. 경험의 직접성 원칙이란, 직접 경험하지 못했다면 어떠한 것도 무의미하다는 뜻이다. "피다한 사람들의 진술문에는 지금 말하는 '순간'과 말하는 사람의 '경험'과 직접 연관되어 있는 주장만을 담을 수 있다. 이러한 경험에는 화자가 직접 경험한 것은 물론, 다른 사람이 경험한 것도 모두 포함된다." 이런 직접성의 원칙에 따라서 그들의 말은 복문을 가지고 있지 않다. 한 문장이나 구문 속에 다른 문장이나 구문이 들어가는 복문구조를 전혀 찾을 수 없다. 따라서 직접 목격한 사람이 아무도 남아있지 않은, 아주 오래된 과거의 이야기에 기초하여 선교해야 하는 기독교 교리가 이들에게 쉽게 스며들지 않는 까닭이다. 그리고 직접적인 증거를 요구하는 이들의 문화에서는 그 흔한 창조 신화조차 설 자리가 없다.

그리고 증거에 대한 요구는 나도 모르는 사이에 나 자신의 믿음을 의심하도록 만들었다. 학문에서는 증거가 가장 중요하다. 피다한 사람들이 나에게 요구하는 것과 마찬가지로 어떠한 주장을 해도 증거를 제시해야 한다. 하지만 난 이들이 원하는 증거를 댈 수 없었다. 내가 말하는 것에 대한 주관적인 확신, 그리고 내 자신의 느낌이 전부였다.

이들에게는 내가 갖지 못한 것들이 너무나 많았다. 피다한 사람들은 언제나 주체적으로 살았다. 내가 아무리 복음을 전해도 자신들에게는 전혀 통하지 않는다고 당당히 말했다. 또 어떤 때는 내가 가진 물건들을 보고는 탐을 내기보다 어디에 쓸 거냐면서 팔아치우라고 말하기도 했다.

무엇보다도 피다한 사람들에게는 죄의식이 없다. 인류를 바른 길로 이끌어야 한다는 욕심은커녕, 자기 자신을 바른 길로 이끌어야 한다는 생각도 없다. 모든 것을 있는 그대로 받아들인다. 죽음에 대한 두려움마저도, 어쩌면 이들의 신앙은 자신들 안에 있다. 이들은 스스로를 믿고 자신을 '곧은 머리 사람들'이라 부르며 단지 그것만을 지키기 위해 살아갈 뿐이다.

피다한 사람들은 실용적인 유용성만을 인정한다. 이들에게는 절대자, 정의로움, 성스러움, 죄악, 소유와 같은 개념이 없다. 그러한 개념이 없는 세상은 어떤 모습일지 우리는 상상하지 못한다. 하지만 피다한 사람들은 바로 그러한 삶, 그러한 사회를 직접 우리에게 보여준다.

피다한 사람들은 하루하루 그저 즐겁게 살아가는 것이 가장 유용하다는 것을 터득했다. 이들은 지금 이 순간에 모든 것을 집중한다. 따라서 어떠한 욕구도 쌓일 틈이 없다. 오늘날 현대인들이 거의 모두 앓고 있는 걱정, 두려움, 좌절의 근원이 피다한 사람들에게는 존재하지 않는 것이다. 피다한 사람들에게 진리란 물고기를 잡는 것, 노를 젓는 것, 아이들과 웃으며 노는 것, 형제를 사랑하는 것, 말라리아로 죽는 것이다. 구성원들이 행복할수록 발전한 문화이고 불행할수록 미개한 문화라고 할 수도 있는 것이다. 이런 기준에서 보면 피다한 문화는 지구상에서 가장 발전한 문화이다.

피다한 사람들은 자신들이 살아가는 데 유용한 것을 핵심에 두고 문화를 이룩했다. 이들은 자신들이 알지 못하는 것을 걱정하지 않는다. 자신이 알고 있는 것이 정확한지, 알지 못하는 것을 모두 알 수 있는지 걱정하지 않는다. 또한 다른 사람의 지식이나 해법으로 만들어 낸 결과물을 열망하지도 않는다. 무미건조한 이론이 아니라 그들의 일상에서 살아 숨 쉬는 피다한 사람들의 가치관은 나에게 이루 말할 수 없는 도움을 주었으며, 나의 삶과 믿음을 돌아보게끔 만들었다.

나는 불안한 생각에 잠길 때마다 아마존 마이시 강에서 피다한 사람들과 함께 보낸 30년의 시간을 회상해 보곤 한다. 나는 내가 목격한 피다한 사람들의 삶이 인종차별과 폭력, 강간, 경쟁, 파국에 이른 결혼 제도, 무절제한 소유, 공허한 교육, 장애인에 대한 부당한 대우 등 현대사회 어디에서나 존재하는 문제에 대해 전혀 새로운 시선을 열어줄 수 있는 텍스트가 될 수 있을 것이란 상상을 한다.

똑같은 일을 하면서도 나는 짜증을 냈지만 그들은 언제나 즐겁고 유쾌했다. 이들이 불안이나 걱정을 느낀다고 이야기 하는 것을 나는 한 번도 들어보지 못했다. 아니, 피다한 말에는 '걱정'이라는 말 자체가 존재하지 않는다. 실제로 MIT 두뇌인지과학부 연구원들이 피다한 마을을 방문하여 그들을 검사하고 나서, 자신들이 지금까지 조사한 사람들 중에서 피다한 사람들이 가장 행복한 사람들로 나타났다는 이야기를 전해주었다. 그중 하나는 피다한 사람들의 평균적인 웃는 시간을 측정하여 이 수치를 이전에 측정한 다른 집단의 수치와 비교하는 것이다. 피다한 사람들은 세상 어느 누구보다도 행복하고 만족을 느낄 줄 아는 사람들이다. 또 다른 사람들보다 피다한 사람들은 자신들을 둘러싼 자연과 세계를 아끼면서도 더 행복하고 더 유연하고, 그리고 무엇보다 더 따뜻하게 사랑할 줄 아는 사람들이다.[6]

---

6 위의 책.

4. 국가에 대항하는 원시공동체

현대적 관점에서 본다면 원시공동체는 문명사회가 아니다. 사실 문명사회는 "역사는 단선적으로 진보하며 모든 사회는 야만 상태로부터 문명 상태로 나아간다는 자민족 중심주의의 또 다른 모습"을 잠정적으로 내포하고 있다. 동일한 맥락에서 국가는 문명 상태이고, 원시공동체는 야만 상태이다. 다시 말해 "고대적 사회가 거의 언제나 여러 가지를 결여하고 있는 부정적인 성격을 지닌 사회로 규정되는 것은 상식이 되다시피 하였다. 즉 국가 없는 사회, 무문자 사회, 역사 없는 사회가 바로 그 대표적인 예이다. 이 사회들이 경제적인 수준에서 생계경제에 머물러 있다는 규정도 똑같은 것이다." 그러나 지금까지 인류는 자신에게 주어진 환경에 적응하면서 자신의 종을 유지해왔다. 마찬가지로 외부 집단의 간섭이 없다면 장기적으로 모든 인간 집단은 자신이 거주하고 있는 환경에 대한 최소한 지배력을 가지고 있다. 또한 한 사회의 기술수준은 주어진 환경에서 사회의 필요를 어느 정도 만족시키는가에 따라 평가되어야 한다. 이런 관점에서 원시공동체의 사람들은 자신들의 생활환경에 적합한 정교한 도구들을 가지고 생계와 축제를 위한 풍족한 물품들을 확보하고 있다. 원시공동체는 현대사회와 비슷한 정도로 필요를 만족시킬 수 있는 능력을 보유하고 있다. 현대사회가 자본이라는 죽은 노동을 통해서 타인의 살아있는 노동을 착취하는 자본주의사회이라면, 원시공동체는 "일을 거부하는 사회이다. 즉 '야노마미족은 분명히 일을 멸시하고 기술 진보 자체에 대해 무관심하다.' 원시공동체가 최초의 여가 사회이자 풍요로운 사회"이다. 일을 거부한다는 것은 죽은 노동으로서 자본이 축적될 수 없다는 것이고, 자본가가 노동자를 고용할 수 없다는 것이다. "본질적으로 평등 사회인 원시공동체에서 인간은 스스로의 활동의 주인이자 그 활동에 의한 생산물의 유통의 주인이다." 즉 원시공동체에서 인간은 자신의 삶을 위해서 생산하는 반면에 현대사회에서 인간은 명령하는 정치가들과 자본가를 먹여 살리기 위해서 일한다.

서구중심적인 역사관에서 서구는 정치적·경제적·문화적으로 항상 중심이고, 나머지 지역은 공간적으로 주변이고, 시간적으로 원시 혹은 미개로 평가된다. 그러나 우리는 단선적으로 진보하는 역사관으로 현대문명사회와 원시공동체를 평가할 수 없고, 이들 사이에는 불연속성이 있다고 말해야 한다.

> 국가의 출현은 야만인과 문명인 사이의 거대한 유형 분할을 낳았고 건널 수 없는 단절을 새겨놓았다. 그 단절의 건너편에서는 모든 것이 변한다.[7]

평등 사회인 원시공동체와 단절로서 국가는 "위계적 권위, 권력관계, 인간의 복종"을 내포한다. 즉 "국가는 지배계급이 피지배계급에 대해 폭력적 지배를 행사할 수 있도록 해주는 도구"이다. 그리고 문명이라는 삶의 조건과 수단이 아니라 어떤 삶이 인간에게 행복을 주는가라는 측면에서 보면 우리는 현대문명사회보다 원시공동체의 인간

---

7 P. 클라스트르, 홍성흡 역, 『국가에 대항하는 사회』, 이학사, 2009, 247~248쪽.

이 더 풍요롭고 행복한 삶을 누리고 있다고 말할 수 있다. 현대문명의 관점에 보면 원시공동체는 결코 풍요로운 사회가 아니고, 생존의 한계 선상에 놓여 있는 사회라고 할 수 있다. 그러나 우리는 그들보다 더 많은 문명의 혜택 속에서 살고 있지만, 매일 일하지 않으면 내일을 보장할 수 없고, 또한 일을 하면서 늘 불만족스럽다. 그리고 정치가들과 자본가들이 말하는 더 나은 미래는 계획된 미래이지만, 확신할 수 없고 불안한, 물론 일부 엘리트와 상층 자본가들에게만 보장된 미래이다. 그러나 잘 알다시피 계층이 극단적으로 양극화되면 사회는 더 불안해진다. 우리는 더 나은 미래를 위해서 끊임없이 현재를 희생하고, 현재의 삶을 버리고 얻은 미래의 현재는 여전히 불안하다. 그리고 국가와 자본은 아직 그 때가 아니고, 너희들은 더 희생해야한다고 말하고, 그렇지만 너희들이 노력하면 국가는 강대국이 되고, 자본가들은 부유하게 되고, 결과적으로 너희들도 부자가 되어서, 행복하게 된다고 말한다. 이런 점에서 현대문명 국가에 사는 사람들은 영생으로서 죽음 / 미래에 현재의 삶이 저당 잡혀있다. 그러나 원시공동체의 구성원들은 항상 죽음과 직면할 수밖에 없는 위험한 환경 속에서 오직 현재의 삶에 집중한다. 그들은 자신의 환경에 가장 적절한 도구 외에 다른 것에 어떤 관심도 주지 않고, 직접 경험하지 않은 과거와 미래를 위해서 현재를 희생하지 않는다.

> 국가 없는 사회, 즉 원시공동체의 경제적 작용 속에서 좀 더 잘사는 자와 못사는 자의 차이를 만들어낼 수 있는 것은 아무것도 없다. 왜냐하면 그곳에는 이웃보다 더 많이 일하거나, 더 많이 갖거나, 더 낫게 보이고자 하는 이

상한 욕망을 지닌 사람이 한 사람도 없기 때문이다. 전원에게 동등하게 나누어진, 물질적 필요를 충족시키는 능력과 재화의 사적 축적을 막는 지속적인 교환은 그러한 욕망, 즉 사실은 권력의 욕망인 소유의 욕망을 자연스럽게 불가능하도록 만든다. 최초의 풍요로운 사회인 원시공동체는 과도한 풍요로움을 향한 욕망을 허용하지 않는다.[8]

원시공동체에는 왕이 없고 추장이 있다. 이 추장은 일체의 권위와 강제력을 가질 수 없고, 또한 명령을 내릴 수 없다. 원시공동체에서 추장은 명령을 내리는 자가 아니며, 구성원들은 추장에게 복종해야 할 어떤 의무도 갖고 있지 않다. 추장의 임무는 구성원들 사이에서 일어나는 분쟁과 갈등을 말을 독점적으로 사용해서 해결하는 것이다. 원시공동체에서 추장의 능력은 말솜씨와 사냥능력, 군사행동을 조직하는 능력 등이다. 추장은 공동체에 봉사하기 위해서 존재하지, 공동체가 추장에게 봉사하기 위해 존재하지 않는다.

사실 권력의 진정한 중심으로서 공동체는 권력을 특정인에게 넘기거나 위임하는 것을 거부한다. 그러나 만약 추장이 더 이상 공동체에 봉사하지 않고, 공동체가 그를 위해서 봉사하게 만들고자 하는 경우에 어떤 일이 발생하는가? 전쟁을 승리로 이끌어서 발생한 추장의 위신은 권력으로 전환되지 않는다. 전쟁을 이끄는 전사로서 추장은 전쟁이 끝나면, 전쟁에서 생긴 위신도 사라진다. 그리고 추장의 전쟁에 대한 욕망이 공동체의 욕망과 일치하는 경우에 그는 계속 공동체를 위해서

8 위의 책, 253쪽.

전쟁을 수행할 수 있다. 그러나 공동체가 평화를 원하고, 추장이 더 이상 공동체를 위한 전쟁이 아니라 자신의 개인적인 위신을 위해서 전쟁을 하려는 경우에 추장(푸시에, 제르니모)은 공동체로부터 버림받아서 홀로 죽을 수밖에 없다. 왜냐하면 원시공동체는 "위신에 대한 욕망을 권력에 대한 의지로 대체하는 것을 허용하지 않기 때문이다."

> 원시공동체의 본질적 특성은 원시공동체를 구성하는 모든 요소에 대해 절대적이고 완전한 권력을 행사하는 것이다. 즉 공동체의 어떤 하위 집단에 대해서도 자율을 금지하고 공동체생활을 유지하는 내부의 의식적, 무의식적 운동 전체를 공동체가 바라는 한계와 방향으로 나아가도록 만든다.[9]

피에르 클라스트르에 의하면 원시공동체가 국가로 전환될 수 있는 가능성은 인구의 증가에 있다고 말한다. 다르게 말하면 원시공동체의 구성원들이 하위 집단과 추장을 견제할 수 있기 위해서 구성원들이 상호 간에 직접적인 소통과 연대를 행할 수 있는 적정한 인구이어야만 한다. 그리고 만약 이렇게 할 수 없을 정도로 인구수가 증가하면, 인구수가 증가된 원시공동체는 작은 공동체로 분화되어야만 원시공동체로서 기능을 수행할 수 있다. 이런 점에서 다른 공동체에 비해서 투피-과라니족은 월등하게 인구밀도가 높았지만, 투피-과라니족은 국가로 전환되지 않았다. 즉 투피-과라니족은 원시공동체로서 공동체 자체의 자각에 의해서 국가로 전환되지 않았다. 과라니족의 예언

---

9 위의 책, 262쪽.

자들은 그들의 과거 예언자들의 이야기를 반복하면서 하나가 악이고, 또한 정치적인 위상에서 하나가 국가라고 믿었다. 이러한 예언자들의 믿음을 따라서 투피-과라니족은 선의 탐구, 즉 하나가 아닌 것을 열성적으로 찾았다. 투피-과라니족의 예언에 입각한 행위는 국가의 보편적 본질인 하나에 대한 근본적 거부를 통해 불행을 끝내고자 한 원시공동체의 영웅적인 시도였다. 다시 클라스트르가 확신을 가지고 주장하는 바와 같이 역사를 가진 사람들의 역사는 계급투쟁의 역사이고, 역사 없는 사람들의 역사는 국가에 대항하여 원시공동체를 지키려는 투쟁이었다.[10]

5. 무위의 공동체

아리스토텔레스Aristoteles는 폴리스에서 이성적 기능의 탁월한 발휘를 인간의 행복이라고 한다. 반면에 아감벤G. Agamben은 마술의 나라에서 아무 할 일도 없는·무기능한·이름 없는 인간의 몸짓을 인간의 행복이라고 말한다. 아리스토텔레스는 인간의 행복이 무엇인지를 밝히기 위해서 인간의 기능이 무엇인지 알아보고, 인간이 자신의 기능을 가장 탁월하게 발휘하는 것이 행복이라고 말한다. 그는 인간의 고유한

---

10 위의 책, 234~270쪽.

기능은 "이성logos에 따른 영혼의 활동"이라고 말한다. 그리고 그는 인간의 행복을 이성의 탁월성을 따르는 영혼의 활동이라고 말한다.

그러나 아감벤은 아리스토텔레스가 인간의 기능을 '이성에 따른 영혼의 활동'이라고 규정한 것과 다르게 인간의 기능을 '아무 할 일도 없는 존재', '일을 하지 않는 무위inoperosità적인 것'이라고 말한다. 아리스토텔레스가 인간에게서 기능 안에 있는 것과 아무 할 일도 없는 존재를 분리하는 반면에 아감벤은 기능과 기능 없음의 분리 이전의 인간을 말한다. 다시 말해 기술자가 기능을 가진다는 것은 특정한 사회(폴리스·공동체)의 양식과 문화가 그 기능을 요구하거나, 필요로 한다는 것이다. 기술자의 기능은 사회적 체계에 의한 분업에서 발생하기 때문에 아리스토텔레스와 같이 기술자의 기능과 비교해서 인간의 유적 기능을 도출하는 것은 특정한 사회에 의해서 요구된 기술자의 기능을 먼저 전제하는 것이다. 이와 반대로 아감벤은 기능과 비기능이 분리되는 전제에 대한 물음을 제기한다. 이런 의미에서 분리 이전부터 존재하는 '아무 할 일도 없는 존재'와 무위의 공동체가 서로 상응한다.

아감벤은 '인간 공동체의 근본적인 일-없이-존재함'에 정치의 원천적 가능성을 부여한다. 이와 더불어 낭시J.-L. Nancy(1940~)에 의하면 공동체가 인위적으로 만들어지는 것이 아니라, 오히려 나와 타자 그리고 우리 사이에 항상 있다. 이 공동체는 인위적이 아니라 무위적으로 우리 사이에 있다. 즉 우리 사이의 공동체는 '얼굴의 드러냄'과 '언어자체의 드러냄'에 의한 열림에 의해서 형성되는 공간이다. 낭시의 공동체는 개인적인 나와 타자를 인위적 묶는 정치적·경제적·문화적·사회적 공동체가 아니고, 오히려 내가 타자를 향하는·타자가 나를

향하는 무위의 공동체이다.

낭시는 무위의 공동체가 공동체의 대립이 아니라 공동체의 전제라는 것을 마르크스의 인용에서 명시적으로 보여준다.

> 개인들의 노동이 사적 노동으로, 마찬가지로 생산물이 사적 생산물로 되지 못하게 막는 것은, 전적으로 생산 이전에 정립된 공동체이다. 바로 그 공동체가 개인의 노동을 사회적 유기체의 한 구성원이 직접 행한 기능으로 나타나게 만든다.[11]

이런 맥락에서 무위의 공동체는 자본에 의한 '생산수단의 집중'에 대립되어서 나타나는 '노동의 사회화'에 상응하는 공동체이다. 이 공동체는 "궁핍과 외부적인 합목적성에 의해 규정되는 노동이 끝나는 곳에서 비로소 실제로 시작되고, 그 본성상 고유한 물질적 생산의 영역 저 너머에" 있고 그리고 "목적 그 자체로서 인간적 힘의 개화Kraftentwicklung가 시작되는" 곳에 위치한다. 따라서 무위의 공동체는 나와 타자 그리고 우리의 삶에 본질적으로 전제되어있다. 우리는 다만 이 공동체를 인위적인 공동체로 대치하거나, 인위적인 공동체의 상실과 더불어 무위의 공동체에 대해서 잊기를 강요당하고 있다.

그러나 우리는 잊기를 강요당하는 무위의 공동체를 '톈안먼'에서 볼 수 있다. 우리는 '톈안먼'에서 '통합된 스펙터클국가'에 대한 대항극으로서 "모든 정체성과 귀속조건에 관계하지 않는 새로운 공통존재

---

11 J.-L. 낭시, 박준상 역, 『무위의 공동체』, 인간사랑, 2010, 167쪽.

being-in-common, gemeinsames Sein"를 볼 수 있다. 이러한 공통존재는 국가의 존립을 위협하는 최대의 존재이다. 따라서 중국 지도부는 이 공통존재에 대해서 무자비한 조치를 취할 수밖에 없었다.

우리는 톈안먼에서 '통합된 스펙터클국가'에 대항하는 가능성을 찾을 수 있다. 통합된 스펙터클국가가 모든 정체성과 귀속조건을 분해해서 더 이상 구체적인 소문자 인민들을 대변하지 않는 정체성이 비워진 공중을 '구체적이고 계획적으로' 생산한다. 이에 반해서 인민들은 톈안먼의 구체적 상황에 맞추어서 모든 (민족)국가의 귀속성과 모든 언어의 정체성을 벗어버린 가장 순수하고 구체적인 몸짓과 언어활동을 통해서 스펙터클국가에 대항한다. 우리는 톈안먼에서 "모든 정체성과 귀속조건에 관계하지 않는 새로운 공통존재"를 볼 수 있다. 이런 의미에서 아감벤의 공동체는 구체적인 상황에 구체적으로 관계하기 위해서 잠재성과 능력으로 있는 '아무 할 일도 없는' 존재들에 의해서 형성된다. 이 존재들은 '모든 정체성과 귀속조건에 관계하지 않는 새로운 공통존재'들이고, 이들이 바로 무위의 공동체와 상응하는 소문자 인민들이다. 모든 정체성과 귀속조건에 관계하지 않음으로서 공동체를 이룰 수 있는 인민들이 구체적 상황에 구체적으로 관계하는 정치를 수행할 수 있다. '아무 할 일도 없는' 인민들이 항상 존재하고 있고, 이들이 바로 무위 공동체에 상응하는 전제이다. 그러므로 자본주의에 종속된 로컬리티는 다만 무위의 공동체라는 모래 위에 잠시 그어져 있는 선에 불과할 뿐이다. 인민들이 구체적인 상황에 구체적으로 관계하면 로컬리티는 공동체로 될 것이다.[12]

참고문헌

배윤기, 「경계 밖에서 만난 로컬리티」, 『로컬리티의 인문학』 7, 부산대 한국민족문화연구소, 2012.

하용삼, 「로컬리티의 타자화와 로컬공동체」, 『대동철학』 56, 대동철학회, 2011.

______, 「자본주의적 종교와 로컬리티의 세속화 – G. 아감벤의 성스러운 것과 세속적인 것을 중심으로」, 『철학논총』 69-3, 새한철학회, 2012.

D. 하비, 「도시에 대한 권리」, F. 제임슨 · D. 하비 · G. 아라기 외, 신현욱 역, 『뉴레프트리뷰』 2, 길, 2009.

주강현, 『두레』, 들녘, 2006.

최협 · 윤수종 외, 『공동체론의 전개와 지향』, 선인, 2006(2001).

D. 에버렛, 윤영삼 역, 『잠들면 안 돼, 거기 뱀이 있어』, 꾸리에북스, 2010.

G. 아감벤, 김상운 · 양창렬 역, 『목적없는 수단』, 난장, 2010.

J.-L. 낭시, 박준상 역, 『무위의 공동체』, 인간사랑, 2010.

K. 마르크스, 김수행 역, 『자본론 Ⅰ, Ⅲ (상/하)』, 비봉출판사, 서울, 1990.

L. 멈퍼드, 박홍규 역, 『유토피아 이야기』, 텍스트, 2010.

M. 샌델, 김선욱 역, 『공동체주의와 공공성』, 철학과현실사, 2008.

P. 클라스트르, 홍성흡 역, 『국가에 대항하는 사회』, 이학사, 2009.

Y. 딜라스-로세리외, 김휘석 역, 『미래의 기억 유토피아』, 서해문집, 2007.

12 하용삼, 「자본주의적 종교와 로컬리티의 세속화 – G. 아감벤의 성스러운 것과 세속적인 것을 중심으로」, 『철학논총』 69-3, 새한철학회, 2012, 352~356쪽.

동양의 이상사회, 대동의 세상

이명수

1. 행복한 지역에의 꿈

무엇이 사람을 행복하게 하는가? 행복한 사회와 장소(지역)는 또 어떤 곳일까? 만물 존재의 주체로서 인간이 스스로 삶의 방향성을 결정할 수 있고, 객체로서 주변적 환경이나 여건이 사람에게 순조로울 때 그 자체가 행복일 것이고, 그런 장소가 이상적인 지역일 것이다.

그런데 그런 삶의 여건과 공간이 있을까? 그렇게 뜻대로 다 되는 곳, 인간에게 모든 것이 구비된 곳이라면 참으로 이상향일 것이다. 동양 사상에는 이같이 바람직한 삶의 터전으로서 이상향을 갈망한 흔적들이 흔하지 않게 발견된다. 그리고 그런 생각은 20세기 전후 근현대에 이르도록 꾸준히 제시되었다. 당초 이상향이란 Utopia로 표현되었다는 것은 우리는 알고 있다. 이 용어는 '불가능의 장소'를 뜻한다.

Utopia는 '없는ou-', '장소topos'라는 두 말로 이루어져 있어서 '없는 곳'이 된다. 굳이 서양적 용어에서 찾지 않더라도 동양의 사유에서도 유토피아를 꿈꾼 흔적은 어렵지 않게 찾을 수 있다. 행복을 추구하고 고달픈 삶의 여정을 벗어나려는 심정은 동서양을 막론하고 공통적인 인간의 일상적인 정서이기 때문일 것이다. 우리가 막연히 도가사상으로 알고 있는 자연주의 철학의 대표 고전 가운데 하나인 『장자』에는 '무하유지향無何有之鄕'이라는 말이 있다. 이 말 역시 유토피아에 해당하는 이상향을 나타낸다. 또한 '어디에도 있지 않은 고을'이기 때문이다. 우리가 존재하는 터전인 '이 곳'에는 없지만 저편에는 있지 않을까. 상상의 나래를 타고 가보는 곳일 뿐, 어쨌거나 존재하지 않았고 현재도 있지 않은 곳이 이상향이다.

이제 동양의 이상향을 엿보자. 중국인이 지상의 낙원 또는 별천지로 상상하는 곳으로 도원향桃源鄕, 무릉도원武陵桃源이 있다. 진晉나라 도연명陶淵明의 「도화원기桃花源記」에 나오는 이곳은 무릉의 어부가 곡천谷川을 거슬러 올라가 도화桃花가 만발한 숲속의 동굴에 들어가 보니, 진秦나라의 난리를 피해 이 산속으로 옮겨온 사람들의 자손들이 평화스럽게 살고 있었던 곳이다. 관대款待를 받고 마을로 돌아와 친구를 다시 찾아가려고 하였으나 찾지 못하였다. 이 같은 산속의 딴 세계는 중국에 많다.

난가설화爛柯說話도 같은 종류이다. 이 설화에 의하면 진晉의 왕질王質이 석실산石室山에 나무하러 들어갔는데 선동仙童이 바둑을 두고 있었다. 이를 보고 있는 동안 도끼자루가 썩어 버렸고 마을에 내려오니 그 사이 200년이 흘렀단다.

중국의 산속 딴 세계는 도원경이나 선경처럼 모두 시간 속 낙원이다. 이렇듯, 인간이란 몸과 마음을 붙이고 세상에 살 때 어느덧 자신도 몰래 별천지를 생각하는 경우가 있다. 동양의 사유에는 이같은 장소나 공간에 대한 생각의 흔적들이 시대마다 장소마다 존재해 왔다. 이 장소나 공간 '경계'는 인간의 일상적인 삶이나 욕망 속에서 불가피하게 맞게 되는, 실현 가능 여부와 관계없이 하나의 이상으로 희구되는 것이다.

2. 자연주의 철학의 이상향

1) 규모가 작고 인구가 적은 나라

문명적 수식이나 꾸밈이 없는 '무위자연無爲自然'을 권하는 동양의 자연주의 철학 『도덕경』에는 '소국과민'이 제시되고 있다. '소국과민'이란, 나라의 규모가 적고 백성의 숫자가 많지 않은 형태를 뜻한다.

> 나라는 작고 백성이 적어서 온갖 문명의 이기가 있어도 이를 쓰지 못하게 하고 백성들이 생명을 소중히 여겨 멀리 옮겨 살지 않도록 하면 배와 수레

가 있더라도 타고 갈 곳이 없고 갑옷과 군대가 있어도 진陳을 칠 곳이 없다.[1]

따라서 자연처럼 평화로운 상태를 인간은 만끽할 수 있다. 요즈음의 문명 상태, 신자유주의의 양태를 볼 때 더없이 인간의 노력이나 고도의 지식이 요구된다. 노자의 철학은 확대된 문명 행위가 과연 인간의 평화와 행복에 기여하고 있는가를 회의한다. 따지고 보면 우리는 문명의 이기 속에서 예리한 무기를 개발하고 첨단 지식을 악용하여 '천진성(자연성)'을 상실한 악랄한 삶을 살아가고 있는지도 모른다.

그는 이어서 "다시 옛날로 돌아가 새끼를 묶어서 문자로 사용하게 하며, 그 음식을 달게 여기고 그 옷을 아름답게 여기며, 그 거처를 편안하게 여기고 그 풍속을 즐겁게 여기게 해야 한다. 이웃나라가 서로 바라보이고 닭과 개의 소리가 서로 들려도 백성이 늙어 죽을 때까지 서로 왕래하지 못하게 해야 한다"[2]고 하였다.

이처럼 노자는 문명의 발달이 생활을 풍부하고 화려하게 할 수 있겠지만, 자연성을 잃은 낭비와 생명의 타락 현상을 가져올 것을 우려하여, 소박하고 작은 소국과민의 사회를 유지할 것을 권장하였다. 도연명의 「도화원기」에 보이는 '무릉도원'과 같은 이상사회, 이상국가는 노자 『도덕경』의 영향을 받은 것을 볼 수 있다. 이같은 국가나 사회에선 문명의 발달이 없어서, 전쟁이 일어날 일이 없을 것이다. 따라서 갑옷과 무기도 쓸 데 없는 것이 될 것이다. 인구가 많아서 욕망을 성취하기 위하여 타자의 소유물을 넘보는 일이 없는 작은 나라에 백성이

1 노자, 『도덕경』 80장.
2 노자, 『도덕경』 80장.

적은 사회가 바로 이상 사회요 바람직한 국가일 수 있다는 생각을 노자는 진행한 것이다.

2) 『장자』의 이상향, 무하유지향

자연주의 철학자 노자의 사상을 발전시킨 전국시대의 장주莊周의 글 『장자莊子』에 막고야산邈姑射山이라는 곳이 있다. 신선들이 사는 그곳은 『장자』 「소요유逍遙遊」 편에 보인다. 신선이 사는 이곳은 『열자列子』 「황제黃帝」 편에 열고야列姑射로 보인다. 신선 견오肩吾와 연숙連叔이 있었다. 어느 날 견오가 연숙에게 말을 건넨다.

"내가 초나라의 은사隱士 접여接輿에게서 들었는데, 그게 도무지 크기만 했지 합당하지 않고, 앞으로 나아가기만 했지 돌아올 줄 모르더군. 나는 그 이야기가 마치 은하수처럼 끝없이 이어져 두렵기까지 하였다네. 도대체 길과 뜰처럼 동떨어져 상식으로는 이해할 수 없었다네."

"그 말이 어떤 것이었는가?" 연숙이 묻자, 견오가 대답한다. "막고야산에 신인이 살고 있는데, 피부는 얼음이나 눈처럼 희고, 몸매는 처녀같이 부드럽다네. 오곡을 먹지 않고 바람과 이슬을 빨아들이며, 구름의 정기를 타고 비룡을 부리면서 세상 밖에까지 나가 논다네. 그가 정기를 한 곳에 모으면 만물이 병들지 않고 곡식이 잘 영근다네. 하도 허황된 이야기라서 믿어지지가 않는군." 그러자 연숙이 말하였다.

"그렇군. 장님은 그 때문에 색깔의 아름다움을 보지 못하고, 귀머거리는 그 때문에 종과 북소리를 듣지 못하네. 어찌 형체에만 장님과 귀머거리가 있겠는가! 지식에도 그와 같으니, 지금 자네 같은 사람을 두고 이르는 말일세. 신인의 덕은 만물을 섞어 하나로 만들려는 것이라네. 세상은 그가 천하를 다스릴 것을 바라고 있으나, 그가 무엇 때문에 마음과 몸을 피로하게 하며 그 일을 하겠는가. 이 사람은 외계의 어떤 사물로도 해칠 수 없으니, 홍수가 나서 물이 하늘까지 닿아도 빠져 죽지 않고, 큰 가뭄에 금석이 녹아내려도 뜨겁다고 하지 않는다네. 먼지나 때, 작은 겨자씨로도 요임금이나 순임금을 만들 수 있는 사람인데, 무엇 때문에 그가 굳이 천하를 다스리려 하겠는가!"[3]

장자가 말하고 있는 막고야산은 바로 '무위의 도'를 갖춘 자유인이 사는 곳을 가리킨다. 무위의 도란, 아무런 행위도 추구하지 않는 존재의 노선, 우주 삼라만상과 더불어 마음을 놓고 자연스럽게 살아가는 것이다.

그러면 자유인이란 무엇일까? 한자어대로라면 '스스로 말미암는 사람'이다. 자기 책임하에 나를 자연에 맡겨 아무런 구애 없이 내 멋대로 사는 사람이 자유인이다. 그렇다면 우리를 자유롭게 하지 못하게 하는 것은 이 세상에서 사람과 어울리며 세속인으로 산다는 것이 된다. '세속인', 이 세상에 묻혀 나의 욕망을 누리며 돈, 명예(권력)을 추구하는 과정에서 '뜻대로 되지 꿈'을 안고 때로는 불행을 스스로 느끼며 살아간다. 초야에 묻혀 밥 세끼 먹고 산다면 그리 힘들지 않으련만, 그

---

3 장주, 『장자』 「소요유」.

렇게 살기에는 내 마음이 허락하지 않는다. 그 옛날 요순시대처럼 부부가 투명옷을 입은 채 나랏님이 시찰하러 와서 쳐다봐도 '나 몰라라' 하면서, 사회 권력에는 아랑곳 하지 않고 밭을 매며 풀을 뽑으면서 초연하게 살기란 나의 '욕망'이 도대체 허락하지 않는다. 욕망의 존재 '나', 하고 싶은 일은 왜 이리 많은지 모르겠다.

"이 세상에 태어나 한 번 멋있고 즐겁게 살아야 하는데!"

"권력도 한 번 누려보고, 남을 위해 봉사도 하고……."

"오드리 햅번의 눈매에 날 선 코를 자랑하는 미녀였으면!"

"폭스바겐 하나 마련해서 수업 없는 주말이면 바람이나 쏘였으면!"

"왜 이리 바빠! 잠이나 푹 좀 잤으면 좋겠다."

"뭐니 뭐니 해도 잘생긴 여자 친구가 있어야 돼!"

"타워팰리스는 아니어도 소형 아파트라도 한 채 마련해서 사귀는 애인과 결혼했으면……."

"아! 무엇보다 일자리가 있어야 하잖아!"

이같은 욕망은 사람에게 문명의 성취를 가능하게 하고 하루가 다르게 변화하는 세상을 바꾸어 놓기도 하였다. 그런데 정도의 차이는 있겠지만, 이같은 산업화 시대에 살고 있는 우리와 마찬가지로 옛 시대에 살던 사람들도 욕망의 굴레에서 벗어날 수 없었을 것이다. 때로는 사람 간 욕망의 충돌로 인하여 전쟁, 시기, 질투가 빈번하게 일어나기도 하였다. 따지고 보면 욕망이 일궈 놓은 근대 문명도 약육강식의 제국주의로 이어지고 지역 단위 안에서는 구성원끼리 계급을 형성하여 특권 계층과 그렇지 못한 소외층을 낳기도 하였다. 이른바 상류층, 중산층, 하층민이 음으로 양으로 존재하는 것도 피할 수 없는 것처럼 되어 버렸다.

이렇듯 시대마다 장소마다 끊임없이 존재하는 사람 사이의 혼란의 난맥상을 치유하기 위해 꾸준히 사상가나 철학자들은 노력해 왔다. 도덕론, 윤리론, 인생론의 각도에서 참된 인간이란 무엇인가 대하여 고민하는 모습을 취했다.

이 같은 노력과는 별도로, 노자와 장자는 인간적인 노력, 인문주의 또는 인도주의라는 문명적 도덕론에서 한 번 탈피하여, 매우 가식적이고 허위적인 '나'를 벗어 볼 것을 권장하였다. 소박하여 허례허식이 없이 마냥 자연스런 '나', '무아'를 통해 세상이 오히려 바뀔 수 있다고 본 것이다. '무위자연', '무위의 도'를 이념으로 하는 세상이 오히려 유토피아에 가까울 수 있다는 견해를 폈다.

억지로 가식이나 꾸밈을 부려 세상을 현혹하는 것이 아닌, 소박하고 자연스런 삶의 양식이 추구되는 곳, 무하유지향, 곧 어디에도 없는 곳이 거기에 해당하는데, 이 같은 내용은 『장자莊子』「소요유逍遙遊」, 「응제왕應帝王」, 「지북유知北遊」 등에서 찾아볼 수 있다. 이 이상은 이른바 무위자연의 도가 행해질 때 도래하는, 생사가 없고 시비가 없으며 지식도, 마음도, 하는 것도 없는 참으로 행복한 마음 상태를 가리킨다. 「소요유」와 「응제왕」에서 무하유지향은 광막한 들廣莫之野, 끝없이 넓은 들壙垠之野로 표현되어 있는데, 누가 천하를 다스리는 방법을 묻자, 장자는 이렇게 표현하였다.

> 물러가라. 너는 야비한 인간이로구나. 이 얼마나 불쾌한 질문이냐. 난 지금 조물주와 벗이 되려 하고 있다. 싫증이 나면 다시 아득히 높이 나는 새를

타고 이 세계 밖으로 나아가 아무것도 없는 곳無何有之鄕에서 노닐며 끝없이 넓은 들판에서 살려 한다. 그런데 너는 어찌 천하를 다스리는 일 따위로 나의 마음을 괴롭히는가![4]

「지북유」편에서는 무하유지향에 들었을 때의 상태를 다음과 같이 말하고 있다.

이제 시험 삼아 당신과 함께 유위有爲(꾸밈, 문식, 문명 행위)가 없는 무하유의 경지에서 소요하고 너와 나의 대립을 떠나 만물과 하나가 되는 도에 대해 말해 보겠네. 그리고 시험 삼아 당신과 함께 무위의 입장에서 담담하고 조용하게, 고요하고 깨끗하게 만물과 조화를 이룬 채 유유자적해 보겠소. 그렇게 하면 우리 마음은 다른 사물로 가지 않을 것이므로 마음이 가서 닿을 바도 알지 못할 것이고, 갔다가 와도 사물에 집착하는 일이 없으므로 그 멈출 곳을 알지 못할 것이오. 그래서 광대무변한 세계에 풀어 놓으면 아무리 큰 지혜로 엿보아도 그 끝이 다함을 알지 못할 것이오.[5]

앞서 지적했듯이, 유토피아란 동양과 서양을 막론하고 어디에도 없는 곳이다. 장자가 말하는 무하유지향도 실은 어느 곳에도 없는, 사람들의 마음에서 그려지는 고을이다. 그러면서 이것은 상식이면서 세속에 찌든 우리의 의식 저편에 존재하는, 우리가 도달했으면 하는 안식처이다. 하루를 바쁘게 살아가는 문명적 일상에서, 사물이나 대상에

4 장주, 『장자』「응제왕」.
5 장주, 『장자』「지북유」.

대한 어떤 관심 속에 추구되는 진선미는 절대적이며 궁극적인 가치(도道)로서 쉽사리 우리의 내면에 편입되지도 않으며 그것은 오히려 우리의 가식이나 수식(꾸밈)을 요구할지도 모른다. 가령 어떤 것을 진리라고 믿거나, 좋은 것이거나 착한 것으로 믿을 때, 때로는 어떤 사람이나 대상을 아름다운 존재라고 가정할 때, 그것들은 참으로 우리의 인식 속에 절대적인 것이 되어 어떤 아량이나 융통성을 부여하지 못하게 한다. 장자는 이같은 문명의식을 구태의연한 것으로 여기고 상대주의적인 관점에서 사물을 바라볼 것을 촉구하였다.

상대주의란 우주 삼라만상의 사물들이 제각각 나름의 가치를 지니면서 존재한다는 인간의 너그러운 의식이다. 개인이나 개체가 그 나름의 속성을 침해받지 않으면서 각자의 방식으로 살아가는 것을 생각 속에 열어놓는 것이다. 그런 세계에서는 궁극적으로 아름다운 것이나 추한 것은 없다. 사람과 죽음의 차별도 없으며 무엇이 옳고 어떤 것은 틀렸다는 선입견이나 강요도 없다. 어떤 것이 쓸모가 있고 저것은 쓸모가 없어서 값이 나가지 않는다는 억지도 없다. 이것과 저것의 구별이 없어서 모든 것은 자유롭게 존재하며 우주에 존재하는 것들은 서로 마찬가지로 존재의 숭고함과 차이를 지닌다는 점에서 평등하다. 그런 세계관과 사물에 대한 인식이 소통되는 지역과 사회를 장자는 희망한 것이다.

3. 현실적이며 이상적인 대동 사회

부산의 온천장 거리를 지나노라면, 온천이상향溫泉理想鄕(spatopia)이 있다. 사람들은 여기서 온천물에 발을 담그며 평화로운 순간을 보내는 모습이 눈에 띈다. 여자건 남자건, 이른바 남녀노소 할 것 없이 모두 편안한 모습으로, 비록 자연적으로가 아닌 문명 행위에 의하여 만들어진 온천이긴 하지만, 제각각 평화로운 족욕을 즐기는 모습을 볼 수 있다. 그런데 온천욕에 한해서라면 이상적인 것이 될 수 있겠지만, 그들이 다시 일상으로 돌아오면 주어진 현실은 이미 딴 세상이 되어버린다. 사람살이의 조건에는 또 다른 조건적, 상황적 소요所要가 뒤따르기 때문이다.

나아가 시공간이라는 사람과 사물이라는 생명체나 개체가 놓이는 조건, 남녀노소의 차이, 인종이나 민족적 습속에 따라 존재의 필요조건은 또한 달라질 수 있다. 이같은 의미를 염두에 둔 동양적 유토피아에는 대동세계가 있다. 이는 사람이 천지와 만물과 서로 '크게 한 몸이 된다'는 것이다. 이에 대한 논리적 근거는『예기禮記』「예운禮運」이다. 이 글에서 위대한 존재방식으로 도道가 행해지고 어진 사람과 능력 있는 자가 버려지지 않으며, 가족주의에 얽매이지 않고, 노인은 자기의 생을 편히 마치고, 젊은이는 모두 일할 수 있으며, 노약자·병자·불쌍한 사람들이 부양되며, 길에 재물이 떨어져도 줍지 않는 이상적 세상이 그려지고 있다.

이 대동사상은 19세기 중국 청나라 말기 정치가, 사상가들, 예컨대 홍수전洪秀全(1851~1864), 강유위康有爲(1858~1927), 담사동譚嗣同(1865~1898), 쑨원孫文(1866~1925) 등에게 지대한 영향을 미쳤다. 특히 강유위는 『대동서大同書』에서 대동 사회를 방해하는 요인으로서 이기심을 들어, 그것을 야기한다고 본 가족제도의 폐지를 주장하기도 하였다. 이런 생각은 한국에서도 꾸준히 개진되었는데, 근대 실학자 이익李瀷(1681~1763), 최한기崔漢綺(1803~1877)뿐만 아니라, 그 이전에 조광조趙光祖(1482~1519)의 지치주의至治主義 운동에서, 이황李滉(1501~1570)은 『성학십도聖學十圖』에서, 이이李珥(1536~1584)는 『성학집요聖學輯要』를 써서 대동사상에 보이는 '공적公的' 이념을 자신들의 사상에 전개하였다.

유가 고전 가운데 하나인 『예기』에는 결코 바람직하지 않은 방향으로 돌아가고 있는 사회 상황을 '소강小康'으로 규정하였다.[6] 이런 사회는 어지러운 세상과 약간 다를 뿐 그저그런 '막힌 세상'이다. 그런 세상을 넘어 각자의 권리를 누릴 수 있고 삶에 필요한 모든 것들이 구비되는 것이 바로 대동사회이다. 그런 사회에서 존재하는 것이 태평의 시대이고 장소이며 우리가 손꼽아 기다리는 세상이 된다.

> 대도가 행해지는 세상에는 온 세상을 공공의 공유물로 삼는다. 어진 자나 재능이 있는 자를 뽑아서 진실과 믿음을 강구하고 화목의 도道를 닦는다. 그래서 사람들은 유독 자기의 자식만을 친애하지 아니하며 노인으로 하여금 안락하게 그 수명을 마치는 바가 있게 하고, 젊은이로 하여금 충분히 자기의 역량을 발휘하는 바가 있게 하고 홀아비·과부·부모 없는 고아·자식

6 『예기』「예운」.

없는 외로운 사람과 그리고 질병이 있는 사람들이 모두 부양되는 바가 있게 한다. 남자에게는 일정한 직분이 있고, 여자에게는 빠짐없이 시집갈 곳이 있다. 재화는 그것이 땅바닥에 함부로 버려지는 것을 좋아하지 않으나, 그렇다고 반드시 나 한 사람의 사유물로 저장하지는 않으며 역량은 그것이 발휘되지 않는 것은 좋아하지 않으나 그렇다고 반드시 나 한 사람만을 위하지는 않는다. 그러므로 간사한 모의는 닫혀져 일어나지 않고 도둑이나 남을 해치는 사람은 곧 생겨나지 않는다. 그래서 바깥문을 닫지 않고 안심하고 생활한다. 이것을 대동의 세상이라 한다.[7]

그러면 몇 대목으로 나누어 살펴보자

① 대도가 행해지는 세상에는 온 세상을 공공의 공유물로 삼는다.

위대한 도가 실천되는 사회에는 어느 한 사람이 패권을 통해 물건을 독점하는 일이 없다. 하늘 아래 모든 땅 덩어리 역시 공적인 것이 된다. 토지 소유권 뿐만 아니라 모든 물건들이 공적 소유가 되어, 가령 군주가 온 세상의 물건을 자기의 자손에게 개인적으로 물려주어 타인의 재산을 침해하는 일 따위는 없다. 요즈음 한국의 사정처럼, 극히 일부가 여기저기 토지를 소유하여, 땅값이 마구 오르는 일은 걱정될 게 없다.

졸렬한 '도'가 이행되는 사회는 이른바 '난세(혼란한 세상)'로서, 그런 사회에서 사람들은 제각각 자기 소유만을 주장하여 싸움을 일삼는 결과를 낳지만, 대동의 세상에서는 사적 소유를 위해 다투는 일이 없다.

---

7 『예기』「예운」.

② 어진 자나 재능이 있는 자를 뽑아서 진실과 믿음을 강구하고 화목의 도道를 닦는다.

존현사능尊賢使能, 현명한 사람을 높이고, 능력 있는 사람이 공무원이 되어, 진실과 신용이 통하는 사회를 도모한다. 그리하여 그 지역의 공동 가치를 추구하고 서로 간 화목할 수 있는 방법, 방식, 제도의 마련을 세련되게 생각한다. 학연, 지연, 혈연, 종교적 집단 등에 따라 중요한 일자리를 주고받는 일이 없는, 공정한 사회로의 '길'을 가지고 정체성으로 삼는 것이다.

③ 그래서 사람들은 유독 자기의 자식만을 친애하지 아니하며

인간이면 누구의 자식이든 소중하다. 고급 관료의 자식이나 강남이건 강북이건 서울이건 제주도건, 아니 직업의 귀천에 관계없이 모두 하늘의 자식들이다. 못사는 사람, 잘사는 사람 할 것 없이 모두 하늘의 자식인 만큼, 하나도 빠짐없이 보호받는다. 그렇지만 세상은 어떠한가? 사람의 의식은 눈앞에 있는 존재의 바깥까지 고려의 대상에 두지 않는다. 그렇게 아껴야 할 대상으로 여기지 않는 경향이 있는 것이다. 그런 좁은 생각을 벗어버림으로써 가족 사랑에 머물지 않아서, 그 사랑의 범위를 우리 집 바깥으로, 나아가 온 세상으로 확대하는 것이다.

④ 노인으로 하여금 안락하게 그 수명을 마치는 바가 있게 하고, 젊은이로 하여금 충분히 자기의 역량을 발휘하는 바가 있게 하고 홀아비·과부·부모 없는 고아·자식 없는 외로운 사람과 그리고 질병이 있는 사람들이 모두 부양되는 바가 있게 한다.

좋은 사회란, 자급자족이 불가능한 사람들이 우선적으로 보살펴진다. 복지란 딴 게 아니다. 사회적 혜택을 받지 않고서는 살아가기 힘든

사람이 존재한다는 반증이다. 이를테면 노인, 고아, 과부, 독거인, 질병을 안고 사는 사람은 홀로 서기가 어려운 사람이 있다는 것이다. 그런 사람들은 누군가 도와주지 않으면 안 되는 하소연 할 곳이 없는 사람들이다. 따라서 그들은 사회안전망, 사회보장제가 갖추어져 보살핌을 받아야 한다. 대동의 세상에서는 welfare 같은 장치가 잘 마련되어 well-being의 삶을 살 수 있다.

⑤ 남자에게는 일정한 직분이 있고, 여자에게는 빠짐없이 시집갈 곳이 있다.

사람에게는 기본적으로 일자리가 있어야 한다. 남자는 직장에 가서 일하고 여자는 시집을 가서 전업주부가 되든 간에 일상에서 할 일이 있어야 한다. 그런데 여자가 시집을 간다는 것은 이성 간 에로스적 사랑을 누릴 수 있는 환경이 조성되어 있다는 상징적 표현이다.

그리하여 물질적으로 삶의 터전을 마련하고 우리의 몸이 지닌 기본적 감정을 해소할 장소 또한 마련되는 것이다. 특히 남녀불평등의 세태 속에 여성의 정감이나 욕망 분출의 기회가 막혀서는 안 되는 것이다.

⑥ 재화는 그것이 땅바닥에 함부로 버려지는 것을 좋아하지 않으나 그렇다고 반드시 나 한 사람의 사유물로 저장하지는 않으며, 역량은 그것이 발휘되지 않는 것은 좋아하지 않으나 그렇다고 반드시 나 한 사람만을 위하지는 않는다.

물질의 소유와 인간의 역량이나 능력은 공공성의 측면에서 접근되어야 한다. 좋은 사회는 '나'에 대한 맹목적 합리화 과정이 배제되고 나 말고 타자가 또한 존재한다는 생각을 할 수 있어야 한다. 나의 소유가 아닌 이상, 어떤 것이라도 나의 호주머니에 슬쩍 넣어서는 안 되며 남의 잠재적 역량 또한 타인을 위해 써야 한다. 그런 세상일 때 크게 하나된 사회가 되는 것이다.

⑦ 그러므로 간사한 모의는 닫혀져 일어나지 않고 도둑이나 남을 해치는 사람은 곧 생겨나지 않는다. 그래서 바깥문을 닫지 않고 안심하고 생활한다. 이것을 대동의 세상이라 한다.

사적으로 물건을 소유를 하지 않지만, 그렇다고 사적 소유가 침해 받을 일이 없으므로 영역을 지키려고 노심초사할 필요가 없다. 이런 사회와 지역이 바로 '대동'으로 표현할 수 있는 시간과 공간의 조건이다.

4. 경계를 넘는, 평등한 삶의 자리

여기서 말하는 행복이란 궁극적으로 인간의 본능과 삶의 권리가 말살되지 않는 것이다. 그런 장소를 이상향으로 여기고 희구해 온 것이다. 대동사상가 강유위는, 인류 역사는 어지러움에 시달리는 사회로서 거란세據亂世에서 평화시기로 접어들려는 승평세升平世로, 그리고 최후에는 태평세太平世로 변화한다는 생각을 가졌다. 태평세는 대동의 세상인데, 이때 중생의 일체 고통은 소멸하는 것으로 그려진다. 극락세계, 천당과 같은 유토피아가 되는 것이다.

그런데 대동사회에는 계급이 없어야 한다. '界'로 표현할 수 있는 인간사회의 계급은 삶의 조건을 지옥으로 만들 수도 있다. 이같은 세상은 고통의 근원인 아홉 개의 경계로부터 벗어나는 곳이기도 하다. 따라서 우리에게는 이 아홉 개의 경계, 구계九界를 제거하려는 노력이 있어야 한다. 9개의 경계를 제거하는 일은 이렇다.

① 나라의 경계國界를 제거하여 대지大地를 합함.
② 계급의 경계級界를 제거하여 민족이 평등하게 함.
③ 인종의 경계種界를 제거하여 인류가 동등하게 됨.
④ 몸의 경계形界를 제거하여 독립을 보장함.
⑤ 가족 경계家界를 제거하여 자연의 자식이 됨.
⑥ 생산의 경계產界를 제거하여 생업生業을 공평하게 함.
⑦ 혼란의 경계亂界를 제거하여 태평하게 됨.
⑧ 생물 분류의 경계類界를 제거하여 중생을 사랑함.
⑨ 고통의 경계苦界를 제거하여 극락에 이름.[8]

경계를 부정하는 것은 경계가 있어서 불평등하여 공평한 이치의 적용이 불가능하다는 점에서 비롯한다. 우리 사회에서 이런 예를 한 번 찾아보자. 그리 어렵지 않을 것이다. 사회적 지위, 빈부의 격차, 정규직과 비정규직, 다문화 가정 등이 그 좋은 예일 것이다.

경계란 아직 사적인 것이어서 싸움이 일고 인민이 욕망을 누리는 일이 침해되기 때문이다. 그렇지만 경계란 다시 공적으로 볼 때 사적인 것(개인적인 추구)으로서 부정되어야 하는 것이기도 하다. 그렇게 함

8 강유위, 『대동서』.

으로써 사람이면 누구나 원만하게 욕망을 충족할 수 있고 고통으로부터 즐거움으로 나아갈 수 있어야 한다. 여기에는 정치, 학문, 교육에 걸친 시스템이 한층 전진하거나 바람직한 방향으로 나아가는 것이 전제되어야 한다. 그리하여 인간이 살아가는 데 필요한 제반 분야에 걸림liminal area이 없는 땅을 이루어야 한다.

5. 내 몸과 마음이 편안한 장소

사람이 사는 이곳에 그가 추구하려는 목표에 희망이 없을 때, 저편에서 있을 것이라고 예상되는 그곳을 찾게 된다. 역사 경험으로 어떤 한 개인이 세상을 호령하거나 욕심 많은 사람이 '나 이외의 타자'에게 귀결될 재화를 약탈하거나 독점하였을 때, 거기에 속한 인민들은 고통 속에 삶 같지 않은 삶을 살게 되어있다. 이런 때일수록 사람들은 신비로운 생각에 빠져 탈세속적인 꿈을 꾸기도 하였다. 물론 예술적으로 한층 심화된 경지, 경계를 그려내기도 하지만, 현실이 너무 각박한 나머지 차안此岸의 세계를 이상향으로 상정하기도 하였다.

달리 말하면, 이상향은 현실의 상황과 밀접하게 연결되어 있다. 강유위의 대동사상에 보이는 것처럼 현실 변혁의 방향성이 이상사회의 청사진에 반영되어 있음에 유의해야 한다. 이상사회란 우선 우리의 몸과 마음이 안식할 넉넉한 공간으로 물질성이 뒷받침되고, 과학이 발달하여야 하며, 구태의연한 생각에서 벗어나 새로운 세계를 맞이할 의식이 실천되는 곳이다. 인민 대중을 종적으로 불평등하게 이끌어가는, 독제나 전제주의 사회시스템에서 벗어나 자유와 평등의 세계관을 견지되는 곳이다. 지도자는 사물을 너그럽게 파악하여 심원한 비전을 제시하므로 인간 상호 간에 서로 소통이 이루어지는 곳이기도 하다. 이 같은 사회가 좋은 사회이고, 그런 곳이 이상향이며 그곳에 사는 사람은 저절로 행복한 인간이 되는 것이다.

참고문헌

도연명, 「도화원기」.

노자, 『도덕경』.
장주, 『장자』.
열어구, 『열자』.
이황, 『성학십도』.
이이, 『성학집요』.
최한기, 『기학』.
강유위, 『대동서』.

이명수, 『소통을 평등을 사유한 사상가 – 담사동』, 성균관대 출판부, 2010.

공생의 조건과 지역의 현실

장세용

1. 지역이란 무엇인가?

지역region or local은 어디를 말하며 지역에서 산다는 것은 무엇을 말하는가? 지역은 삶의 다양한 양상이 표현되는 일정한 공간을 말하며 지역에 대한 관심은 바로 대상 공간의 복합적 사회 양상에 주목하는 것이다. 근대의 공간관은 기본적으로 정치경제학적이어서 공간이 가지는 소유관계, 계급과 소외, 빈곤의 재생산 등 한마디로 권력관계의 작용으로 차별화하고 구조화하는 측면이 주로 다루어진다. 염두에 둘 것은 여기서 지역은 이중적으로 다루어진다는 사실이다. 하나는 중앙과 지방이라는 수직적 의미에서의 지역이고, 또 다른 하나는 다양한 지역과 지역이라는 수평적 의미의 그것이다. 그러나 어느 것이든 주로 농촌보다는 도시를 중심으로 사유된다는 점은 공통적이다. 그것은 현재 도시가 지역에 거주하는 구성원들의 삶을 훨씬 더 복합적으로 표현하고 있다는 사실과 연관이 있다. 현대에 도시공간 연구자들이 가장 먼저 주목하는 양상은 이중도시dual city의 모순이다.[1] 그것은 도시공간이 기회와 안락함을 보장하는 행복한 공간인 동시에 가난과 배제와 추방이 진행 되는 불행한 공간이란 양면적 사실을 강조한다. 도시는, 솟아오른 스카이라인과 화려한 네온사인으로 표출되는 발전의 지표들(천국)과 도시빈민들과 슬럼과 산동네 등으로 얼룩지고 응어리진 모순의 지표들(지옥)로 분할된다. 전자가 근대성 담론과 장소를 낭만화하는 관광담론 등 특정 공간을 재현하는 데 사용되는 대표적 이미지라면 후자는 공간에 대한 계급적 분석과 접근에서 쉽게 발견된다. 실제로 지역에서 우리의 삶은 그 중간 어디쯤에서 끊임없이 유동한다. 지역은 분명한 의미의 표상체가 아니라 매우 복합적인 일상경험공간이기 때문에 불분명하고도 상대적인 이름이다.

일상 경험의 거주공간으로서 지역에 대한 관심에는 공간과 장소에 관한 기억과 애착 곧 토포필리아Topophilia의 소환이 중요하게 작용한다. 토포필리아는 일상인의 감성과 결부된 공간체험에 주목하는 것을 말한다. 지역은 사람들의 주거와 생활로 말미암아 축적된 의미들의 층위가 가득 찬 공간(장소)이며 이곳은 감성적이고 미학적이고 상징적인 이해 특히 직접 들어가서 부딪치고 느껴야만 이해의 확장이 가능

---

1 E. T. van Kempen, "The Dual City and the poor : social polarisation, social segregation and life chances", *Urban Studies* 31-7, 1994, pp.995~1016.

한 공간이다.[2] 이때 공간은 이름과 색깔, 의미와 상징을 부여받고 시적 공간으로 변화한다. 이렇게 말할 수 있다. 공간으로서 지역은 합리적이고 분석적인 측면과 함께 그에 못지않게 설명이 어려운 비논리적이고 복잡한 브리콜라쥬Bricolage 형태로 존재한다. 현재 공간 특히 도시공간은 기본적으로 자본주의 시스템으로 작동하는 대표적 공간이다. 그러나 그 공간에 자본의 대표적 표상인 상품교환과 화폐이동만 있는 것은 아니다. 계획된 인공물과 인공 환경이 집적되는 과정에서 기존 공간의 성격이 끊임없이 바뀌고 새로운 변형이 나타난다. 공간이 가지는 독특한 자극과 경험 요소는 결코 완전히 사라지지 않는다. 비록 그것이 계획과 계산을 거쳐 탄생한 공간이라 하더라도 거기서는 예기치 않은 자유와 우연적 만남, 사건의 출현, 비의도적 공간 변화가 생겨난다. 토포필리아, 역동적 뿌리내림l'enracinement dynamique, 정박ancrage의 개념[3]으로 지역의 의미를 새롭게 찾아갈 필요가 여기 있다. 이러한 자각은 뿌리내린 장소에 대한 애착에서 출발하여 지역주의로 표상되거나 공간 재편성의 사회적 대상으로서 '지역'을 형성한다.

'지역'이란 어떤 경계와 영역을 가지는가? 서울 혹은 광주 '지역'이라면 행정구역인가 아니면 사회, 문화, 정치적 권역인가? 우리는 행정적 경계구역을 떠올리기 쉽지만 접근방식에 따라서 경계는 달라지므로 지역의 경계는 관계적이고 상대적이고 심지어 패러다임으로 표상되기도 한다. 지역은 공간을 기초로 삼아서 시간성에 따라 축적되어

2 이-푸 투안Yi-Fu Tuan, 이옥진 역, 『토포필리아, 환경지각, 태도, 가치의 연구』, 에코리브르, 2011.

3 Michel Maffesoli, *Eloge de la raison sensible, Grasset*, 1996; *La conquête du présent*, Desclée de brouwer, 1998; 메를로 퐁티M. Merleau-Ponty, 류의근 역, 『지각의 현상학』, 문학과지성사, 2002.

온 경제, 문화, 정치 등이 작용하면서 중층적으로 파편화되어 있다. 예컨대 신라고도 경주에는 염화시중 미소를 띠우는 불상이 가득한 남산이 있다면, 호텔을 비롯하여 현대식 위락시설로 가득 찬 보문관광단지 역시 천년고도 경주의 한 부분을 형성한다. 남산과 보문단지는 서로 모순되어 보이지만 이들은 관광이라는 요소로서 결합하는 공간이다. 거기에는 관광지 경주, 상업도시 경주, 신라문화 유산 보존지 경주, 심지어 용강공업단지는 물론이고 원자력 발전소와 방사선폐기물 처리장이 들어선 도시 경주 등이 상호작용한다. 부산도 역시 그렇다. 대규모 접안시설이 갖추어진 항만들이 있다면 작은 포구도 있다. 산복도로를 따라 들어선 산동네가 있다면, 수영강변에 세워진 국내 최대 롯데백화점 센텀시티Centum City점이 버티고 선 해운대가 있다.[4] '지역'은 파편화시키는 요소와 동질적인 요소가 함께 작용하는 지역이다. 그 가운데서도 시간성이 누적되어온 요소들이나 특정의 공간성이 집중되어 구별되는 일정한 동질성을 찾을 수 있는 요소가 두드러져서 하나의 공통적 명칭으로 부를 수 있는 일정한 로컬리티가 작용한다.

그것을 표현하는 가장 흔히 사용되는 용어가 공동체라는 말이다. 그러나 시간성이나 공간성이 근접하거나 동일하게 작용한다고 해서 반드시 공동체인 것은 아니다. 급속한 산업화에 따른 생산과 소비의 분리로 공동체는 존재하기 어렵고, 공동체의 주요한 요소들은 지리적 근접성, 인격적·대면적 관계, 역사성, 공유된 신념과 가치관으로 분리되어 각기 파편적으로 남아 있기 때문이다. 이런 이유로 도시지역

---

4 도근영, 『해항도시 부산의 Waterfront 개발과 Landmark 조성 연구최종보고서』, 국토해양부, 2011.

은 지리적 근접성에도 불구하고 역사성·인격적 관계·유대감이 결여되어서, 공동체로서 역할을 제대로 하기 어려운 경향성을 보여준다. 도리어 잔존하는 기존 공동체의 요소들은 흔히 지역감정, 연고주의, 집단이기주의라는 부정적인 형태로 표출되고 있다. 이러저러한 종친회 인맥, 향우회 지연, 초등학교에서 시작하여 중등학교와 고등학교 거기에 대학교와 특수대학원에 이르는 학연에 대한 과도한 집착이 바로 그런 산물들이다. 파편화된 기존 공동체의 요소들은 국가권력과 자본에 편승하거나 동조하면서 건전한 공동체 형성을 방해한다. 거기에 신자유주의 세계화가 시장의 힘을 극대화시킨 결과 소비주의가 극도로 만연한데도 불구하고, 모든 것이 개인의 선택으로 결정되는 것처럼 착각하도록 이끈다. 지금 개인은 더 이상 자본과 시장이라는 익명적인 힘의 구조가 지배하는 세계를 이해하거나 통제할 수 없다. 지역공동체가 작동하는 양상을 검토하고 바람직한 공동체의 방향을 성찰하고 직접 참여하는 훈련된 시선과 실천을 가질 필요가 있다.

2. 지역의 현실

모든 사람들은 차별 없고 고통 받지 않는 이상적인 세계를 꿈꾼다. 그러나 우리는 다양한 구성력이 중층적으로 작동하고 있는 구체적 현실 공간인 지역에서 살고 있기에 여러 종류의 차별과 고통에 직면할 수밖에 없다. 우리가 꿈꾸는 공동체 혹은 대동사회가 유토피아일 수밖에 없는 이유는, 비록 간절히 행복을 꿈꾼다 할지라도 우리 각자가 숨 쉬고 있는 지역이라는 공간은 꿈을 좌절시킬 현실적인 제약들을 잔뜩 품고 그것을 지속적으로 증식시키는 장소이기 때문이다. 휘황한 근대문명으로 치장한 대도시이든 '저 푸른 초원 위에' 아늑하게 고여 있는 것 같은 시골마을이든, 우리가 살고 있는 이곳은 행복의 조건들을 결코 완비하지는 못한 곳이다. 대도시의 빌딩숲들은 어디서 온 것인지도 모르는 자본에 의해 나의 힘과는 아무런 상관없이 혹은 나의 바람을 거스르면서 경쟁적으로 높아만 가며, 발밑의 지하철 역시 나무뿌리처럼 견고하게 서로를 엮어나가는데 출근길 내 옆의 사람은 그 역시 고달픈 얼굴로 내 몸을 짓뭉개는 짜증나는 존재들일 뿐이다. 혹은 이미 발뙈기로 팔린 '저 푸른 초원' 속의 농작물들은 트럭에 실려 유통창고로 옮겨간다. 우리가 할 수 있는 것은 기껏해야 이것들이 마치 내가 자유로이 선택할 수 있는 몇 개의 보기들인 양 동의하는 것뿐이다. 우리가 발 딛고 있는 땅 이곳을 지역이라 이름 한다면, 지역은 유토피아가 실제 현실에서는 구현될 수 없음을 증명하는 유력한 징표이기도 하다.

더구나, 각 지역들은 국가의 한 부분이고 그 구성원은 세금납부와 징병의무 수행에 동원되므로 동등한 권리와 자격을 누려야하지만 의무의 수행에 비례해서 그 혜택은 중심에 집중된다. 그 자체로도 행복하지 않은 각 지역은 지역들끼리 그리고 지역 내부에서 또 다시 위계적으로 구성되면서 동등한 지위를 누리지 못한다. 국가 단위에서 제공되는 행복의 각종 조건들은 시골보다는 도시에 지방보다는 수도권에 상대적으로 집중된다. 수도권이 가장 많은 전기를 소비함에도 불구하고 혹시나 있을지도 모르는 위험과 많은 인구에 근거하여 원자력 발전소는 지방에 분산 배치된다. 방폐장은 절대 안전시설이라는 모순적인 자신감을 전파하며 지방에 분산 배치된다.[5] 심지어 교묘하게 조종된 지역감정까지 동원하며 신라고도 경주에 방폐장이 들어선 것을 보라. 그리고 지방은 중앙이 당연하게 누리는 혜택을 종잡을 수 없는 위험도와 교환함으로써 그 보상으로 획득하고 있다.

행복한 공간을 꿈꾸는 것 자체가 허망한 노릇이 되고 마는 이유 중 하나는, 현실 공간이 갖고 있는 근원적인 한계 요소 위에 중앙-지방이라는 위계가 덧씌워지기 때문이다. 지역의 위계화가 작용하면서 나타나는 가장 대표적인 현상이 지역주의regionalism이다. 자기 지역의 이익이 더 우선이라는 단순한 지역적 경쟁의식은 큰 문제가 아니고 도리어 지역사회 발전을 자극하는 데 도움이 될 수 있다. 그러나 다른 지역 구성원들을 인격적으로 모독하는 데서 우월감을 느끼며 정치적으로 압박하거나 견제하며 경제적으로 종속시키려는 노력이 전개될 때 우리는 이것을 악성의 지역주의parochialism라고 부를 수 있다. 이러한 지역주의는 그것이 논리적 기준이 아니라 감정적인 우월감에 비과학적 논리로 차별과 배제의 메커니즘을 작동시킨다는 점에서 유색인종에 대한 인종주의racism와 비슷하게 작용한다. 그리고 지역주의는 그 내면에서는 한편으로는 중심이 지역을 분열시켜 자기들끼리 싸우게 하고 중심의 권위와 영향력을 유지시키는 분할통치divide and rule 방법이기도 하다.[6]

---

5 히로세 다카시, 김원식 역, 『원점을 멈춰라 - 체르노빌이 예언한 후쿠시마』, 이음, 2012.
6 학술단체 협의회, 『6월 민주항쟁과 한국사회 10년』, 당대, 1997, 151쪽.

만일 여기서 멈춘다면 우리 지역민의 삶은 오로지 우울하기만 할 것이다. 그래도, 인간은 행복한 공간에서 살고 있는 자신을 상상하기를 멈추지 못한다. 인간의 역사를 이끌어온 궁극적인 힘은 이 간절한 상상에 있기 때문이다. 현란한 각종 광고가 극명하게 보여주듯 근대 문명이 약속하는 것도 결국엔 이 상상의 실현이다. 문제는 근대가 상상의 실현에 유리한 도구로만 기능하는 것이 아니라 행복의 내용을 변질시키고 행복의 방식을 새로이 규정함으로써, 행복의 구현을 환상적으로 성취해낸다는 데 있다. 행복의 기의가 수정되었음에도 불구하고 기표가 기의를 보장하는 듯 회자될 때, 행복에 대한 우리의 상상은, 길은 물론이고 목표지점까지 잃고 만다. 그러나 목표도 길도 잃어버린 우리 모습을 자각하기란 수월한 일이 아니다. 국가유기체, 중심-주변의 위계성을 포함한 근대의 체계는 이곳 지역에서 살고 있는 우리 각자에게 뚜렷한 목표를 제시해주기 때문이고, 그 목표가 우리 자신이 꿈꾸는 행복한 공간인지 재확인해보려는 태도는 시대착오적으로 느껴지기 때문이다.

정글 탐험 TV 프로그램을 신기한 눈으로 바라볼 수밖에 없는 우리들이, 근대가 제공한 행복의 기준을 재검토하고 재인식하기란 지난하기 짝이 없다. 우리가 새로운 인식의 출발점으로 삼을 만한 것이 그 외엔 마땅히 없어 보이기 때문이다. 예컨대 우리가 경험하는 지방대학이라는 말은 중앙에 대비되어 지역에 존재하는 대학이라는 공간적 위치를 가졌을 뿐이지만, 그 명칭은 매우 함축적으로 부정적인 의미를 가지고 그 내부 구성원의 역량을 선험적으로 규정한다. 이와 같이 지역은 그 구성원을 동원 대상으로 만들며 인간적 위상을 약화시키고 거기에는 지역이라는 공간을 가치 절하시키는 차별과 배제가 구성원들에게도 투사되어 작동한다. 그런 의미에서 지역은 그 구성원에게 권리보다는 의무가 강조되는, 동원 대상이며, 공간의 가치가 인간에게도 그대로 투사되는 수동체들의 활동 영역이다. 물론 지방을 수동적 동원의 대상으로만 강조할 수 없다. 지역은 부단히 이중성을 표출하는 모순공간이기 때문이다. 그것이 자체 내부에 또 하나의 작은 중심을 내포하고 그것이 지역성을 규정하거나 또는 장악하는 이중모순을 내포하는 경우가 또한 적지 않다. 이 공간은 단순한 영역이 아니라 일정한 역사성을 갖는다. 그러나 이런 이중모순을 문제시할 수 있는 인식은 분명 우리 모두가 꿈꾸는 행복한 공간과 연결될 터이지만, 인식적 차별이라는 폭력은 우리가 조용히 성찰할 수 있는 시간마저 앗아간다.

결국, 우리가 내몰려가는 곳은 개별화와 보편화의 공간이다. 각종 위계와 차별이 우리 각자에게 가하는 위협에서 '내'가 벗어나야 한다는 것 그리고 이런 위협은 '우리 모두'에게 빈틈없이 가해지고 있으므로 '우리 모두'는 '나'의 경쟁상대라는 것. 만인에 대한 만인의 투쟁 , 언제나 숨 가쁠 수밖에 없는 이런 상황에서, 내 곁의 존재들을 그리고 먼 어느 곳에 있는 존재들을 나를 배려하고 존중하고 있는 공동체·대동사회 속의 존재들로 인식할 수는 없는 일이다. 표준어 규정이 표준어 구사 여부를 통해 교양인과 비교양인을 은근히 구별하는 한, 그리고 교양인을 서울에 위치시키고 비교양인을 지방과 연결시키는 한, 수직적 위계는 자연적이고 보편적인 것으로 받아들여지면서 지방은 언제나 주변화 되고 열등한 공간으로 인식될 뿐 독자적 가능성과 역동성을 지닌 공간으로 인식될 수는 없는 일이다. 언어가 인식의 체제와 방향을 구성한다는 말을 굳이 빌지 않더라도, 표준어는 우리들 사이를 그리고 공간 사이를 가로질러 구별해내는 데 유용한 도구가 되고 있다. 많은 한국 영화가 전라도 사투리는 다소 우스꽝스러운 조폭들의 언어로 경상도 사투리는 거친 남성의 언어로 정형화하면서 반복할 수 있었던 이유도, 표준어를 기준으로 한 규정행위는 보편적이고 자연스러운 것이며 이 기준을 통해 인간과 공간을 개별화하는 것 역시 당연하고 자연스러운 것으로 설득하는데 성공했기 때문이다.[7]

개별화와 보편화를 자연스러운 사회질서로 받아들일 때 또 다른 행복의 방식을 상상하는 것은 불가능에 가깝게 된다. 이로 인해 개인적인 폭력이 사회적인 폭력으로 전환되어도 그것은 사회적 성공이라는 지표로 전환되면서 법의 보호라는 후원자를 얻게 된다. 사회적 폭력이 성공과 법으로 전환되면서 부정적인 기의를 탈각시킬 수 있는 이유는, 개인적인 폭력의 흔적을 지울 수 있는 크기의 사회 그것도 최소한의 크기의 사회 즉 핵가족을 가장 중요한 덕목으로 부각시켰기 때문이다. 물론 핵가족은 혈족관계라는 자연적 정당성에서 출발하지만, 근대국민국가는 가족 그중에서도 핵가족을 '나'와 동일시하면서 최소사회단위로 삼았다. 할리우드 영화에서도 쉽게 볼 수 있듯, 핵가족은 무엇과도 바꿀 수 없는 가치, 적으로부터 보호해야 할 '나'의 분신이고 가정은 일시적 풍파에 휩쓸릴지라도 결국은 지켜내고 난공불락이어야 할 요새로 간주되었다. 핵가족은 개별화와 보편화를 동시에 충족시킬 수 있는 그리고 그 정당성이 너무나 자명한 단위였다.[8] 핵가족이

---

7 이근열, 『사투리의 미학』, 세종출판사, 2005.
8 이득재, 『가족주의는 야만이다』, 소나무, 2001.

혈족관계라는 자연적 정당성에서 출발한다는 점에서 그 근거는 충분했기 때문이다. 그런데 문제는, 이 핵가족을 최소경제단위로 간주하고 부각함으로써 근대의 기획에 봉사하도록 했다는 데 있다. 경쟁의 단위가 '나'에서 너무나 소중한 '핵가족'으로 전환되면서 개인의 폭력은 근대의 소중한 가치를 보호하려는 행위로 정당화될 수 있는 기반을 마련했다. 한국의 많은 조폭영화가 그려내는 것처럼, 비록 '내'가 개인적 폭력을 저지르거나 구조적 폭력에 편승할 때 양심의 가책을 느낀다 할지라도 "이게 어디 나 혼자 잘 살려고 하는 짓이냐? 우리 가족 먹여 살리려고 이러는 것 아니냐?"는 큰소리가 가능해지면서 공감을 기대할 수 있게 되었다. 붕괴된 핵가족은 결손가정으로 명명되었으며 결손가정은 사회적 범죄의 온상으로 간주되었다. 특별한 경우가 아닌 한 핵가족은 하나의 집에서 함께 거주해야 했다.

특히, 국토가 좁은 한국 사람들은 땅, 집에 대한 애착이 유별난데 여기에 귀환동포, 피난민, 이농민들이 몰려들면서 급격한 도시화를 경험한 지역에서는 집의 의미가 더욱 남달랐다. 집은 자산증식뿐만 아니라 핵가족의 행복의 크기, 핵가족의 신분과 지위를 드러내는 가시적인 상징물이었으며, 그중 아파트는 이것들을 측정하여 계량화하기 위한 표본으로 간주되었다.[9] 아파트가 중요한 잣대로 작용하면서, 재개발·개건축이라는 명분하에 모든 것이 철거되면서 더욱 고가의 아파트가 그 땅에 들어서고 가격 상승을 통해 기존 크기의 행복과 신분·지위를 확인하는 과정이 반복되었다. 새로운 아파트에 입주할 수 없

9 발레리 줄레조Valérie Gelçzeau, 길혜연 역, 『아파트 공화국』, 후마니타스, 2007.

게 된 사람들은 상대적으로 초라해진 크기의 집·행복을 찾아 변두리로 밀려나게 되었다. 하나의 이름으로 불리지만 그곳은 부촌과 빈촌으로 구별되는 구조적 폭력의 공간이다. 그러나 이 폭력은 사회적 성공 여부를 가늠해주는 잣대로 인식될 뿐이다.

개별화와 보편화의 동력이자 결과물이면서 이상적인 공동체·대동사회의 훌륭한(?) 대체물은 대중문화다. 사회의 구성원이면서 분자화되고 위계화된 우리들 각자는 서로를 대면할 기회를 거의 갖지 못한다. 입냄새와 손짓발짓에 버무려 전해지던 이야기가 활자 소설로 바뀌었듯 타인의 삶의 이야기는 TV와 스크린 위에서 재현된다. 가슴을 울리는 노래는 깨끗하고 풍부한 음질의 고급 스피커에서 울려나온다. 이야기와 노래는 그와 나의 호흡이 일치하였을 때 전달되는 것이 아니라 오직 나의 선택에만 의지하게 되었다. 나는 그와 호흡을 맞추려는 노력을 할 필요가 없으며 내게 필요한 건 구매력과 구매욕구 뿐이다. 상품 구매 행위가 직접적인 대면을 대체했기에 나는 그와 만날 필요가 없다. 나는 그의 노동을 볼 수 없으며 그 결과만을 구매할 뿐이다. 대중문화는 온몸으로 부딪쳐야 하거나 어찌할 바 모를 사랑의 난제라는 불편함으로부터 나를 해방시키면서 외로운 개별자들을 생산한다. 대량생산된 획일적인 상품인 대중문화는 외로운 개별자들이 홀로 있음을 외면할 수 있는 유일한 해방구이기도 하다.[10] 프랜차이즈 커피숍과 음식점에서는 동일한 형식의 주문을 하고 대접을 받으며 시간을 보낼 수 있다. 노래를 부르기 위해 비용을 지불해야 하는 노래방,

---

10 Theodor W. Adorno, *The Culture Industry-Selected Essays on Mass Culture*, Routledge, 1991.

입장권과 이용권만 구입하면 각종 기구들을 이용할 수 있는 놀이공원 역시 여기서 그다지 멀지 않다.

이런 문제는 이미 널리 알려져 있다. 그래서 지역의 자치단체들은 개별자의 소외의식을 환상적인 방식으로 해소하기 위해 지역공동체에 대한 허위적 상상을 이용하면서, 이를 상품으로 연결하기 위해 각종 대중문화산업을 이용한다. 대표적인 것이 축제이다.[11] 각 지역의 자치단체는 지역의 문화적 정체성의 표현 기제이자 지역 경제의 활성화에 도움이 된다고 강조하면서, 앞 다투어 각종 축제를 개발해내고 있다. 그러나 그 지역만의 고유한 자원과 문화가 재발견되는 경우는 드물 뿐만 아니라 상당수의 축제는 행정 공무원의 아이디어에서 출발하여 자치단체의 예산으로 운영되기에 자치단체장의 정치적 성향을 강하게 반영한다. 지역 주민들의 자발적인 의지와 참여가 개입할 자리는 거의 없다. 강 위에 떠 있는 화려하고 다양한 진주 남강유등油燈을 보기 위해 혹은 광안리 바다 위에서 번쩍이며 터지고 펼쳐져 쏟아지는 불꽃을 보기 위해 모인 이들은 유등과 불꽃에 대해서만 반응하는 즉 여전히 노동의 결과만을 소비하는 개별자들이다. 그들의 곁에서 같이 감탄하며 지켜보는 이들은 편안한 관람이나 귀가를 방해하는 존재들로 다가온다. 축제는 무슨 대행사니 무슨 기획사니 하는 몇몇 기업에 위탁되어 진행되며 지역 주민은 이 상품을 소비하는 개별자들의 일시적인 집합인 군중들일 뿐이다.

외로운 개별자의 처지를 가장 짜릿하게 즉 간접적인 대면이 아닌

---

11 김영순, 『축제와 문화콘텐츠』, 다할미디어, 2011, 25쪽; 류정아, 『한국축제와 지역문화콘텐츠』, 커뮤니케이션북스, 2012.

직접적인 대면이라는 환상 아래에서 그리고 지역이라는 구체적인 물증 아래에서 상품화한 것 중 하나는 지역 기반 프로스포츠이다.[12] 프로야구는 한국 스포츠 중 지역연고제를 자양분으로 삼은 최초의 스포츠다. 지역과 스포츠의 결합은 대단히 성공적이어서 부산의 경우엔 기장군 칠암항 방파제에 야구등대까지 만들 정도다. '부산갈매기' 응원가를 목청껏 입 맞추어 부르고 득점 상황에서 이대호가 들어서면 '행님아 한방 쎄리라'고 외치며 다 같이 환호하는 장면들이 지역공동체라는 환상을 만들어낼 때, 야구단을 운영하는 대기업들은 이윤추구의 정당성의 기제를 확보해간다. 관중들이 주시하는 것은 내 옆의 사람이 아니라 허공을 날아다니는 작은 공이며, 관중들이 기뻐하거나 안타까워하는 이유 역시 내 옆의 사람 때문이 아니라 운동장 위의 선수들이 만들어놓은 숫자상의 결과물 때문이다. 함께 환호한다 하여도 역시 그들은 개별자들일 뿐인 것이다.

3. 바람직한 지역 공동체 구상을 위한 조건들

지역을 상징하는 건축물이라는 랜드마크 역시 개별자의 소외의식을 허위적으로 그리고 보편적인 상품을 통해 허위적으로 해소하는 유

12 조용찬, 『프로스포츠의 산업정책』, 대경북스, 2004.

력한 장치로 생산되고 있다. 최근 전 세계적으로 많은 지역들이 문화도시 정책을 추진하고 있다. 한국의 경우, 광주는 한국의 문화수도 나아가 아시아 폴리스를, 안동은 한국 정신문화의 수도를, 부산은 유네스코 지정 영화창의 도시를 표방하고 있다. 지금은 조용하지만 한때 서울은 디자인 수도를 자청했다. 이 나라 수도가 디자인 수도였으니 모든 것은 디자인의 산물일 뿐이런가. 이 외에도 환경도시, 생태도시 등 용어만 다른 이 말들은 요즘 각 지방 정책의 최고 의제가 되었다.[13] 사실 문화도시 개념은 기업주의 도시(기업 도시주의entrepreneurial urbanism) 정책을 표상한다. 기업주의 도시는 특정 도시가 지방행정에서 자유무역과 기업 활동의 규제 완화 혹은 탈규제를 강조하며 국가 역할을 상대적으로 축소시키고 고용과 성장에 최고의 정책목표를 두고 이를 장려하는 도시 협치urban governance를 말한다. 도시의 투자자, 건설업자 등 성장동맹growth coalitions이 주도하는 도시재생urban regeneration, 장소마케팅place marketing, 문화도시 전략 등으로 상징된다.

잘 알려진 사례는 미국의 구겐하임Gugenheim 미술관 유치로 시작된 스페인 빌바오와 바르셀로나, 동아시아의 홍콩과 상하이, 영국의 글래스고우, 맨체스터, 쉐필드Shefield, 리즈Leeds, 리버풀, 에이레의 더블린, 심지어 러시아의 생 페테부르그를 들 수 있다. 그러나 사실 기업도시주의는 정책 추진에서 정도의 차이만 있을 뿐 거의 전 세계적으로 관심과 호응을 받는 현상으로서 광범위한 영향력을 끼치며 한국사회

13 문화도시 네트워크, 『우리가 만드는 문화도시 – 부산시민 문화운동을 중심으로』, 산지니, 2010; 도시재생사업단, 『역사와 문화를 활용한 도시재생이야기 – 세계의 역사 · 문화도시 재생사례』, 한울, 2012.

에서도 지방행정과 도시정책의 이해에 필수조건이 되었다. 왜 하필이면 '기업주의 도시'라고 부르는가? 오직 기업적 사고만이 모든 도시 거버넌스를 평가하는 척도이기 때문이다. 그 배경에는 신자유주의 세계화에 발맞추어 사기업 경영자는 물론이고 공기업 경영자, 도시정부 심지어 NGO 엘리트조차도 투자와 성장을 주요 의제로 삼고, 주민의 복지와 삶의 질 향상이나 기술공학적 발명 보다는 기술혁신과 경제성장, 지역 재개발이나 도시 디자인에 전력투구하는 기업 도시주의가 자리잡고 있기 때문이다. 한국의 도시들이 그러하듯 산업공동화로 쇠락해가는 서구의 도시 대부분은 문화의 산업화culturenomics를 모색하여 그 일환으로 도시재생gentrification 전략을 채택하고 있다.[14]

지역과 문화의 산업화의 접맥은 개별화와 보편화의 동시적 진행을 극복할 수 있는 대안인 듯이 환상화·상품화되면서 유연한 자본주의의 진면목을 보여준다. 약속과 식언食言의 공존이라는 자본주의적 특성이 그대로 반영되어 있는 이러한 전략은 개별화와 보편화의 동시적 진행을 극복하지 않는다. 이 전략의 목표는 완전한 해결이 아니라 허위적 해소를 통한 계속적 진행에 있다. 개별화와 보편화의 동시적 진행은 문화 상품의 소비에 아주 유리한 환경을 제공하고 있기 때문이다. 노래방에서는 제한 시간과 싸우면서 노래를 입력하고 경쟁적으로 소화해야 한다. 놀이는 자본과 상품의 세계에 흡수되어 있다. 심지어 인공을 떠나 자연의 품에 안기는 등산길도 자본의 수중에서 벗어나지 못한다. 뒷산을 오르면서도 미국산인 노스 페이스, 컬럼비아 등은 물

---

14 문정민, 『문화창조 도시와 도시공간콘텐츠』, 조선대 출판부, 2012.

론이고 최근에는 프랑스, 캐나다, 스웨덴제 등 비싼 로열티를 준 등산복과 장비를 구매한다. 어떻게 등반모임에 가면 등산 도중의 쉬는 시간은 새 등산복과 장비 가격을 묻는 시간이다. 놀이공원이 제공하는 꿈과 안전한 모험, 환상의 세계를 체험하려면 입장료를 지불해야 하며, 들어선 순간부터 이윤 창출을 위해 철저하게 계산된 놀이공원의 문법에 따라 움직이듯 자연을 호흡하는 등산도 그러한 이윤과 과시의 문법에서 쉽사리 벗어나지 못한다.

시장 영역에 대한 무한정의 용인은 약육강식의 시장논리를 확산시켜 대기업들이 영업의 자유를 명목으로 모든 업종에 뛰어들도록 만들었다. 대기업 프랜차이즈의 탐욕이 점령한 것은 동네빵집만이 아니라 커피집과 치킨점, 하다못해 김밥집에까지 이른다.[15] 지역 주민들의 운영하는 동네 상권이 무너진 결과 어디가든 제법 상권이 되는 곳에는 E-mart, GS mart, Seven Eleven, 핸드폰 가게 등 동일한 상표의 점포가 있고 아이스크림, 제과점 등에 동일한 상호의 프랜차이즈 분점만 있어 지역은 아무런 특색을 갖지 못한 공간이 되었다. 심지어 이런 상호에 일찍부터 익숙해진 청소년들은 프랜차이즈 상표가 아니면 구매를 꺼리고 품질을 불신하는 경향까지 보인다. 그 결과 나타난 것은 제품의 외형과 맛의 균질화, 경관의 균질화 등이다. 이제 더 이상 지역은 고유한 장소성을 지닌 존재로 인식되지 않는다. 이름도 멋진 풍미당 제과 고려당 제과 이런 이름들은 사라졌다. 그러다보니 한국사회에서 일부 대도시 특히 신시가지 개발 지구에 가면 이곳이 서울인지 부산

15 유병천, 『프랜차이즈 그것이 알고 싶다』, 예원미디어, 2012.

인지 대구인지 광주인지 아니면 다른 도시인지 구분이 쉽지 않다. 지역과 문화산업의 접합이 개별화와 보편화의 극복이 아니라 균질화를 통한 허위적인 해소에 불과한 근원적인 이유도 여기에 있다.

지역과 산업의 접합이 더욱 문제적인 이유는 이러한 현상이 현재의 체제를 더욱 강고하게 만든다는데 있다. 예를 들면 요즘 논란이 많은 동네빵집의 월매출은 대기업 프랜차이즈 제과점의 32%에 불과한 것으로 나타났다. 2012년 4월 24일자 『한겨레신문』에 따르면, 중소기업청의 조사를 인용하여 제과점 439개 업소를 대상으로 동네빵집 실태조사 결과 동네빵집의 월매출액은 1,554만 원으로 대기업 프랜차이즈 제과점(4,803만 원)의 32.4 %에 그쳤다. 동네빵집의 평균 영업이익률은 12~13%대였는데, 이를 금액으로 환산하면 동네빵집의 평균 이익은 230만 원이었으며 대기업 프랜차이즈 제과점은 600만 원 안팎이었다. 한편 전국적으로 동네빵집 점포는 2007년 8,034곳에서 2011년 5,184곳으로 줄어든 반면, 대기업 프랜차이즈 가맹점은 같은 기간에 3,489개에서 5,029개로 51.6% 증가했다. 그렇다고 대기업 프랜차이즈 가맹점의 처지가 호락호락한 것만도 아니다. 실제로 가맹점주들이 프랜차이즈 본사의 불공정 거래를 고발하는 사례가 증가했으며 손해를 감수하고라도 사업을 포기하는 가맹점도 속출하고 있다. 동네빵집과 가맹점주들 대다수는 더욱 어려워지고 대기업 프랜차이즈 홀로 승자독식하는 슈퍼스타 효과가 강화되고 있는 셈이다.[16]

그 결과 대기업들이 노동절약적 혁신을 통해서 오히려 일자리와 소

16 최세호, 『대한민국 동네빵집의 비밀 - 살아 숨 쉬는 진짜 빵이 있는 집』, 거름, 2012.

득을 줄이는 사회적 역기능을 막아야할 필요와 직면하고 있다. 최근 들어 새로운 제안이 제기되고 있다. 빵집에 대한 대기업진출 제한과 함께 협동조합 방식의 공동브랜드를 만들어서 공동구매에 나서는 방법이 모색되고 있다. 다행히 2012년 12월 초부터 협동조합기본법이 발효하여 지금까지 가능했던 농협과 수협 생협 등 8개 협동조합을 넘어서 다양한 협동조합의 설립이 자유로워졌다. 협동조합은 이익극대화를 추구하지 않으며 소비자에게는 값싸게 팔고 생산자에게는 생산물을 비싸게 사는 '이익 극소화'가 그 지향점이다. 그렇다고 동네빵집이 협동조합으로 무조건 성공한다는 것은 아니다. 동네빵집이 살아남으려면 지역 별로 살아남은 빵집들이 의기투합해서 공동브랜드 협동조합을 결성하고 여러 지역에서 빵집협동조합이 결성되어 연합회를 구성할 수도 있을 것이다. 또한 빵집 협동조합은 협동조합의 동지 격인 생협과 농협의 도움도 기대할 수 있을 것이다.[17]

그러나 지역과 산업의 접합을 주도하면서 막대한 이익을 창출하려는 (대)기업들을 비판하는 것만으로는 충분하지 않다. 기업의 자기 개선 노력에 희망을 거는 것 역시 지역의 주체성을 불신하는 데서 출발하기 때문이다. 문제는 기업의 자기 개선 노력을 구조적으로 유도하는 것이며, 지역단체가 시장논리에 의존하지 않고 향유 주체가 상품의 소비라는 방식에 의존하지 않고 개별화와 보편화를 극복할 수 있는 방안을 모색하도록 유도하는 것이다. 그리고 이 유도의 궁극적인 목표는 동일한 우리가 하나의 모습으로 지역의 삶을 꾸려나가는 것이 아니라

---

17 김현대, 『협동조합 참 좋다, 세계 99%를 위한 기업을 배우다』, 푸른지식, 2012.

서로 다른 우리가 각자의 방식대로 그러나 더불어 함께 사는 데 있다. 그리고 유연한 자본주의가 이러한 차이를 상품으로 전환하는 것에 대한 경계를 늦추지 않는 데 있다. 우리를 행복하지 않게 만든 것들에게서 행복의 돌파구를 구하려고 하지 않는 것, 나와 마찬가지로 외로운 개별자로 소외되어 있던 내 이웃을 주체로 인정하고 신뢰하는 것, 이것이 나와 우리가 지금 여기에서 행복해지기 위한 첫걸음이다.

4. 변화의 선례

지난 30년간 세계를 지배해왔던 미국식 시장만능주의는 기업이 주주의 단기적인 이익 극대화로 사회전체가 이익을 향유한다는 관점이었다. 국가를 넘어 지역과 글로벌이 직접 관계 맺기를 요청하였고 지역이 부상한 것도 이런 현실과 연관이 있다. 그것은 한편 자본이 지역을 시장경제 체제에 속속들이 편입되도록 만드는 전략이기도 하였다. 그러나 이제 경제위기가 지속되면서 자본의 한계가 드러나고 있다. 기업주의 도시는 도시의 외관을 크게 바꾸는데 크게 기여했지만 내면에서는 성장동맹의 이익이 관철되고 약자들이 도시로부터 배제당하는 결과를 초래했다. 도시 발전을 명분으로 삶을 도시재개발 과정에서 시민의 삶을 돈의 위력이 지배하면서 교육, 건강, 시민과 가족생활에서 시장영역이 압도하고 민주주의의 평등주의적 이상과 시민들의

평등한 목소리를 왜곡시키며 공적 담론을 개발과 성과주의로 매몰시키는 결과를 가져왔다.[18]

그러나 자본은 개별화와 보편화에 기반한 허위적인 해소를 상품으로 제시해왔을 뿐이다. 이에 따라 인간의 상호성Homo Reciprocan을 강조하고 사회적인 것을 복권시켜 시장 만능에 맞서야 한다는 목소리가 높아가고 있다. 기업의 사회적 책임을 강조하는 사회적 자본social capital 개념과 사회적 책임 투자를 새로운 글로벌 규범으로 삼으려는 논의가 활발하다. 진화생물학과 행동경제학이 밝혀낸 인간협동의 조건이 인간 삶에 반영되어야 한다는 논의인 것이다. 이 가운데 비교적 용이한 접근, 지역에 기반한 실현가능성이란 측면에서 주목할 만한 것으로는 '사회적 기업'과 협동조합이 있다. 사회적 경제의 생태계가 신뢰와 협동으로 만들어져 지역공동체에 자리 잡게 하는 것이 필요하다. 이것은 도리어 산업이 공동화를 겪는 지역에서 시도해볼만 한 것이다.[19]

스페인 '몬드라곤' 협동조합 그룹에 주목하는 이유는 로컬에 바탕을 두는 사회적 자본이면서도 지금까지 공동체적 가치에 바탕 둔 끊임없는 경영 및 기술 혁신에 성공했다는 사실에 있다. 기본적으로 '몬드라곤'은 자본을 소유한 집단이다. 그 자본은 상호이익을 제공하는 조정과 협동을 용이하게 만드는 관계망, 규준, 신용과 같은 사회적 조직을 가진 '사회적 자본social capital'이다. 그 결과 사회적 집단행동과

---

18 최병두, 『신자유주의에 대하여 – 신자유주의 쇠퇴기에 생각해 보는 새로운 전망』, 열린길, 2010; 데이비드 하비David Harvey, 임동근·박훈태·박준 역, 『신자유주의 세계화의 공간들』, 문화과학사, 2010.

19 김정원, 『사회적 기업이란 무엇인가?』, 아르케, 2009.

시민참여를 촉구하며 상호 연관 되는 두 가지 목표를 성취할 과제와 늘 직면해왔다. 첫째는 로컬 공동체에서 사회적 관계망을 유지하며 가입회원들에게 봉사 능력을 개선하고 가입자들의 자율성을 강화할 필요, 둘째는 협동조합을 이해하고 경영하는 새로운 방식의 탐색 셋째, 경제적으로 존립가능하고 혁신적이며 경쟁력 있는 기업으로 살아남는 데 요구되는 조건을 계발하는 것이었다.[20]

개별화와 보편화, 대중문화 등이 우리를 허위적인 해소만을 안겨주는 상품의 수동적인 소비자로 생산해 왔다면, 그래서 혹은 그럼에도 우리는 진정한 행복을 포기할 수 없다면, 상품화된 행복이나 편리를 어느 정도 포기해야 할 것이며 새로운 관계방식의 모색이라는 곤경과 직접적인 대면이라는 불편과 낯섦을 각오해야 할 것이다.

---

20 김성오, 『몬드라곤의 기적 - 행복한 고용을 위한 성장』, 역사비평사, 2012.

참고문헌

김성오, 『몬드라곤의 기적 – 행복한 고용을 위한 성장』, 역사비평사, 2012.
김영순, 『축제와 문화콘텐츠』, 다할미디어, 2011.
김정원, 『사회적 기업이란 무엇인가?』, 아르케, 2009.
김현대, 『협동조합 참 좋다, 세계 99%를 위한 기업을 배우다』, 푸른지식, 2012.
도근영, 『해항도시 부산의 Waterfront 개발과 Landmark 조성 연구최종보고서』, 국토해양부, 2011.
도시재생사업단, 『역사와 문화를 활용한 도시재생이야기 – 세계의 역사 · 문화도시 재생사례』, 한울, 2012.
류정아, 『한국축제와 지역문화콘텐츠』, 커뮤니케이션 북스, 2012
문정민, 『문화창조 도시와 도시공간콘텐츠』, 조선대 출판부, 2012.
문화도시 네트워크, 『우리가 만드는 문화도시 – 부산시민 문화운동을 중심으로』, 산지니, 2010.
유병천, 『프랜차이즈 그것이 알고 싶다』, 예원미디어, 2012.
이근열, 『사투리의 미학』, 세종출판사, 2005.
이득재, 『가족주의는 야만이다』, 소나무, 2001.
조용찬, 『프로스포츠의 산업정책』, 대경북스, 2004.
최병두, 『신자유주의에 대하여 – 신자유주의 쇠퇴기에 생각해 보는 새로운 전망』, 열린길, 2010.
최세호, 『대한민국 동네빵집의 비밀 – 살아 숨 쉬는 진짜 빵이 있는 집』, 거름, 2012.
학술단체 협의회, 『6월 민주항쟁과 한국사회 10년』, 당대, 1997.

데이비드 하비, 임동근 · 박훈태 · 박준 역, 『신자유주의 세계화의 공간들』, 문화과학사, 2010.
메를로 퐁티, 류의근 역, 『지각의 현상학』, 문학과지성사, 2002.
발레리 줄레조, 길혜연 역, 『아파트 공화국』, 후마니타스, 2007.
이-푸 투안, 이옥진 역, 『토포필리아, 환경지각, 태도, 가치의 연구』, 에코리브르, 2011.
히로세 다카시, 김원식 역, 『원점을 멈춰라 – 체르노빌이 예언한 후쿠시마』, 이음, 2012.

van Kempen, E. T., "The Dual City and the poor : social polarisation, social segregation and life chances", *Urban Studies* 31-7, 1994.

Adorno, Theodor W., *The Culture Industry : Selected Essays on Mass Culture*, Routledge, 1991.

Maffesoli, Michel, *Eloge de la raison sensible*, Grasset, 1996.

_______________, *La conquête du présent*, Desclée de brouwer, 1998.

2부

고단한 여기에 서서

공윤경_욕망의 공간, 아파트와 재개발

차윤정_사라지는 언어, 사라지는 지역

이상봉_랜드마크 만들기와 일상적 삶

욕망의 공간, 아파트와 재개발

공윤경

1. 주거문화와 아파트

흔히 의식주衣食住는 인간생활의 세 가지 기본요소라고 일컫는다. 이 중에서 어느 하나 중요하지 않는 것이 없지만 특히 '주住'는 인간으로 하여금 안정된 생활을 가능하게 하는 중요한 요소라고 할 수 있다. 대대로 농경생활을 이어온 우리나라 사람들은 땅과 집에 대한 애착이 남다르며 그래서 내 집을 갖게 될 때 심리적인 면에서 여유를 느끼게 된다.

동굴이든 움막이든 태초의 인간에게도 머물러 사는 곳은 있었다. 그런 곳이 물리적으로 축조된 구조물의 형태를 띠게 된 것은 약 6,000년

전 신석기 혁명 이후 농경생활을 시작하면서부터이다. 하지만 집이란 것은 단순한 물리적 공간이 아니라 한 시대의 사회상을 그대로 담아낸다. 지나간 시대의 주택을 통해 그 시대를 읽을 수 있고 앞으로 지어질 미래의 주택을 통해 우리의 삶의 변화를 예측해 볼 수 있다. 지리학자 이푸 투안Yi-Fu Tuan에 따르면 "집이란 오래된 가옥이고 오래된 이웃이고 고향이고 조국"이다. 그리고 건축학자 노베르크 슐츠C. Norberg-Schulz는 "주거는 인간이 정체성을 갖기 위한 조건 가운데 하나이며 정체성을 확보한다는 것은 특정 장소에 대한 소속감을 얻고 전체 환경을 의미체로 경험하는 일"이라고 하였다.[1]

오랫동안 우리나라의 주택형태는 대부분 기와집이거나 초가집이었다. 하지만 19세기 말 서양식, 일본식 주택이 들어와 새로운 유형의 주택이 지어지면서 주거형태는 많은 변화를 겪게 되었다. 우물에서 물을 길어오는 것이 아니라 집안으로 들어온 수도를 이용하게 되고 대청이 거실로 변해 다양한 용도로 활용되며 변소가 욕실과 함께 실내로 들어오는 등 새로운 주거문화가 생겨나게 된 것이다. 그리고 전쟁 이후 근대화의 상징으로 아파트가 일반 대중에게 널리 보급되면서 현재까지 아파트는 우리나라의 대표적인 주거형태로 이어져 오고 있다.

이제 아파트는 단순한 주거시설이 아니라 '사람의 생활과 문화를 담는 그릇'으로 자리 잡았으며 오늘날 주거문화의 중심이라고 할 수 있다. 더구나 부의 상징에 투자가치가 더해져 오늘날 아파트의 존재감은 더욱 커지고 있다. 뿐만 아니라 남의 사생활을 침범하지도 않고

---

1 전상인, 『아파트에 미치다』, 이숲, 2009, 17쪽.

자신의 사생활을 침해받지도 않은 채, 각자 자신의 공간 속에서 살아가기를 원하는 사람들을 위한 최적의 생활공간이 되고 있다.[2] 아파트는 브랜드아파트, 초고층아파트 등으로 계속 진화하며 또한 재개발, 재건축으로 그 규모는 더 커지고 있다.

2. 아파트의 등장과 변화

일제강점기 이전 우리나라의 주거는 단층의 단독주택이 주를 이루었다. 양반들은 법도에 맞게 지은 기와집에서, 일반 양민들은 초가집에서 거주하였다. 하지만 개항 이후 한양의 인구가 급속도로 늘어나고 주택이 들어설 땅이 부족하게 되자 주거는 과밀화 되고 불법, 불량주거지가 형성되기 시작하였다. 또한 서양식, 일본식 주택이 전해지면서 개량 전통주택, 개량한옥, 도시형 한옥 등 새로운 주택양식도 등장하게 되었다.[3] 이에 따라 1930년대 주택시장이 형성되면서 기성주택 혹은 상품주택이 점차 보편화 되었고 고질적인 주택난은 주택을 거주하는 장소로서의 의미보다 재산으로 인식시켰다. 그래서 팔기 위한 하나의 상품으로 주택을 공급하거나 매매하는 집장사들과 주택을

2 임봉길, 「도시중산층의 생활유형과 정치의식, 도시중산층의 생활문화」, 한국정신문화연구원, 『연구논총』 92-10, 1992, 120~121쪽.

3 서울시정개발연구원, 『서울 20세기 생활문화변천사』, 2002, 476~477쪽.

임대하여 이윤을 취하는 임대업자들이 등장하게 되었다.

또한 식민시대에 2층 이상의 '아파트'라 불리는 건물이 들어서게 되었는데 이때 아파트는 기숙사나 호텔과 같이 숙박시설에 가까운 의미로서 지금과는 전혀 다른 개념이었다.[4] 우리나라 최초의 아파트라 불리는 것은 1932년 서울에 건설된 충정(유림)아파트로서, 주로 일본인을 대상으로 하는 임대아파트였다. 이 당시 아파트는 한국인에 의한 것도, 한국인을 위한 것도 아니었다. 그리고 일부 공동주택의 형태를 띠고는 있지만 내부구조, 규모 등 엄밀한 의미에서는 아파트라고 할 수 없는 것이었다.

부산에서 가장 오래된 아파트로 중구 남포동 극장가 뒤편에 있는 청풍장(1941)과 소화장(1944)을 꼽고 있다. 하지만 법적으로 엄격하게 구분하자면 청풍장과 소화장은 부산 '제1호 아파트'가 아니라 '제1호 연립주택'이라고 할 수 있다. 사진에서 도로 앞 1층 건물 뒤편에 보이는 주택이 바로 1954년 소화장의 모습이다.

한국전쟁 이후 인구 과밀화로 인해 주택 부족이 심각해지자 단독주택의 대안으로 아파트가 등장하게 되었다. 행촌아파트(1956), 중앙아파트(1956), 종암아파트(1958), 개명아파트(1959) 등이 지어졌다. 하지만

---

4 1933년 『신동아』에서는 모던어점고modern語點考 코너를 만들어 생소한 외국어를 해설하였는데 '아파-트먼트를 일본에서는 생략하여 아파-트라고 쓴다'고 하면서, 아파-트먼트를 '일종의 여관 혹은 하숙으로써, 한 빌딩 안에 방을 여러 개 만들어 세를 놓는 집'이라고 정의하였다. 장림종·박진희, 『대한민국 아파트 발굴사』, 효형출판, 2009, 30쪽.
당시 서울 신당동, 장충동, 회현동, 아현동, 내자동 등에 일본인 노동자들의 집단생활을 위한 기숙사와 같은 역할을 했던 요寮가 있었고 서울 회현동(3층, 조적식), 내자동(4층, 철근콘크리트구조) 등에는 미쿠니三國상사의 일본인 직원을 위한 관사(사원용 아파트) 미쿠니아파트가 있었다.

1954년의 소화장[5]

대부분의 아파트는 단일 주거동이거나 3개 동 이내의 소규모였다. 이렇다 할 단지배치의 개념도 없었고 주어진 대지여건과 상황에 맞게 건물을 배치할 뿐이었다. 또한 3~4층 정도의 연립주택 수준으로 본격적인 아파트로 보기에는 부적절하다는 게 주택업계의 일반적인 평가이다.

우리나라의 주택정책은 서구에서처럼 국가의 재정 지원에 의한 사회주택(혹은 영구임대주택)의 공급이 어려웠기 때문에 사회복지 차원이 아니라 대한주택공사[6]가 주도하는 건설사업의 성격으로 시작되었다.

---

5 출처 : 편집부, 『칼라로 만나는 1954년 KOREA』, 두모, 2011, 141쪽.

6 일제 식민시기 주택난 해소를 위해 조선총독부에 의해 설립되었던 조선주택영단이 광복 후 대한주택영단으로 그 이름만 바뀌어 유지되고 있었다. 그러다가 1962년 7월 '대한주택공사'

마포시민아파트(1962)[7]

그 일환으로 집 없는 영세민에게 싼 값으로 집을 제공하기 위해 '시민아파트'가 생겼다. 대한주택공사의 데뷔작이 바로 우리나라 최초의 공동주택 단지인 서울 마포시민아파트(1962)이다. 단순하게 주거만을 고려했던 단계를 넘어 대규모 주택용지에 여러 동을 짓는 '단지형 아파트'로 설계되었다. 공동주택의 규모가 확대되는 시기에 수평적 확장보다는 장차 수직적 확장을 염두에 두고 고층화를 시도함으로써 후일 공동주택 계획에 큰 영향을 미쳤다. 이후 와우아파트 붕괴가 상징하는 시민아파트 건설의 실패를 만회하기 위해 1970년경부터 중산층을 위해서 비싸더라도 튼튼한 아파트를 만들자는 방향으로 전환하여 '시범아파트'가 생겨났다.

제2차 경제개발5개년계획(1967~1971)은 아파트 건설을 더욱 촉진시

로 새롭게 발족하였다.

7 출처 : 대한주택공사, 『대한주택공사 30년사』, 1992.

와우아파트 붕괴현장[8]

켰으며 민간 건설업체를 앞세운 개발사업도 활발하게 진행되었다. 자고나니 아파트가 생겼다는 말이 나올 정도로 건설 속도가 빨랐다. 또한 도심 일원에 중산층 상인들을 대상으로 하는 상가아파트가 들어서게 되었다. 당시 대부분의 상가아파트는 10층 이상, 연면적 3,000평 이상의 규모로서 도심 속에서 주변의 도시경관과 어울리지 않는 이질적 요소였다. 이는 기술에 대한 과신이 크고 화려한 건물에 대한 욕구로 표출된 것이며 경제 개발의 성과로 치부되기도 하였다.

다음의 신문기사(『매일경제』, 1970.11.5)를 보면 이 당시 아파트에서의 주거문화를 짐작할 수 있다.

---

8 출처 : 『동아일보』, 1970.4.8.

⊙ 시민아파트 에티켓 ⊙

① 계단, 변소, 복도 등 공동사용 부분을 내 집처럼 깨끗이 사용한다.

② 하수도 사용과 쓰레기 처리에 있어 남에게 피해를 주지 말도록 한다.

③ 어린이들이 지나친 장난을 치지 않도록 평소에 가정교육을 철저히 시킨다.

④ 애완동물 때문에 발생하는 불쾌감을 방지하기 위해서는 기르지 말도록 한다.

⑤ 미관상 불쾌한 속옷은 실내에서 말리고 염색물이 떨어지는 옷은 빨래걸이에서 말리지 말도록 한다.

⑥ 벽 하나를 사이에 둔 아파트인 만큼 지나치게 떠들어서 옆집에 방해가 되지 않도록 해야 한다.

⑦ 창문으로 먼지투성이 옷을 털거나 휴지를 버리지 말아야 한다.

⑧ 평소 생활에서 언행을 조심하고 식모 때문에 생기는 이웃 간의 말다툼에 끼지 않도록 조심해야 한다.

1970년대 세워진 아파트는 경제 발전의 표상이자 주거문화의 근대화를 의미하는 것이었으며 또한 주택난 해결을 위해 토지이용의 극대화와 공간의 상품화가 결합된 결과물이었다. 이로 인해 아파트 건설은 경쟁적으로 점점 고층화로 치닫게 되었다. 이 당시 발표된 서울시 강남개발계획은 중산층을 위한 대단위 아파트 건설을 한층 더 부추겼다.[9] 그래서 대한주택공사가 지은 반포주공아파트, 잠실주공아파트가 큰 인기를 누렸으며[10] 현대건설이 1976년 압구정현대아파트를 준

---

9 전남일 외, 『한국 주거의 사회사』, 돌베개, 2008, 211~215쪽.

10 잠실주공아파트는 1970년대 석유파동으로 물가가 상승하고 불황이 엄습하였을 때 건설경

공하였다. 아파트 위주의 주택정책과 민간 건설업체의 이익 그리고 중산층 주택수요자의 이해가 맞물리면서 고층아파트가 강남의 대표적인 주거양식이 되었다.

본격적인 아파트 시대는 1980년대부터 시작되었다. 주택과 아파트가 서로 동일시되면서 선호도 측면에서 단독주택을 능가하게 되었다. 부산에서도 1970년대 후반부터 민간 건설업체가 5층, 10여 동 이상 규모의 아파트 단지를 공급하였다. 잠시 침체되었다가 1980년대 중반부터 다시 회복되어 투기 붐까지 일어났다. 민간 건설업체의 활동이 더욱 활발해져 15층 규모의 고층아파트들이 대단위로 건설되었다. 132㎡(40평) 이상의 대형 평형과 고층아파트의 증가는 정원과 연못이 있는 2층 양옥 단독주택뿐 아니라 아파트도 부자들이 거주하는 주택이라는 인식을 심어주는 계기가 되었다. 그러나 1988년 말 부산시 주택보급률은 58.3%로서 1963년의 77%에 비해 주택 사정은 계속 악화되고 있었다. 도시화에 따른 인구 증가와 주택난의 심화가 근본적으로 해결되지 않았기 때문이다.

해운대, 화명동 신시가지 조성 등으로 꾸준하게 주택이 공급되어 1997년 말 부산시 주택보급률은 79.3%이 되었다. 총 주택 수 810,885호 중에서 공동주택은 55.9%를 차지하여 아파트 수가 단독주택 수를 능가하였다. 이후 2005년 말 부산시 주택보급률은 101.4%로서, 총 주택수는 967,138호였으며 이 중에서 공동주택 71.4%, 단독주택 26.9%

기의 활성화를 통해 난관을 극복하고자 조성되었다. 1971~1978년 사이에 364동, 19,180세대, 총 10만 명 정도가 거주할 수 있는 대규모 단지로 지어졌다. 병원, 학교, 체육시설, 행정기관까지 들어선 아파트 단지는 뉴타운의 원조라고 할 수 있다.

이었다. 부산의 주택 중에서 공동주택이 차지하는 비율이 월등히 높아졌다. 2011년 부산시 주택보급률은 100.8%이며[11] 미분양아파트는 2013년 1월 기준 약 5천 가구로서 2012년보다 늘어난 상태이다.

3. 아파트의 의미

아파트는 공간, 경관의 관점에서 전 국토의 동일화, 획일화를 야기하고 있다. 새로 짓는 주택의 대부분이 아파트이며 도시 어디서나 볼 수 있게 되었다. 특히 개발과 발전이라는 논리에 따라 의미를 가졌던 역사적, 구체적 공간들이 거의 사라지고 그 공간들은 모두 아파트 단지로 채워졌다. 급속도로 퍼진 아파트는 공간의 균질화, 동일화의 가장 큰 원인이라고 할 수 있다.

아파트로 인한 공간의 균질화는 획일화로 이어졌다. 좁은 국토, 인구과밀, 핵가족화, 여권 신장, 중산층의 성장, 도시화와 교외화, 아파트 위주의 주택정책, 아파트 선호 등의 요인들로 인해 아파트는 단기간에 성냥갑 같은 모양으로 마구 찍어내듯 만들어졌기 때문이다. 생

---

11 이 주택보급률은 2008년 12월 31일 국토해양부가 발표한 새로운 주택보급률 산정방법으로 계산한 수치이다. 하지만 여전히 오피스텔, 고시원, 기숙사는 주택 수에 포함되지 않고 단독주택은 여러 가구가 세를 들어 살더라고 한 채의 주택으로 계산한다. 또한 외국인 거주자들은 가구 수로 계산하지 않는다. 그래서 실제 주택보급률은 통계청 발표 수치보다 더 높다고 할 수 있다.

산성과 기능성의 충족을 우선하는 기능주의가 주거에도 그대로 적용되어 아파트의 획일성과 단조로움을 야기한 것이다. 특히 계획적으로 만들어진 대단위 아파트 단지는 공기단축, 시공 용이, 원가절감, 공간 효율의 증대 등을 내세우며 불특정 다수인 임의의 사회적 속성을 가진 수요자들을 위해 가장 보편적인 형태로 대량 공급되었다. 지역의 특성과 여건, 지형 조건마저 무시한 채 일률적으로 적용한 설계는 획일화를 더욱 가중시켰다.

아파트 건설은 1970년대 후반 민간 건설업체가 적극적으로 뛰어든 이후 대형 건설업체 위주로 이루어지고 있다고 해도 과언이 아니다. 광고, 홍보, 수주 등의 측면에서 자금과 기술력을 겸비한 대형 업체들이 중소 업체들을 압도하고 있으며 대형 건설업체의 브랜드아파트에 대한 사람들의 인지도와 선호도 또한 높은 편이다.[12] 동원개발(로얄듀크), 반도종합건설(유보라), 협성종합건업(르네상스), 삼정(그린코아), 동일(스위트), 유림종합건설(아시아드) 등이 부산에 기반을 두고 있지만 실제로 부산에서 이 아파트보다 대형 업체의 아파트를 더 많이 볼 수 있다.

최근 부동산시장 침체가 장기화 되고 재개발, 재건축사업에서 대형 건설업체가 수주물량을 거의 독점하다시피 하고 있기 때문에 지역의 중소 건설업체는 설 자리를 점점 잃고 있으며 부도와 폐업이 늘고 있다. 이런 현상이 생기게 된 근본적인 원인은 분양가 상한제와 부동산 대출규제가 겹치면서 자금의 흐름이 원활하지 않은 부동산시장이 현

12 아파트 선호도, 인지도에 대한 부동산114의 조사(2012.12)에 따르면 래미안, 자이, 푸르지오, e-편한세상, 힐스테이트, 아이파크, 캐슬 등 대형 건설업체의 브랜드가 상위권을 차지하고 있다.

재까지 회복의 기미를 보이지 않고 있기 때문이다. 하지만 2008년 이전 주택건설 호황기에 지역 중소 건설업체들이 무리하게 사업을 확장했거나 주택이나 토목 등 한 분야에만 집중하여 리스크를 분산할 수 있는 방편을 마련하지 못해 위기에 적극적으로 대처하지 못하고 있다는 평가도 있다. 수요예측 없이 아파트에 올인한 건설업체와 일관성 없는 정부의 주택정책이 맞물리면서 지역의 중소 건설업체는 위기를 겪고 있다.

우리나라의 아파트는 부와 지위, 신분의 상징이 되었다. 1971년 서울 동부이촌동 한강아파트에 처음으로 '맨션'이라는 이름이 붙은 이래, 1980년대 후반 강남의 대형아파트는 사회 저명인사, 상류층의 주거지로 변하였다. 당시 강남 압구정현대아파트는 사회적 신분상승의 종착역으로 여겨질 정도였다. '강남 = 부촌', 즉 상류층이 모이는 곳에 살고자 하는 사람들의 심리가 포함되었던 것이다. 아파트의 입지location가 중요한 요인으로 작동하였다.

아파트 평수 또한 실용적인 목적보다는 자신의 부를 드러내는 과시의 수단이 되었다. 과거에는 132㎡(40평) 정도가 대형으로 인식되었지만 최근에는 200㎡(60평) 이상이 대형으로 취급받으며 부를 저울질하는 기준이 되고 있다. 아울러 지위와 신분을 과시하는 상징으로써 아파트의 외관과 높이는 각별히 중요시되었다. 대형아파트일수록 입지와 함께 전망view를 중시하며 고층을 선호하는 것은 눈에 잘 띄는 것이 중요했기 때문이다. 로얄층이 한때는 아파트의 중간층 정도였다가 더 상층으로 이동한 것도 같은 맥락에서 볼 수 있다. 1980년대 후반부터 생겨나기 시작하던 초고층아파트는 2000년대 본격적으로 등장하게 되었다.[13] 하지만 초고층아파트는 환기, 냉난방 등에 의한 에너지 사용량 증가, 화재 문제뿐 아니라 일조권·조망권 침해, 사회적 위화감 조성, 빈부격차의 심화 등 많은 문제를 빈발하기도 하였다.

또한 지위와 신분을 드러내는 과시적 상징처럼 작동하는 대형, 고층아파트에 산다는 것은 사회적 지배계급에 의한 일종의 구별 짓기 행위라고 볼 수 있다. 특히 차단시설과 담장으로 둘러싸인 초고층아파트는 외부와 폐쇄적인 공간구조를 가지며 내외부간 교류의 단절은 물론, 외부인에 대한 배제와 감시를 강화하고 있다.[14] 이는 자신들의 거주지가 외부와 차별화된 공간임을 간접적으로 과시하는 것이다.

공간의 신분적 차별화를 모색하기 위해 경쟁적으로 유명한 연예인을 광고모델로 등장시키기도 하였다. 이와 같은 가시적 차별화 전략은 브랜드아파트 개념에서도 드러난다.[15] 브랜드에 계층이나 직업, 소득수준, 문화 등과 같은 입주자들의 사회적 특성을 담고자 하였기 때문이다. 2000년 이후 아파트시장에 대한 소비자들의 뜨거운 열기와

---

13 1986~1988년 상계, 분당, 일산, 산본 등 신시가지를 중심으로 건설된 초고층아파트는 철근콘크리트 벽식 구조로서 25층 규모였다. 그러나 2000년대 초반 철골구조가 도입되면서 서울 도곡동 타워펠리스(2002, 66층)를 기점으로 초고층아파트가 우후죽순으로 들어서게 되었다.

14 이런 주거유형을 출입통제 거주지gated community라고 하는데, 공간적 영역화, 요새화를 의미하는 'gated'와 내부 구성원들의 사회적 구성체를 의미하는 'community'의 결합용어이다. 우리나라에서는 1990년대 후반 대형 건설업체의 아파트 단지에서 나타나기 시작하였다. 단지 입구에 차단시설gate을 두고 울타리를 설치하여 외부인과 외부차량의 출입을 통제한다. 하지만 거주지 내에서는 수준 높은 어메니티amenity와 서비스를 제공하며 공적 공간을 확대한다. 그래서 내부로는 수용성, 외부로는 배타성이 공존하는 공동체로 공간적 불평등의 상징으로 작용한다. 권태호, 「성장하는 세계도시의 주거양극화-방콕의 게이티드 커뮤니티와 비공식 주거지 사례연구」, 『아시아연구』 10권 2호, 2007, 85~86쪽; 신병윤·최임주, 「LA 학파 이후의 포스트모던 공적공간유형의 공간적 특징에 관한 연구」, 『대한건축학회지회연합회논문집』 13권 1호, 2011, 64~65쪽.

15 장림종·박진희, 앞의 책, 256~266쪽.

더불어 아파트에 대한 소비자들의 구매패턴과 선호도 변화하는 경향을 보였다. 이러한 분위기 속에서 아파트에 브랜드 개념이 도입되어 아파트브랜드가 새로운 마케팅 수단으로 급부상하게 되었던 것이다.[16] 이에 따라 아파트도 브랜드 가치를 따져가며 구매여부를 결정하는 브랜드아파트 시대로 변하게 되었다.

우리나라에서 아파트에 거주한다는 것은 주택상품의 구매를 넘어 일종의 '기호의 소비'로 볼 수 있다. 중상층에게 아파트는 단순한 주거 공간의 의미에 그치지 않고 자신들의 신분이나 지위를 세상 밖으로 드러내고 보여주는 과시적 소비의 대상인 것이다.[17] 막스 베버Max Weber는 자본주의 사회에서 생산영역이 아닌 소비영역에서 발생하는 사회적 차별에 주목했다. 소비패턴이나 생활양식에서도 사회적 불평등이 드러나며 그것은 계급갈등을 방불케 하는 사회갈등의 원인이 될 수 있다는 것인데, 주택이 바로 대표적인 예이다. 주택의 공급주체, 소유여부, 입지, 규모, 가격 등이 사회적 불평등 요인으로 작용하기 때문이다.

일반적으로 자본주의 메커니즘 속에서 사회경제적 분화에 대한 욕구는 주택시장에 작용하고 사회적 지위의 상승을 위한 경쟁을 촉진하게 된다. 아파트는 소득계층에 따라 분절된 주택시장에 의해 생산, 공급되며 사람들의 주거생활은 상품화되고 계층화된 아파트라는 주거 공간에서 이루어지고 있는 것이다. 그래서 임대아파트인지, 분양아

---

16 아파트가 공급되던 초기에는 종암아파트, 마포아파트, 와우아파트 등과 같이 아파트 이름에 지역명을 붙였다. 이후 건설회사 이름을 딴 현대아파트, 럭키아파트, 삼익아파트, 한양아파트 등으로 바뀌었다가 브랜드 개념이 도입되면서 'e-편한세상', '푸르지오', '캐슬', '래미안', '더 샵' 등의 브랜드아파트가 나타나게 되었다.

17 전상인, 앞의 책, 69쪽.

파트인지 또는 소형 위주인지, 대형 위주인지 등에 따라 거주하는 사람들의 사회적 위상과 지위가 나뉘고 이러한 주거지 선택은 거주자의 신분, 학력, 소득 등에 따라 달라진다. 또한 일상적 사회활동의 축을 이루는 주거공간의 점유는 거주지 분절뿐 아니라 심지어 문화, 여가, 소비공간의 분절을 초래하여 경제적 양극화를 사회적 양극화로 바꾸는 역할을 하며 다양한 갈등을 야기하고 있는 것이다. 이에 대한 대책으로 나온 것이 소셜 믹스social mix, 곧 사회계층 간 주거혼합이다. 하지만 대형 분양아파트 거주자나 소형 임대아파트 거주자 모두 같은 공간에 살기를 원하지 않으며 오히려 상대적 박탈감, 위화감을 부추겨 갈등의 골을 깊게 만드는 경우가 많았다.

그런데 우리나라에서 아파트는 부와 신분의 상징이라는 차원에 그치지 않고 축재의 원천, 재財테크의 도구라는 의미까지 포함한다. 1970년대 정부의 주택정책이 아파트 공급 위주로 추진되자 아파트 가치는 급부상하게 되었다. 사람들은 장래를 위해, 목돈 마련을 위해, 재산증식을 위해 아파트를 투자대상으로 삼았다. 일반적인 소비재는 사용연수가 오래될수록 그 가치가 감소하지만 우리나라 아파트 가격은 일정기간 계속 증가하였다. 또한 20년이 지난 저층아파트들은 재건축에 대한 기대로 가격이 더 상승하는 현상이 발생하기도 하였다. 부동산투기 억제제의 도입 이후 정부는 수많은 부동산 대책을 발표했지만 부동산시장의 내성만 강화한 채 실패하고 말았으며 아파트 가격만 부추기는 결과를 낳았다.[18] 사람들은 비인기지역에서 인기지역으로, 작

18 2012년 12월 부동산리서치 전문업체인 리얼투데이가 발표한 자료에 따르면, 평범한 직장인이 서울의 84㎡(25평형) 아파트 전세(2억 4893만 원)에 살려면 월급(425만 원)을 한 푼도

은 평수에서 큰 평수로 '갈아타기'를 계속하면서 재산을 늘려갔다. 아파트란 상품은 수익성, 안전성, 환금성이 뛰어나며 증시의 '블루칩blue chip' 같은 것이어서 수시로 팔고 사는 대상이 되었던 것이다.

최근 서울 등 수도권 아파트의 계속되는 가격 폭락으로 깡통아파트, 하우스 푸어house poor가 늘어나고 있다.[19] 이들은 적게는 수천만 원, 많게는 수억 원을 대출받아 집을 장만했으나 이제 집값은 집값대로 떨어지고 대출금은 상환해야 할 형편에 놓이게 된 것이다. 계속 집값이 오를 것이라 예상하고 무리하게 대출을 받은 경우도 많은데, 집을 투자의 대상으로 삼은 부작용이다. 부동산에 대한 투자는 기본적으로 개인의 선택이며 그 결과에 대한 책임 또한 개인이 지는 것이 마땅하나 정부의 제도, 금융기관의 대출 등에도 구조적인 문제가 내재되어 있다. 다른 한편에서, 아파트 가격 폭락으로 가정이 파괴되고 그 구성원이 절망에 빠져 자살까지 하는 등 사회 문제를 야기하고 있다. 그리고 아파트 가격 하락은 부동산 가치 하락, 대출상환의 어려움, 가처분 소득의 하락, 나아가 경기의 전반적인 하락으로 이어져 국가의 경제가 어려워질 수도 있다.[20]

쓰지 않고 평균 5년을 모아야 하는 것으로 나타났다.

19 깡통아파트는 부동산시장 가격이 상승할 때 무리하게 고액 대출을 받아 전세를 끼고 구입한 아파트의 가격 하락(대출금+전세가 이하)으로 인해 자기 몫은 한푼도 없게 된 아파트를 뜻하는 속칭이다. 그리고 하우스 푸어는 그런 상황에 처한 사람들을 칭하는 용어라고 할 수 있다. 이들은 주택가격이 오를 때 저금리를 바탕으로 과도하게 대출을 받아 집을 마련했으나 금리인상과 주택가격 하락으로 대출금 상환이 어려운, 외형상 집을 보유한 중산층이지만, 가난한 사람들이다. 2012년 가계부채는 1천조 원이며 그 부채의 60% 이상이 주택담보대출이었다.

20 미국의 부동산 가격은 2008년 서브프라임 사태를 전후로 반토막, 일본은 정점이던 1990년과 비교하여 2000년대 후반에는 ⅕ 토막이 되었다. 일본은 1980년대 부동산 상승으로 인한 인플레를 막기 위해 1990년 금리 인상, 대출 금지 등을 실시하였다. 하지만 이로 인해 1991

하지만 아파트라는 공간은 부정적인 의미만을 가지고 있지는 않다. 아파트의 공간구조나 인접성의 측면, 입주자의 사회적 동질성 등에 따라 일반 주택지역보다 공동체 운동에 유리한 조건을 가지고 있다. 아파트 거주가 보편화되면서 연대의식과 네트워킹을 조직적으로 추구하는 공동체 운동이 과거보다 활발한 추세이다. 그 목적은 정체성 공유를 통한 친목 증대, 문화 및 복지활동의 증진, 경제적 이익 증대까지 다양하다. 지하에 방치된 공간을 공부방, 헬스장, 골프연습장 등 문화·복지시설로 활용하는 경우, 모임(온라인 또는 오프라인)을 통하여 주부들이 함께 취미생활을 하거나 생활정보를 공유하는 경우, 아파트 주민들이 협력하여 행정민원 등을 해결하는 경우 등도 늘어나고 있다.

4. 아파트와 재개발

1950년대부터 서구에서 진행되었던 도시재개발은 주로 경제 활성화를 위한 물리적 구조물의 개선에 초점을 맞춘 것으로, 기존의 쇠퇴한 시설을 철거하고 토지의 효율성을 극대화할 수 있는 새로운 시설로 대체시키는 방법을 의미한다. 하지만 우리나라의 경우 주택재개발사업이든 주택재건축사업이든 기존의 것들을 전부 없애고 아파트 단

년부터 부동산, 주식 가격이 폭락하기 시작하였으며 부동산 버블붕괴 이후 나라 전체의 경제가 어려워졌다.

지를 짓고 있는 실정이다.[21] 1980년대 이전에는 주로 판자촌과 같은 불법 무허가주거지를 헐고 새로운 저층아파트 단지를 건설하는 '재개발사업' 위주였다면, 1990년대부터는 오래된 저층아파트를 철거하고 그 자리에 고층아파트를 새로 짓는 '재건축사업'이 병행되어 시행되고 있다.

서울, 대전, 대구, 광주 등 비교적 짧은 기간에 도시성장을 이루었던 도시들은 상대적으로 넓고 평탄한 지형 위에 도시가 입지하였기 때문에 인구성장에 따른 계획적인 시가지 확산이 용이하였다. 이에 비해 부산은 지형적으로 바다와 산 사이의 좁은 평지로 이루어진 선형의 공간구조를 가져 기존 시가지의 확산에 상당히 불리한 조건을 갖고 있었다. 산이 도시 전체에 걸쳐 있어 그만큼 평지가 협소할 수밖에 없었다.

해방, 전쟁, 산업화를 계기로 귀환동포, 피난민, 이농민 등이 부산으로 모여들어 짧은 기간에 부산의 인구는 폭발적으로 증가하였다. 1936년 20만 명이던 인구가 광복이 되던 1945년에는 28만 명으로 늘어났다. 또한 해외로부터 귀환동포가 유입되어 1948년에는 50만 명을 넘어서게 되었으며 1960년에는 116만 명으로 급증하였다. 하지만 부산시는 이들을 받아들일 준비가 되어 있지 않았으며 체계적인 도시계

21 현재 추진되는 사업은 2003년 7월 시행된 '도시및주거환경정비법'의 적용을 받아 '도시 및 주거환경정비사업'으로 이루어지고 있다. 정비사업은 도시기능을 회복하기 위해 정비구역에서 정비기반시설을 정비하고 주택 등 건축물을 개량하거나 건설하기 위한 주택재개발사업, 주택재건축사업, 주거환경개선사업, 도시환경정비사업 등을 말한다. 일반적으로 단독주택 등이 혼합된 지역에 대한 정비사업은 주택재개발사업으로, 노후아파트에 대한 정비사업은 주택재건축사업으로 진행된다.

획도 주택공급도 없었다. 사람들은 한 평이라도 빈 땅만 있으면 무허가 판잣집을 지었고 도심에서 살 곳을 찾지 못한 영세민들은 산비탈로 이동하여 불법주거지를 형성하였다. 그래서 도심뿐만 아니라 해발 200~300m의 산지까지 판잣집이 빽빽하게 들어서 산동네를 만들게 된 것이다.

부산에서 무허가 불법주거지에 대한 철거와 주민들의 강제이주는 1950년대 후반부터 시작되어 1960년대 들어서면서 본격적으로 진행되었다. 계획적으로 수행되지는 못했지만 이것이 부산 재개발사업의 시작이라고 할 수 있다. 대화재로 폐허가 된 부산역 주변과 부두지구 주변을 정리한 '부두지구 구획정리사업'과 제2차 경제개발5개년(1967~1971) 동안 시행된 '고지대 재개발사업'은 부산시 주거환경개선사업의 대표 실적으로 기록되고 있다.[22] 고지대 재개발사업지역 주민들의 교통편의를 위해 1964년 10월 동구 초량동 철거지역 중간을 가로질러 건설된 폭 8m, 길이 1,820m의 도로는 우리나라 최초의 산복도로이다. 5년 후인 1969년 12월 초량~수정동 간 산복도로가 준공되었는데 이 도로는 부산을 형성하는 근원의 길이며 다른 곳으로 뻗어나가게 한 발단이 되었다.

실제로 부산시의 강제적인 주택재개발사업으로 삶의 터전을 잃게 된 주민들의 반발이 심하여 철거작업이 여의치 않았다. 철거대상 주민들은 시의 이주대책에 대해서는 원칙적으로는 수긍하지만 새로 배정된 이주정착지가 생활권과 멀어 이주하기가 곤란하다며 철거에 강

---

22 최연안, 「부산시 불량주택 개량사업」, 부산발전포럼, 2001(5 / 6월호).

하게 반발했던 것이다. 대낮 철거작업 반원들에 밀려 보금자리를 잃은 주민들은 밤을 새워 그 자리에 다시 판잣집을 지었다. 헐리면 다시 짓고 하는 숨바꼭질은 2개월 이상이나 계속되었다. 철거민 중 일부만 이주정착지로 옮겨가고 나머지는 뿔뿔이 흩어졌다.

당시 재정상태가 좋지 않았던 부산시는 주거환경개선사업을 위한 자금을 제대로 마련하지 못한 채 의욕과 목표만 가지고 사업을 시행하였으며 또한 좁은 대지에 단층으로 지어진 정착 이주촌은 각종 법적 규제에 묶여 증축이나 개축을 할 수 없었다. 이 때문에 10년도 지나지 않아 새로운 불량주택 밀집지역으로 변하게 되는 시행착오를 겪었으며 또한 철거지에 건설한 아파트는 20년을 넘기지 못하고 다시 철거해야할 형편에 놓이게 되었다.

1970년대 10년 동안 부산의 인구는 180만 명에서 300만 명으로 늘어나 165%의 놀라운 양적 팽창을 기록한 반면에 도시의 주거환경은 어둡고 어려운 시기였다. 인구의 폭발적인 증가는 용지난을 가중시키고 도시문제를 더욱 심화시켰기 때문이다. 부산시는 1973~1975년 반여, 용호, 개금, 주례, 만덕 등에 정착이주단지를 조성한 후 철거민 전체를 대상으로 집단이주를 강행하였다.[23] 1975~1980년 중구 영주동, 영도구 봉래동, 동래구 사직동, 부산진구 전포동, 북구 덕천동, 해운대구 재송동 등에 시영임대아파트를 건립하고 1976~1979년 동래구 사직동, 동래구 안락동, 금정구 구서동 등 3개 지역에는 대한주택공사에서 주공임대아파트를 건립하여 철거민들이 우선적으로 입주할 수 있

23 위의 글.

도록 하였다. 그러나 철거된 후 정착이주지역으로 이주해야할 주민들의 대부분은 생활근거지가 시내 중심이었기 때문에 거리가 멀고 교통이 불편하여 생계유지가 곤란하다는 이유로 이주를 기피하였다.

1970년대 이후 지어졌던 대부분의 아파트들은 낡고 쇠퇴하여 재건축되기 시작하였다. 구서주공(1979)이 롯데캐슬골드(2006)로, 엄궁주공(1985)이 롯데캐슬리버(2006)로, 사직주공(1979)이 쌍용예가(2006)로, 화명주공(1981)이 롯데캐슬카이저(2012)로 재건축되었다. 그리고 안락주공(1976)은 경동메르빌, 해운대AID(1981)는 힐스테이트위브로 재건축 중에 있다. 주공아파트 외에 부곡 금강롯데(2012), 명륜 쌍용(2007) 등이 재건축되었다.

또한 빠른 산업발전, 급속한 도시화로 도시에 몰려든 영세민들뿐 아니라, 급등하는 전월세를 감당하기 어렵거나 또 다른 도시재개발정책으로 이전의 삶터에서 쫓겨난 저소득층들이 도시기반시설이 부족한 곳에 여전히 무허가주거지를 양산하였다. 이런 불법 무허가주거지도 재개발사업 대상에 포함되었다. 해운대 동부올림픽타운(1999), 연지자이(2007), 정전SK(2008), 청학동 신도브래뉴(2009), 중동SK(2011) 등이 재개발되었다. 거제 유림노르웨이숲(2007)은 주거환경개선사업으로 추진되었으며 부산진구 대원칸타빌멤버스(2006)는 도시환경정비사업으로 상업지역에 들어선 최초의 아파트가 되었다.

재개발, 재건축사업은 긍정적인 효과도 적지 않으나 부동산 투기, 비현실적인 보상·이주비, 세입자 강제 철거, 임대주택의 부족, 주변지역과의 부조화, 원주민의 재정착률 저조, 무허가주택 거주자 등 약자에 대한 배제, 공동체의 붕괴 등 많은 문제점과 부작용을 만들고 있다. 또한 정비사업은 토지 및 건물 소유자, 조합, 세입자, 무허가주택 거주자, 시행사, 시공사, 공공기관 등 서로 다른 목적을 가진 집단 간의 이해관계가 대립됨으로써 갈등이 발생하고 있다. 재개발의 갈등 원인은 심리적인 것이기 보다는 대부분 사회적인 것으로, 재개발을 통한 재산상의 이익이나 손실이 그 직접적인 원인이다. 재개발, 재건축사업 등의 정비사업은 시공사의 주도 아래 조합이 시행하는 아파트 개발사업, 사업비 회수를 위해 시공사와 조합의 이익이 최우선인 사업장이 되어 버렸기 때문이다.

많은 사람들이 2009년 1월 발생한 용산 사태(용산4구역 남일당 화재사건)를 기억한다. 하지만 승당마을 철거민들의 망루투쟁을 기억하는 사람은 드물다. 해운대구 우2동 승당마을은 불량주거지로 부산지역 최초의 주택재개발사업이 시행된 지역이다. 재개발에 동의하지 않던 지주들과 세입자들은 적절한 이주대책을 제시해 줄 것을 요구하면서 재개발에 반대하였다.[24] 하지만 1996년 10월 철거인력과 각종 장비를 동원해 지주 83세대와 세입자 58세대에 대한 강제철거가 진행되었고 그 자리에 동부 올림픽타운아파트가 생겼다. 재개발로 도시의 외양은 커지고 활력을 얻은 것처럼 보이지만 오랫동안 뿌리내리고 살던 이들의 삶의 흔적과 기억은 송두리째 뽑혀 나가고 개발의 주변부는 극명한 양극화의 아래계층으로 내몰리고 있다. 아파트는 계속 늘어나고 있지만 서민들이 살 수 있는 아파트나 주택은 점점 줄어들고 있으며

24 가구당 평균 400만 원의 보상금으로는 이주가 불가능하다며 재개발사업에 반발하던 주민들은 1996년 4월 마을 입구에 18m 높이의 망루를 세워 철거반대 농성을 벌였다(『한겨레』, 2005.5.11).

저소득층들은 주거생존권마저 위협받고 있는 상황인 것이다. 사회적 약자의 보호, 갈등 조정 등 공적 영역의 역할이 절실히 요구되는 부분이다.

5. 공존과 공생을 위하여

사람과 마찬가지로 도시도 생로병사의 과정을 겪는다. 즉, 대부분의 도시들은 역사를 가지고 세월의 흐름에 따라 탄생, 성장, 쇠퇴의 길을 겪게 되는 것이다. 그래서 오래된 도시들은 시간의 흐름과 함께 쌓였던 각종 도시문제를 해결하고 노화된 도시기능을 회복하여 활기찬 도시로 다시 변화시키고자 노력한다. 이런 측면에서 도시재생은 과거의 유산과 흔적을 보존하면서 새로움을 더하는 것이라 볼 수 있다. 과거가 있기에 현재가 있는 것이며 과거의 흔적을 통해 현재와 미래의 도시 정체성을 유지할 수 있기 때문이다.

철거 중심의 물리적 재개발이 영국, 미국 등의 경우 1990년대 이후, 우리나라의 경우 거의 2000년대 이후부터 주민들과 지역을 위한 통합적인 도시재생으로 변하고 있다. 양적 확대, 물질가치 위주의 환경 조성 등에 주력하여 사람들의 삶을 황폐하게 하고 공동체 해체와 같은 부작용을 야기했던 재개발에서 벗어나서, 도시재생urban regeneration은 기존 도시의 물리적 개선뿐만 아니라 사회적, 경제적, 환경적 측면 등

종합적인 접근을 통해 문제를 개선하여 도시의 재활성화를 도모하려는 모든 행위를 의미한다.

미국, 영국, 일본 등에서는 지속가능한 개발의 관점에서 기존 시가지의 재생을 통해 도시의 부흥을 시도하거나 성장관리 측면에서 도심을 재활성화 하기 위해 다양한 정책과 기법들을 적용하고 있다. 또한 도시재생에 관계된 이해당사자들인 지역주민, 임차인, 상인 등의 집단이 재생과정에서 배제되지 않도록 하고 행정관청, 관련업계 등과의 민관 파트너십을 강화하며 특히 저소득층 및 사회적 약자의 재정착과 주거복지를 실현하는 데 주안점을 두고 있다.

이제 우리나라 아파트 재개발에서도 변화가 일어나고 있다. 전면철거의 마구잡이식 재개발은 줄어들고 재생 개념이 적극적으로 도입되어 보존과 재개발이 공존하는 계획이 추진되고 있다. 실제로 옛 모습을 간직한 단독주택과 새로운 아파트가 공존하는 방식으로 재개발이 추진되는 곳이 있다. 백사마을이 그 예이다.[25] 마을 주택재개발구역 중 약 23%를 보존구역으로 설정하여 기존 지형과 필지형태 그리고 1960~1970년대 집과 골목길, 계단, 마당 등을 그대로 유지하면서 리모델링하여 거주하기로 한 것이다. 철거를 지양해 사업비를 절약하고 세입자의 재정착률을 높이기 위함이다. 또한 재개발사업으로 이전의 건축물과 공간들이 철거되고 누적된 개인과 집단의 삶이 사라지는 것을 막고자 기록화사업도 추진 중에 있다.

또한 부산시는 슬럼화가 심각한 원도심 고지대의 주거환경을 개선

25 '서울의 마지막 달동네'로 불리는 노원구 중계본동에 위치한 마을은 1967년 도심개발로 강제 철거당한 청계천과 영등포 등지의 주민들이 옮겨와 거주하면서 형성되었다.

하기 위해 '휴먼타운' 사업을 추진하고 있다.[26] 이곳은 기존 건축물을 철거하고 공동주택을 공급하는 사업성 위주의 재개발이 사실상 불가능한 산동네이다. 서울, 경기 등에서는 뉴타운사업과 같은 대단위 개발을 지양하고 신개념 저층 주거단지로 전환하자는 취지로 휴먼타운을 시행하고 있다. 실제로 뉴타운 해제지역도 포함되어 있다. 하지만 이런 사례를 그대로 따라하기 보다는 지역주민들의 의견을 적극 수렴하여 지역의 현 실정에 맞는 방식으로 이루어져야 할 것이다.

그리고 부산시 '산복도로 르네상스' 프로젝트 역시 기존 공동체를 유지하면서 보존과 재개발을 고려한 재생사업으로 진행되고 있다. 공간재생, 생활재생, 문화재생을 목표로 부산 서민들의 대표적인 주거공간인 산복도로 지역을 살기 좋은 마을로 바꾸고자 하는 것이다. 주민협의체를 발족하고 마을기업을 적극 도입하여 주민참여형 재생을 유도하고 있다. 아직 해결해야 할 문제들은 많이 있지만 철거 중심의 재개발 방식에서 벗어나 인간답게 살 권리를 보장하며 삶의 질을 높이고 공존과 공생을 위한 공동체와 마을 만들기를 시도하고 있는 것이다.

26 이 사업은 해당지구를 존치구역, 임대주택구역, 현지개량구역, 단독·연립·저층아파트구역 등 여러 개의 소단위로 구획하여 도로 등 기반시설과 임대주택은 공공에서 우선 건설하고 주택은 주민 스스로 자력 개발하거나 주민 요청시 공공에서 개발하는 방식이다.

참고문헌

『동아일보』, 1970.4.8.
『매일경제』, 1970.11.5.
『한겨레』, 2005.5.11.

권태호, 「성장하는 세계도시의 주거양극화－방콕의 게이티드 커뮤니티와 비공식 주거지 사례연구」, 『아시아연구』 10권 2호, 2007.
신병윤 · 최임주, 「LA학파 이후의 포스트모던 공적공간유형의 공간적 특징에 관한 연구」, 『대한건축학회지회연합회논문집』 13권 1호, 2011.
임봉길, 「도시중산층의 생활유형과 정치의식, 도시중산층의 생활문화」, 한국정신문화연구원, 『연구논총』 92-10, 1992.
최연안, 「부산시 불량주택 개량사업」, 부산발전포럼, 2001(5 / 6월호).

대한주택공사, 『대한주택공사 30년사』, 1992.
서울시정개발연구원, 『서울 20세기 생활문화변천사』, 2002.
장림종 · 박진희, 『대한민국 아파트 발굴사』, 효형출판, 2009.
전상인, 『아파트에 미치다』, 이숲, 2009.
전남일 · 손세관 · 양세화 · 홍형옥, 『한국 주거의 사회사』, 돌베개, 2008.
편집부, 『칼라로 만나는 1954년 KOREA』, 두모, 2011.

사라지는 언어, 사라지는 지역

차윤정

1. 현실, 언어에 대한 단상

① 말떡이 코는 붙이지. 코로 짚을 가지고 묶아 가지고 이래 크기 맨들어가 단단하게 맨들어가 거어다 종이로 감지. 풀로가 붙이 가민시로 한불 감고 두불 감고 자꾸 감아가 그래 코 모양이 되도록 맨들지. 종이로 풀로 가지고 칠해가 발라 나 놓으니 이기이 자꾸 딴딴해지는 기라.

바가치에 이기 딱 붙도록 바가치에 약간 파니라. 요눔이 딱 붙도록. 오새는 대부분 다 아교를 씨니까. 이전에는 살풀로 하지만 지금은 다 오새 강력본뜨 있잖아? 붙이 놓으마 떨어지질 않애. 지 살이 떨어졌으마 졌지. 안 떨어지이까.

입이 놀두록 데가 이어. 그러이까 "이놈 말뚝아" 칼 적에는 요기 탈락탈락 노이까. 소위 턱이 놀두록 데가 있어. 양반탈만 그래. 본래 박을 쪼갤 때부터 그렇게 쪼개이까. 쪼개 가지고 그걸 끄네기로 연결을 하그든. 구영을 뚧어가 줄로 양쪽을 이래 걸어 가지고 묶웃지.

눈은 파 가지고 작은 박을 거어다 옇지. 작은 조롱박 있거든. 그걸 끼아 가지고 색칠을 하고. 이빨은 다 파내는 기고. 입수구리는 종이로 가지고 붙이고 칠로 하만 도톰해지지. 점 글은 것도 종이로 가아 다 풀에다가 적시 가지고 똥글똥글하게 해 놔 놓으마 마르마 딱딱 굳어져가 있거든. 귀는 별도로 달그마는. 귀를 갖다가 구영을 뚧어가 귀는 귀대로, 저눔 귀 글이 맨들어가 고오다가 끄네끼로 가지고 잇웃지. 또 말 마부가 패랭이나 씨기나 하마 단조롭게 이전에 뭘 묶으지 않나? 안 흘리기 위해서. 그 장치로 그렇김 해 놓은 기지.[1]

② 사투리

난 그냥 말한 것인디
왜 자꾸 사투리 쓴다고 하는 것이여
난 그냥 말한 것인디
왜 자꾸 촌스럽다고 함가
응? 뭐시 잘못된 것이여?[2]

---

1 문장원 구술, 『동래 사람은 팔만 올리도 춤이 덴다 캤어』, 뿌리깊은나무, 1991, 61~62쪽.

2 최윤민(초등학교 2학년)의 글, http://blog.naver.com/PostView.nhnogId=jhl1621&logNo=80163894149(검색일 : 2012.12.23)

③ 교정 학원에 취업준비생 몰려

"사투리는 교정 대상 아닌데…… 극심한 생존경쟁의 단면"

강남구의 한 스피치 학원 관계자는 "우리 학원 수강생 250여 명 가운데 절반 이상이 대학생과 취업준비생"이라고 말했다. 학원가에 따르면 경상도·전라도 출신 수강생이 가장 많고, 충청권이나 조선족 출신도 강좌를 찾는 경우가 있다고 한다.

작년 초 부산대 경영학과를 졸업한 김모(27·여) 씨는 그해 4월 유통기업체에 응시했다가 면접관에게 "영업직 일을 하려면 사투리부터 고치라"는 지적을 받았다. 김씨는 "내게는 상당한 충격이라, 당장 40만원을 들여 강남권 학원에서 '사투리 강좌'를 수강했다"고 말했다. 표준어 억양으로 '밥 먹었어?'를 발음하는 데만 꼬박 일주일이 걸렸다는 김씨는 "두 달간의 사투 끝에 사투리를 고쳐 작년 하반기 대기업 계열 유통회사 입사에 성공했다"고 말했다.[3]

④ "외국어 배우는 기분이에요."

사소한 습관 하나도 고치기 힘든데 20여 년을 사용해온 사투리를 하루아침에 표준어로 바꾸는 것은 쉬운 일이 아니다. 억양과 말투는 어느 정도 고치더라도 표현 방식까지는 너무 어렵다는 대학생 남태경(24) 씨는 표준어를 배우는 게 꼭 외국어 배우는 기분이라고 했다. "(표준어가) 외국어도 아닌데 사투리와 너무 달라서 고치기가 쉽지 않아요. 대충 듣기에는 서울말을 쓰는 것 같아도 자세히 들어보면 다른 게 한두 가지가 아니라니까요"라

3 http://news.chosun.com/site/data/html_dir/2012/03/12/2012031200037.html?news_Head1 (검색일 : 2012.12.23)

는 그녀는 면접을 준비하며 겪은 어려움을 토로했다.

같은 대한민국에서 같은 한국말을 쓰는데도 한 번 생각을 하고 말을 해야 하는 모양새는 영어나 중국어를 배우는 것과 다를 바 없어 보인다. 지방인이라는 이유만으로 배워야 할 언어가 하나 더 늘어난 셈이다.[4]

2. 표준어 그리고 사투리와 지역어

흔히 지역에서 사용되는 언어 — 언어학에서는 이를 방언이라고 부른다 — 를 바라보는 관점은 크게 두 가지 정도로 나누어 볼 수 있다. 하나는 표준어와 대립되는 관계로 파악하여 비표준어라는 관점에서 지역에서 사용되는 언어를 바라보는 것이다. '방송에서 방언을 함부로 써서는 안 된다'라든가, '공식적인 대화에서 방언을 써서는 안 된다'라든가 할 때의 '방언'은 표준어와 대립되는 개념으로서 지역에서 사용되는 말을 가리킨다. 이러한 개념으로서 지역에서 사용되는 언어는 '사투리'라는 이름으로 불리는 경우가 많다. '충청도 사투리', '평안도 사투리'라고 할 때의 사투리가 바로 이러한 개념으로 쓰이는 경우다. 이때의 방언이나 사투리는, 표준어가 아닌 지방의 말을 뜻하며, 나아가서는 표준어보다 열등한, 세련되지 못한, 품위 없는, 규범이 없어 문

---

4 http://goham20.com/1681(검색일 : 2012.12.23)

자로 표현되기 어려운 등과 같은 부정적인 의미들을 수반한다. 이런 경우 방언 내지 사투리는 대개 한 고장의 언어체계 전반을 가리키기보다는 그 고장의 말 가운데서 표준어에는 없는, 그 고장 특유의 언어요소만을 일컫는 것이 보통이다. "사투리 때문에 못 알아듣겠다"라고 할 때의 사투리가 바로 이러한 용법으로 쓰인 경우이다. 언어가 사회를 반영한다고 할 때, 지역에서 사용되는 언어에 부여된 부정적인 의미는 지역어가 사용되고 있는 공간인 지방에도 유사한 의미로 전이된다. 그리고 이러한 의미는 지방이 가진 경제·사회·문화적 조건 같은 또 다른 조건들과 결합하여, 지방은 표준어의 공간적 기반인 서울에 비해 세련되지 못하고 주변적이며 열등하다는 의미를 강화시킨다.

지역에서 사용되는 언어를 바라보는 또 다른 관점은, 한 언어를 형성하고 있는 하위 단위로서 특정 지역에 기반을 두고 그 지역인들에 의해서 사용되는 언어라고 보는 것이다. 이는 특정 지역을 기반으로 지역인들에 의해 사용된다는 점에서 지역어라는 이름으로 불릴 수 있다. 가령 한국어를 예로 들면 한국어를 이루고 있는 각 지역의 말들을 가리킨다. 이때 지역어는 지역의 특징적인 말들만을 가리키는 것이 아니라 언어체계 전부를 가리킨다. '충청도 지역어'는, 충청도에서만 쓰이는, 표준어에도 없고 다른 도道의 말에도 없는 충청도 특유의 언어요소만을 가리키는 것이 아니라, 충청도에서 전래적으로 써 온 한국어 전부를 가리킨다. 이 점에서 한국어는 우리나라에서 쓰이는 각 지역어의 집합이라고 할 수 있다. 그리고 각 지역 언어는 한국어의 다양한 변종들이라고 정의할 수 있다. 따라서 지역어는 표준어와 대립되거나 표준어보다 못한 언어라는 것이 함의되지 않는, 한국어라는

한 언어의 하위부류인 것이다.[5]

하지만 일반적으로 지역어는 표준어와 대립되는 부정적 의미를 함축한 채 사투리 혹은 방언(원래의 의미가 아닌 사투리의 의미로 변질된 의미로서의 방언)이라는 이름으로 불린다. 『표준국어대사전』에서는 표준어를 한 나라에서 공용어로 쓰는 규범으로서의 언어, 의사소통의 불편을 덜기 위해 국민이 공통적으로 쓸 공용어의 자격을 부여받은 말이라고 정의하고 있다. 이는 표준어의 효율성과 공통어로서의 규범성을 강조한 것이다. 표준어는 인위적이고 의식적인 방식에 의해 규범화와 표준화가 이루어진 언어이다. 다양한 변이형이 존재할 수밖에 없는 자연언어가 공통어로 되는 과정에서는 지역적 특색의 삭제나 언어순화, 어휘의 현대화 등과 같은 인위적인 방식을 통한 표준화가 수반되기 때문이다. 표준어가 의사소통의 효율성을 높이기 위해 인공적으로 가공된 언어임에 비해, 지역어는 그러한 가공을 거치지 않은 자연적인 언어이다. 지역어는 지역이라는 공간을 기반으로 해서 지역인들이 자신들의 사유와 경험을 표상한 표상 체계이자, 그들이 일상적인 의사소통을 위해 사용하는 언어 즉 지역의 생활언어인 것이다.

5 이익섭, 『방언학』, 민음사, 2006, 1~3쪽.

3. 표준어의 신화와 지역어의 소멸

1) 표준어 제정

학문적 개념 규정으로만 보면 표준어와 지역어는 서로 다른 영역에 속한 언어로 구분된다. 하지만 현실세계에서는 두 언어가 대립 관계를 형성한다. 인위적으로 가공되고 국가에 의해 규범성을 획득한 표준어는 본보기의 언어가 되어 그렇지 못한 언어들에 대해 우월적 지위를 점유하게 됨으로써 언어적 갈등 관계를 형성하게 된 것이다. 그런데 이러한 표준어가 본보기 언어로서의 지위를 구축하는 데에는 그 탄생의 배경이 중요한 역할을 하였다.

표준어에 관한 규정과 표준어 사정 작업이 진행된 것은 1930년대이다. 이 시기는 파리 평화회의에서 민족자결주의가 표방되고 3·1운동이 발생하게 되면서, 일본이 일부 신문, 잡지 등의 발행을 허용하는 문화정치를 실시하던 때이다. 하지만 언어적 상황에서 보면, 당시 조선인들은 국어가 된 일본어를 배우고 조선어는 방언으로 전락하여 중요한 시험과목에서마저 배제되고 있었다. 이러한 시대적 상황 속에서 우리말을 연구하던 학자들은 나라의 운명이 국어의 운명과 불가분의 관계에 있다는 인식 아래, 우리말과 글을 연구하고 이것을 통하여 겨레의 얼을 빛내어 문화적 독립에서 민족적 독립을 쟁취하는 것을 사명으로 삼았다. 우리말 연구를 통해 민족문화를 창조하고 민족적 독립을 이룩할 수 있다고 본 것이다. 이에 조선어 연구 단체인 조선어학회는 사전편찬을 목표로 삼고 한글 맞춤법 통일안 제정과 표준말 사정 작업을 시작한다. 이러한 일련의 작업들이 조선어와 조선의 근대화를 위해서 꼭 필요한 것이고, 이를 통해 국민들의 의식을 계몽시킬 수 있는 길이 빨리 열린다고 생각했기 때문이었다. 국가가 언어 정책에 참여할 수 없었던 당시의 상황에서, 우리말을 연구하는 지식인 단체로서는 당연한 선택일 수밖에 없었고 이러한 작업이 국어 발전의 밑거름이 된 점 또한 명백한 사실이다.

그러나 다른 한편에서 보면 표준어가 제정된 시대적 상황은 표준어에 대한 오해와 함께 표준어에 대한 절대적 신화를 만드는 주요 원인이 되었다. 문화적 독립과 민족적 독립을 위해서는 조선어의 부흥과 발전이 필요하고 이를 위한 첫걸음이 표준어 제정이라는 점에서, 그 필요성과 시급성을 능가하는 어떤 중요한 것도 있을 수 없었다. 따라서 그것이 다양한 이견들을 수렴하지 못하고 짧은 기간에 만들어졌다 하더라도, 일제강점기라는 시대적 상황은 표준어 규정에 절대적 신뢰를 부여하였고 표준어 규정은 지금까지 부분적 수정만 거친 채 그대로 유지되고 있는 것이다. 서구의 표준어가 언어표준을 거쳐 근대국가 시기 국가에 의해 권위가 부여되었다면, 우리말의 표준어는 일제강점기라는 시대적 상황과 언어 민족주의가 결합되어 그 권위가 부여되었다고 할 수 있다.[6]

표준어 제정 당시 표준어에 권위를 부여하기 위한 노력들은 여러 학자들의 논의를 통해서 엿볼 수 있다. 특히 이희승은 "표준어란 것

6 차윤정, 「지역어 위상정립을 위한 시론－1930년대 표준어 제정을 중심으로」, 『우리말연구』 제25집, 우리말학회, 2009, 393～394쪽.

은 어떤 언어 집단의 규범이 될 만한 말, 다시 말하면 본보기가 될 만한 말을 이르는 것입니다. 현대사회에서 쓰이는 말은 지방에 따라 다르고, 계급에 따라 다르고 혹 일시 유행에 따라 자꾸 분열되고 있습니다. 그렇게 각각 다른 말을 통일하려고 하는 이상적 언어가 곧 표준어란 것입니다"[7]라고 표준어를 규정하고 있다. 표준어는 이상적인 언어, 본보기가 되는 언어로 정의되는 반면, 지방에서 사용되는 말을 포함하여 현실에서 사용되는 말들은 분열되어 있다고 밝히고 있다. 일제 강점기라는 시대적 상황에서 '통일과 분열'의 대비를 통한 표준어의 개념 규정은, 표준어가 아닌 다른 언어들의 가치를 왜곡시키고 지켜야 할 언어의 범주에서 배제시키는 심리적 요인이 될 수 있다.

이희승은 "언어학상에서 방언이라 함은 어떠한 지방을 물론하고 그 지방에 현행되는 언어현상 전체를 가르쳐 방언이라 부른다. 어떠한 특수한 지방의 언어나 또는 특수한 어휘에 한하는 것이 아니다. 따라서 경성어도 한 방언이 될 것은 물론이다. 이렇게 생각하면 표준어는 결코 방언과 대립되는 것이 아니요. 모든 방언 이상에 추상되는 언어 즉 한 언어 단체의 규범이 되는 말을 이르는 것이니"[8]라고 하여 방언이 표준어와 대립되는 개념이 아니라는 것과 서울말도 방언의 하나임을 밝히고 있다.

하지만 표준어 규정과 표준어 사정 작업 당시 실제적으로는 지역적 기준을 서울로 한정함으로써, 지역어의 대부분은 사투리의 범주에 포함될 수밖에 없게 되었다. 학문적, 논리적으로 아무리 두 개념의 분리

---

7 이희승, 「표준어 이야기」, 『한글』 5권 7호, 한글학회, 1937, 15쪽.
8 이희승, 「각 방언과 표준어 – 다시 서울말과 표준어」, 『한글』 4권 11호, 한글학회, 1936, 14쪽.

를 주장한다 하더라도 현실에서 사투리와 지역어가 대부분 일치하는 한, 사람들은 두 개념을 동일하게 받아들일 가능성이 높다. 실제로 현재 한국사회에서 서울말은 표준어와, 지역어는 사투리와 같은 것으로 인식되고 있다. 이런 인식 때문에 지역어는 표준어에 밀려 그 설 자리를 잃고 급격하게 소멸되어 가고 있다.

2) 교육 제도

시대적 필요성에 의해 권위를 부여받은 표준어는 교육제도를 통해 더욱더 절대적인 가치를 획득하게 된다. 교육은 아직 언어에 대한 인식이 완전히 형성되지 않은 학생들에게 언어에 대한 인식과 태도를 심어주고, 그들의 언어 사용을 결정짓는 역할을 한다는 점에서 중요하다. 그리고 그 파급 효과가 전국적이며 급속하게 나타난다는 점에서 또한 중요하다. 현재 우리나라 학교교육에서는 표준어를 중심으로 한 언어교육이 이루어지고 있다. 그리고 한때는 지역어 자체를 부정하는 언어교육이 이루어지기도 했다. 교육의 방향과 내용을 결정하는 데 중요한 지표가 되는 교육과정에는, 표준어와 지역어에 대한 이러한 태도가 잘 나타나 있다.

1·2차 교육과정에서는 "표준말을 쓰고, 속어와 사투리를 의식적으로 피할 수 있게 한다", "표준말과 비교하여 틀리는 점을 바로 잡도록 한다"라고 밝히고 있다. '지역어'를 '사투리'라는 명칭을 사용하여, 바로잡아야 하는 말, 피해야 하는 말로 표현하고 있다. 이는 표준어만 맞

는 말이고 지역어는 버려야 하는 말로 인식하고 있다는 것을 보여준다. 이러한 교육과정에 따라 학교에서 표준어 교육을 받은 학생들은, 자신들이 일상생활에서 사용하는 지역어를 틀린 언어로 인식하게 되고 지역어 사용을 부끄러워하게 된다. 이러한 인식이 지역어 화자가 표준어 화자로 포섭되는 중요한 원인이 된다.

3·4차 교육과정에서는 지역어와 표준어의 구별, 표준어의 필요성에 대해서만 언급하고 있다. 지역어와 관련해 특별한 지도 내용은 없지만, 부정적인 태도가 전환되고 있음을 알 수 있다. 지역어에 대한 태도의 변화를 반영하고 있는 부분은 명칭이다. 3차 교육과정까지는 지역어를 '사투리'라고 표현했는데, 4차 교육과정에서는 '사투리'와 '방언'을 혼용하여 사용하고 있다. 5차 교육과정 이후부터는 '방언'이라는 명칭만을 사용한다. 학문적으로 볼 때 방언은 지역어를 나타낼 수 있는 가치중립적 표현이지만, 사투리는 표준어에 대해 지역어를 폄하하는 표현이기 때문이다. 하지만 이러한 교육과정 역시, 지역어에 대한 부정적인 인식을 제거하기에는 한계가 있다. 방언이라는 용어의 도입으로 사투리에 묻어있던 부정적 의미를 지우려는 시도는 하였지만, 여전히 표준어의 필요성만을 강조하고 있기 때문이다.

6·7차 교육과정에서는 표준어와 지역어를 '상황에 따라' 구별하여 사용하도록 지도하게 되어 있다. 이는 지역어를 버려야 할 언어에서 사용할 수 있는 언어로, 지역어에 대한 인식이 전환되었음을 반영한다. 그러나 여전히 지역어에 대한 지도는 소극적인 몇 개의 항목에 불과하며, 지역어가 지역인들이 일상생활에서 사용하는 언어라는 인식을 심어주는 데에는 한계가 있다.

1차부터 7차까지의 교육과정에서 지역어에 대한 인식의 변화는 보이지만, 아직까지 지역어가 학교교육을 통해 적극적으로 지도된 적은 한 번도 없다. 이는 지역어가 지역인들이 태어나면서부터 배워 온 말이라는 점, 지역인들이 서로 정감을 나누며 가장 자연스럽게 소통할 수 있는 말이라는 점, 지역의 문화와 역사, 지역인들의 정체성이 담겨 있는 말이라는 점에 대한 적극적 인식이 결여되어 있다는 것을 보여 준다.[9]

3) 방송매체

방송은 직접성, 동시성, 광역성을 기반으로 급속한 파급력을 가지고 우리 생활 곳곳에 자리 잡고 있다. 그와 더불어 방송에서 사용하는 언어 역시 우리의 언어생활에 많은 영향을 끼치고 있다. 이런 이유로 방송에서는 방송언어 사용에 관한 규범을 만들어, 방송언어의 사용을 통제하고 있다. 방송언어 사용의 규범은 방송법과 방송통신위원회의 심의규정을 통해 제시되고 있다.

방송언어 사용과 관련해 '방송법'과 '방송심의에 관한 규정'에서 가장 강조하고 있는 것은, 표준어 사용과 언어순화의 문제이다. '방송법'의 "표준말의 보급에 이바지하여야 하며"(1장 6조)와 '방송심의에 관한 규정'의 "방송언어는 원칙적으로 표준어를 사용하여야 한다. 특히 고

9 차윤정, 「언어권리와 로컬의 주체형성 – 제주로컬어 부흥운동을 중심으로」, 『한국민족문화』 제40집, 부산대 한국민족문화연구소, 2011, 10～12쪽.

정 진행자는 표준어를 사용하여야 한다"(51조 2항)라는 규정이 대표적인 예이다. 이 규정은 방송언어를 표준어로 한정하고 지역어 사용을 배제한다. 이렇게 방송언어를 표준어로 제한하는 데에는 두 가지 전제가 깔려있다. 기본적으로 방송은 소통이 목적이므로 전 국민이 공통으로 이해하는 표준어를 사용해야 한다는 논리와 함께, 표준어는 품위 있고 순화된 말이라는 전제가 깔려 있다. 그리고 이러한 전제에 따라 표준어가 아닌 말들은 방송에서 배제되어야 하는 것이다. 실제 1990년도 방송위원회 자료집을 보면, 방송통신심의위원회가 "아나운서, 기자, 리포터, 해설자 등 고정출연자와 진행자 등 모든 방송인은 표준말을 쓰고 방언을 쓰지 않도록 할 것, 어린이 시간과 어린이 대상 프로그램 및 광고방송에서는 방언을 쓰지 않도록 할 것" 같은 사항을 방송사에 권고하고 있어, 이러한 인식을 읽을 수 있다.

최근 들어 지역어에 대한 이러한 태도는 다소 완화된 모습을 보이지만, 여전히 부정적인 의식이 바탕에 깔려 있다. 2010년에 발간된 방송통신심의위원회의 『올바른 방송언어 사용을 위한 길잡이』에서는, "지방에서 자란 사람은 사투리 발음을 하기 쉬운데 몇몇 오락프로그램 진행자들은 지역적 특징이 드러나는 발음을 강하게 사용한다. 이런 발음은 시청자들에게 거부감을 주기 쉽고 의사소통에도 어려움이 따른다"라고 지적하고 있다. 하지만 오락프로그램은 뉴스와 같은 공적인 언어 사용이 반드시 담보되어야 할 프로그램이 아니다. 따라서 소통의 문제가 발생하지 않는다면, 어느 정도 지역적 특성이 섞인 발음을 한다 하더라도 무방하다고 할 수 있다. 더구나 여기서 예를 들고 있는 '좀[쫌]'은 이미 특정 지역어에서만 보이는 언어현상이라고 볼 수 없을 정도로 분포가 확산되어 있으며, '음성[엄성], 나오잖아요[노오자나요]'는 문맥이 전제된 의사소통 상황에서 의미를 왜곡시키는 경우가 거의 없다는 점에서 의사소통에 어려움을 주는 정도라고 할 수 없다. 그리고 이러한 발음들이 시청자들에게 거부감을 준다고 보는 것도 표준어 화자가 가진 편견이 아닌가 한 번쯤 돌아보아야 할 부분이다. 지역적 특성을 보인다고 해서 거부감을 느낀다는 것은 표준어가 아닌 지역어는 순화되어야 할, 교양 없는 말이라는 인식이 전제되었기 때문이 아닌가 하는 점이다.

방송언어 규정에 전제된 지역어에 대한 인식은, 다양한 방식으로 재현되어 방송을 통해 지역어에 대한 불평등한 인식을 전파시킨다. 광역 방송망을 통해 전파된 언어에 대한 위계적 인식은, 지역인들이 자신들의 언어를 촌스럽고 순화되어야 할 언어로 인식하기를 강요한다.

뿐만 아니라 이러한 방송언어 규정은, 지역인들에게 자신들의 삶터인 지역에서조차 지역어로 전달되는 방송을 들을 수 있는 기회를 차단한다. "특히 고정 진행자는 표준어를 사용하여야 한다"라는 규정은 지역어로 진행되는 방송의 제작을 막기 때문이다. 그 결과 지역인들은 지역어로 진행되는 방송을 들을 수 없게 된다. 물론 이것이 방송에서 지역어를 표준어와 동등하게 노출시켜야 한다는 의미는 아니다. 지역어 역시 방송 장르에 따라 수용할 수 있는 범위 내에서는 방송 언어로 사용될 수 있는 길이 열려야 한다는 것이다. 왜냐하면 지나친 표준어 중심의 언어 사용 규정에 따른 방송이, 수십 년 동안 전 국민들에게 방송됨으로써 표준어의 지역어 대체 현상을 가속화시켜 왔을 뿐만 아니라, 급속한 지역어 소멸의 중요한 원인이 되고 있기 때문이다.[10]

4) 욕망과 언어적 포섭

우리나라의 오랜 중앙집권적 역사는 밀도 높은 중심주의 문화를 잉태시켰다. 더구나 중앙집중적인 근대화 과정은, 한편으로는 중심 지향성을 기반으로 한 동질화를 통하여 차이를 소멸시키면서, 한편으로는 차이를 차별로 인식시키고 내재화시킴으로써 지역의 불균등 발전을 심화시켜 왔다. 그 결과 지역의 불균등 발전 현상은 물리적 공간을 넘어 사회적·문화적 공간으로까지 확산되어 중첩적으로 나타나고 있다. 발전의 중심에 선 중앙은 이들 공간을 점유하고, 그들의 논리에 따라 주변의 지역을 끊임없이 포섭하고 배제시켜 왔다.

중앙의 논리에 의해 포섭되고 배제되었던 지역인들은, 다양한 방식으로 중앙의 전략에 대응한다. 때로는 선망과 질시를 담아, 때로는 중심에 대한 저항의 의지를 담아 전략적으로 대응한다. 이러한 지역인들의 전략은 언어 부분에서도 나타난다. 지역인들은 중앙을 선망함으로써 자신들의 욕망을 실현하고자 하는 언어 전략과 중앙언어인 표준어에 부여된 권위의 경계를 넘는 언어 전략들을 구사한다.

중앙이 가진 사회·문화·정치·경제적 권력은 주변의 지역인들에게 권력과 출세, 물질적 풍요, 세련됨 등으로 상징된다. 이에 따라 주변화된 지역인들의 중심지향성은 권력과 출세, 물질적 풍요에 대한 욕망으로 표출된다. 욕망의 실현을 위해, 지역인들은 중앙과 지역의 관계를 지배와 피지배 관계로 정당화한다. 그리고 이를 자명한 것으

10 위의 글, 13~15쪽.

로 받아들여 중앙으로의 자발적 포섭을 선택하기도 한다.

언어적 측면에서, 이러한 선택은 중앙의 언어인 표준어를 자발적으로 습득하고 자신이 사용하던 지역어를 벗어버리는 양상으로 나타난다. 지역어를 표준어로 전환하는 것은 중앙이 가진 물질적 풍요와 출세, 힘, 세련됨에 대한 욕망의 표출이다. 표준어의 사용은 중심을 향한 욕망의 언어적 출입문이기 때문이다. 이러한 현상은 지역 출신으로 취업을 준비하고 있는 많은 젊은이들에게서도 나타난다. 실제로 지역에서 대학을 졸업한 젊은이들이 취업을 위해 표준어 학원을 다니는 기현상이 최근 언론에 보도되었다. 이러한 현상이 나타나는 것은 중앙에서 취업을 원하든 지역에서 취업을 원하든, 표준어의 사용이 그들에게 더 많은 기회를 부여한다고 믿기 때문이다.

표준어 사용을 중심을 향한 욕망 실현의 도구로 인식하는 경향은, 2005년 국립국어원에서 발간한 『국민의 언어 의식조사』에서도 나타난다. 이 보고서에 따르면 "자녀가 표준어를 구사할 수 있기를 바라십니까?"라는 질문에, 응답자의 84.7%가 '매우 바란다'와 '대체로 바란다'라고 응답한 것으로 나타났다. 이는 자신의 방언사용에 대해 자랑스럽게 생각하느냐는 질문에, '매우 또는 대체로 자랑스럽게 생각한다'고 대답한 경우가 26.3%, '전혀 또는 별로 자랑스럽지 않게 생각한다'가 25.2%로 나타났던 것에 비하면 예상 외의 결과다. 응답자들이 자신의 방언 사용에 대해서 자랑스럽거나 자랑스럽지 않다고 응답한 비율이 비슷한 만큼, 자식들의 표준어 사용에 대해서도 역시 비슷한 수치의 응답률이 나타날 것으로 기대되지만 그렇지 않다. 자식들이 표준어를 구사하기를 바라는 응답률이 압도적으로 높게 나타난다.

이러한 응답률은 무엇을 반영하는 것일까? 이는 언어 사용 문제가 단순하게 언어적 문제로만 국한되지 않는, 다른 사회·문화적 부분과도 연결되어 있기 때문이다. 자신의 자녀가 모든 분야의 중심지인 중앙에서 살기를 바라는 욕망의 투영인 것이다. 서울에서 살고 표준어를 사용한다는 것만으로도, 중심이 가진 특권을 누리는 것으로 인식되기 때문이다. 국립국어원의 조사 결과는, 자녀들이 그러한 특권을 누리기를 바라는 부모들의 의식이 반영된 것으로 보인다. 결국 힘과 물질적 풍요에 대한 욕망이, 언어적 측면에서는 자녀의 표준어 사용에 대한 부모들의 태도로 나타나는 것이다.

이처럼 사회 구조적 환경과 여기서 배태된 중심지향의 욕망은, 중앙을 향한 지역인들의 자발적 포섭을 부추긴다. 욕망의 실현을 위해서는 사회적 적응이라는 이름의 자발적 포섭을 통해, 자신의 모어인 지역어 정도는 기꺼이 포기할 수 있는 것이 되었다.[11]

4. 지역어와 문화

언어는 문화의 DNA라고 불린다. 언어에는 그 지역의 역사와 문화, 전통이 스며있을 뿐만 아니라, 개인의 체험과 기억이 녹아 있기 때문

11 위의 글, 15~18쪽.

이다. 그래서 사람들은 자신이 살고 있는 지역의 언어를 사용하여 소통할 뿐만 아니라 섬세한 감정을 표현하고 전달한다. 지역어를 중요하게 생각해야 하는 이유는 일차적으로 지역어가 지역의 특징, 곧 지역의 문화와 전통, 역사를 드러내는 역할을 한다는 점에 있다. 지역에 따라 나타나는 사유방식이나 생활양식의 차이는 지역별로 고유한 문화를 형성하게 한다. 이렇게 형성된 지역문화는 다양한 표상 체계를 통해 드러나지만 그중에서도 대표적으로 지역의 언어, 특히 어휘를 통해서 드러난다. 그래서 전라, 충청, 경상, 강원, 서울, 경기, 제주의 지역어는 나름대로 독특한 특징을 지닌다. 같은 어휘에서도 음운의 차이를 보이고, 삶의 문화와 자연의 문화를 지칭하는 어휘의 형태도 다르다. 이러한 현상은 매우 자연스러운 것으로 어휘는 그 지역의 자연과 문화를 반영하여 생성되기 때문이다. 지역에 따라 사회제도, 가옥구조, 관혼상제, 세시풍속, 농경방식, 복식, 음식, 놀이 등과 관련된 용어나 친족어 등에서 차이가 나타나는 것도 이러한 이유 때문이다.

경상도 지역어에도 지역 문화의 특징이 드러나는 다양한 어휘들이 있다.

"저짜 저 칼치는 억수로 싱싱해 비이네."

"조구가 노라짱하니 보기보다 훨얼 맛좋네. 낫살 묵을수록 비린 기 더 묵고접다 아이가. 조구 한 매리만 있시믄 내사 밥 항 그륵은 후딱 무삔다."

"여름에는 찬물에 밥 말아서 마른 맬치를 꼬장에 찍어 묵는 기 벨미다. 그래가 내 맬치 말릴라꼬 강주리에 널어놨디마는 안즉도 피득피득하다. 맬치는 젓꾹도 맹긴다 아이가. 젓꾹 만딘다꼬 맬치 함 땔기 봐라. 마 그 냄시가

〈부산갈매기가 그냥 갈매긴 줄 아나〉(이진경)

온 천지에 등천을 한다."

"갈 전애는 맛있기는 한데 빼가지가 항그 있어서 마파이다."

"젯상에도 못 오르는 민물개기가 어디 개기가?"

경상도 그중에서도 경상남도는 바다가 많은 지역이다. 그래서 그런지 경상남도에서는 민물고기보다 바닷고기를 더 높이 평가하는 경향이 있다. 또한 '칼치(깔치), 조구, 맬치, 전애' 같은 바다 생선을 가리키는 지역어 어휘들도 발달되어 있다. 특히 경상도에서 많이 잡히는 멸치는 '맬치, 매르치, 매리치, 미르치' 등의 다양한 이름으로 불린다. 경상도에서는 멸치를 달여 젓국으로 만들어 양념으로 쓰는데, 김치를 담글 때는 기본양념으로 사용하기도 한다.

"올 갈에는 콩이퍼리 따 가꼬 젓국에 재아 놨다가 짐치 담아야겠다."

"돌가지 물에 푹 뿌라가지고 까보이 희안하게 다 비꺼진다. 생짜나 말린 돌가지를 데치가 잘게 찢어 양념해가 무친 기 그기 또 벨미라."

굼끼를 밥 묵드시 하디마는 시상 베렀따 카데. 그때는 고매도 마이 무따. 애낀다꼬 고매를 몰래 숨카노믄 생이가 쌔비가뿌고 마 안 그랬나. 알라 때는 배가 고파가 술찌개미를 묵고 억수로 혼난 적도 있다 아이가."

"깐챙이밥이라꼬 감을 두 세 개 낭가놔. 그라믄 낭가 논 감을 깐챙이가 다 쪼사 묵는다."

다른 지방에서 볼 수 없는 경상도 지방의 특이한 음식 중의 하나는 콩잎으로 김치를 담그는 것이다. 경상도에서는 푸른 콩잎뿐만 아니라 노랗게 물든 콩잎을 삭혀 놓았다가 멸치젓갈과 고춧가루, 깨 등 갖은 양념을 한 양념장을 만들어 콩잎에 한 장씩 양념장을 고루 발라서 김치를 담근다. 고구마는 쌀이나 보리와 같은 곡물 다음으로 많이 먹는 식물이다. 경남에서는 '고구마'를 '고매'라 부르고, 전남에서는 '감자', 제주에서는 '감저'라고도 한다. 과거 보릿고개가 있던 시절에는 밥 대신 고구마로 배를 채우거나 '술찌개미'로 배고픔을 달래던 경험이 있었다. 하지만 그 배고프던 시절에도 짐승을 생각하는 아름다운 마음은 '깐챙이밥'이라는 풍습으로 지역 사람들에게 전해지고 있다.

이 갈비 다 팔믄 고무신 사 줍니꺼?

경상도의 '갈비'는 표준어에서는 '솔가리', 강원도에서는 '솔갈비', 충남에서는 '솔까시' 등으로 불린다. '갈비'는 '솔갈비'에서 '솔'이 탈락한 것이다. '갈비'의 '갈'은 '마른 나뭇잎이나 말라 떨어진 잎'을 가리키는 '갈잎'의 '갈'과 같은 의미를 가진다. 솔잎이나 마른 소나무 가지를 말하는 '갈비'는 과거 나무를 땔감으로 사용하던 시절, 땔감으로 이용되었다.

이처럼 지역어에는 지역인들의 음식 · 생활 문화와 함께 그들의 체험까지 표상되어 나타난다. 그리고 그 어휘는 각 지역에 따라 다른 음운이나 다른 형태로 변이되어 지역의 특색을 드러낸다. 하지만 이러한 지역어는 표준어와의 대립 속에서 촌스럽고 교정되어야 할 언어로 인식되어 급속한 소멸의 길을 걷고 있다. 지역어의 소멸은 그 속에 담긴 각 지역의 역사·사회·문화의 소멸과 맞닿아 있다.

5. 언어권리와 지역어 소멸

최근 차이와 다양성의 문제가 부각되면서 문화적 권리와 언어권리에 대한 관심이 증대되고 있다. 문화적 권리란 인간의 문화에 대한 권리로, 이는 인간의 기본적 권리인 인권에 속한다. 인권의 일차적 개념은, 모든 인간은 평등하며 자유롭다는 자연법적 원칙에 따라 일체의 사회적 차별과 불평등에 대항하여 인간본연의 존엄성을 지켜야 한다는 것이다. 이렇게 본다면 문화적 권리란, 인간은 자신이 살아온 삶의 총체적 방식대로 삶을 영위할 권리를 가진다는 것에 다름 아니다.

언어를 문화의 DNA라고 하는 것은 문화가 언어 속에 담지될 뿐만 아니라 문화를 대표적으로 표상하는 것이 언어이기 때문이다. 따라서 문화적 권리가 인간의 기본적인 권리라면, 언어권리 역시 인간의 기본적인 권리라고 할 수 있다. 언어권리는 인간의 언어에 대한 권리로서 인간이 누려야 할 기본적인 권리인 것이다. 이러한 언어권리는 인간이 자신에게 자명한 언어를 자유롭게 선택하고 사용할 수 있는 권리, 그리고 그것을 통해 어떤 불평등한 대우를 받지 않아도 될 권리, 자신이 선택한 언어를 사용하여 창조적이고 다양한 문화활동을 할 수 있는 권리라고 정의할 수 있다.

그렇다면 인간에게 자명한 언어란 무엇일까? 인간에게 있어 명백한 언어란, 인간이 자유로운 상태에서 사용하는 언어를 말한다. 즉 어떠한 외부적 압력이나 감정적 억압이 없는 상태에서 자율적으로 발화하는 언어이다. 이런 관점에서 보면 인간이 태어나면서부터 배운 언어는 자명한 언어가 될 것이다. 인간은 자신이 태어나서 배우고 익힌 언어에 대해 애착을 가지고 있으며, 이것을 사용해 가장 자연스럽게 소통할 수 있기 때문이다. 그리고 인간은 누구나 이런 언어를, 아무런 제한 없이 사용하고 싶어 하는 욕망을 가진다. 언어권리란 자명한 자신의 언어를 자유롭게 사용하고 그 사용에 따른 배제나 소외, 차별 같은 불평등한 처우를 받지 않을 권리이다.

하지만 언어권리는 인간이 놓인 역사적·사회적 조건에 따라 그 권리가 보장되기도 하고 그렇지 못하기도 해 왔다. 식민치하에서 피지배국의 국민은 지배국의 언어를 강제로 사용하는 언어 전환을 해야 했고, 국가의 통합을 강조하는 국민국가 체제에서는 국가의 언어정책에 따라 개인의 언어권리를 보장받지 못했다. 또 현재와 같은 거대한 세계화의 흐름 속에서 주변부의 언어는 그 생존마저 유지되기 어려운 상황으로, 언어 사용자 역시 자신의 언어권리를 보장받을 수 없다. 이렇게 언어권리가 침해되는 상태는 '언어적 차별linguicism'로 정의될 수 있다.

언어적 차별은 언어의 위상 문제와 관련이 있다. 언어의 위상은 언어에 대한 가치평가가 반영된 것으로 이는 언어 외적인 시대적, 사회적 상황에 따라 만들어진다. 세계화의 흐름 속에서 지역은 다양한 언어들이 만나고 서로 경합을 벌이는 장이 되었다. 대표적으로 영어와 표준어, 지역어 등이 서로 경합을 벌이고 있다. 이 언어들의 위상은 문화와 자본을 배경으로 결정되는 것이 일반적이다.

그런데 언어적 위상은 언어 가치의 수직적 배치를 전제로 한다. 언어들의 수직적 배치관계가 한 사회의 문화코드로 자리 잡게 되면, 이는 그 언어 사용자들의 위상과 직결된다. 곧 어떤 언어를 사용하는가에 따라 그 사회 속에서 언어 사용자들의 위계 관계가 형성된다는 것이다. 그리고 언어 사용자들은 이러한 문화코드를 강제적 혹은 자발적인 과정을 통해 내면화하게 된다. 이렇게 내면화된 문화코드는, 결국 주변부의 언어를 사용하는 언어 사용자들이 자신의 언어권리를 포기하거나 포기해야만 하는 결과를 초래하게 된다.

주변부의 언어인 지역어의 경우에도 언어권리의 포기와 관련한 상황은 그대로 적용된다. 특정 지역을 기반으로 사용되는 지역어는, 국가의 언어정책과 세계화라는 흐름 속에서 그 설 자리를 잃고 소멸의 위기로 접어들고 있다. 이는 지역어 사용자가 자신들의 지역어 사용을 포기함으로써 빚어진 결과이다. 지역인이 자신의 지역어를 사용할 권리, 즉 자신들의 언어권리를 포기했다는 의미이다.[12]

언어를 사용함으로써 다른 동물과 구별되는 인간이 진정한 언어적 존재가 되기 위해서는 언어에 대한 인식의 재고, 즉 인간에게 언어가 무엇인지, 왜 인간에게 언어가 필요한지에 등에 대한 인식의 전환이 필요하다. 인간에게 있어 언어는 기본적으로 욕망 실현을 위한 도구가 아닌, 자신의 정체성을 담아낼 수 있는 존재의 집이며, 언어 사용의 권리는 인간이 가진 고유한 권리라는 점에 대한 인식의 재발견이 필요하다. 언어를 사용하는 인간으로서 주체적인 언어 사용자가 되기 위해서는 이러한 인식이 전제되어야 한다. 이러한 인식의 바탕 위에 지역인들은 자연스러운 언어생활을 영위할 수 있으며, 지역어 역시 그 가치를 인정받고 소멸의 길에서 벗어날 수 있을 것이다.

12 위의 글, 5~7쪽.

참고문헌

이희승, 「각 방언과 표준어－다시 서울말과 표준어」, 『한글』 4권 11호, 한글학회, 1936.

______, 「표준어 이야기」, 『한글』 5권 7호, 한글학회, 1937.

차윤정, 「지역어 위상정립을 위한 시론－1930년대 표준어 제정을 중심으로」, 『우리말연구』 제25집, 우리말학회, 2009.

______, 「언어권리와 로컬의 주체형성－제주로컬어 부흥운동을 중심으로」, 『한국민족문화』 제40집, 부산대학교 한국민족문화연구소, 2011.

문장원 구술, 『동래 사람은 팔만 올리도 춤이 덴다 캤어』, 뿌리깊은나무, 1991.

양희주, 『니 어데 갔더노?』, 조양, 2008.

윤명희 외, 『경상도 우리 탯말』, 소금나무, 2006.

이익섭, 『방언학』, 민음사, 2006.

http://blog.naver.com/PostView.nhn?blogId=jhl1621&logNo=80163894149(검색일 : 2012.12.23)

http://news.chosun.com/site/data/html_dir/2012/03/12/2012031200037.html?news_Head1(검색일 : 2012.12.23)

http://goham20.com/1681(검색일 : 2012.12.23)

랜드마크 만들기와 일상적 삶

이상봉

1. 랜드마크란 무엇인가?

1) 랜드마크의 개념

인간이 가진 감각이나 지각 가운데 시각은 매우 중요한 역할을 담당하고 있다. 이는 인간이 일상생활에서 이용하는 정보의 8~9할 정도가 시각계라는 사실을 통해서도 잘 알 수 있다.[1] 인간은 색이나 형태를 통해 어떤 사물이 가진 고유의 의미나 사실을 대체로 파악할 수

1 津川康雄,『地域とランドマーク』, 古今書院, 2003, 23쪽.

있다. 그리고 인간은 색이나 형태를 봄으로써 다양한 의미를 느끼며, 예술을 창조하고 또 문화를 만들어 왔다. 영어로 나는 본다I see라는 말이 나는 이해한다I understand를 의미하기도 한다는 것은, 보는 것이 인지 또는 사고하는 것과 긴밀히 관계된 프로세스임을 잘 드러낸다.

랜드마크Landmark란 말 그대로 육지Land라는 의미와 표식Mark이라는 의미가 합쳐진 것이다. 즉, 등대나 높은 철탑, 고층빌딩, 높은 산 등과 같이 시각적으로 두드러져 있어 육지에서 방향감각을 나타내는 표식이 되는 건조물, 기념비monument, 자연지형 등을 말한다. 뉴욕의 자유의 여신상이나 파리의 에펠탑 등과 같은 건조물은 우리가 잘 알고 있는 대표적인 랜드마크이며, 일본의 후지산이나 브라질의 아마존 등과 같은 자연경관도 건조물 못지않게 랜드마크의 기능을 잘 수행하고 있다. 이처럼 랜드마크는 지리적 공간상에 나타나는 가시적인 요소 가운데 하나로, 공간이나 장소 등의 구성에 관여하며, 나아가 전체적인 지역성을 규정함에 있어서도 빠질 수 없는 중요한 요소라고 할 수 있다.

하지만 그 개념에는 애매한 요소 또한 많이 포함되어 있어 한마디로 명확히 정의하기 힘든 것도 사실이다. 애초의 랜드마크의 의미는 지표상의 가시적인 어떤 것, 즉 공학적 접근approach에 의해 파악 가능한 물리적 측면을 주로 가리키고 있었다. 하지만 1970년대 이후 인문주의 지리학을 주창한 일련의 학자들은 이러한 물리적 측면의 랜드마크 개념을 비판하고, 여기에 보다 인문적인 의미를 추가하려 하였다.[2] 즉, 물리적 공간을 토대로 살아가고 있는 인간 주체의 시선이나 경험

---

2 進士・森・原・浦口,『風景デザイン』, 學藝出版社, 1999, 10~13쪽.

등의 의미를 부여하고자 하였다. 이처럼 랜드마크의 개념에 새로운 의미가 추가될수록 개념의 불명확성은 증가된다. 동일한 용어를 사용하지만 사용하는 사람에 따라 무게를 두는 의미가 다를 수 있으며, 랜드마크에 해당하는 것과 그렇지 않은 것의 구분이 힘들 수도 있다. 하지만, 이 같은 개념의 확장과 그에 따른 불명확성에도 불구하고 랜드마크가 지역성을 구성하는 중요한 요소로서의 고유한 의미를 가지고 있음은 분명하다. 랜드마크라는 개념을 빼놓고 지역성을 잘 설명하기가 힘들며, 그렇다고 해서 랜드마크만으로 전체적인 지역성을 잘 드러낼 수도 없다.

랜드마크가 학문적 연구대상으로서 체계적으로 다뤄지게 된 것은 케빈 린치K. Lynch의 도시의 이미지에 관한 연구에서 비롯한다. 린치는 1960년에 출판된 그의 저서 『도시의 이미지*The image of the City*』에서, 도시환경의 가변성legibility을 전제로 하여 도시의 이미지를 정체성identity, 구조structure, 의미meaning라는 3가지 성분으로 나누었다. 그 가운데 정체성과 구조의 관점에서 보스턴Boston, 저지시티Jersey City, 로스엔젤리스LA 등 도심 지구 주민의 공공 이미지를 조사하였고, 그 결과 도시 이미지를 구성하는 5가지 요소를 추출하였다. 5가지 요소란 도로Paths, 결절점Node(도시 내부의 주요한 결집지점), 경계Edges(각종 선상의 요소들), 구역Districts(도시의 구획), 랜드마크Landmark(외부에서 인식할 수 있는 특징적 · 점적 요소)를 말한다. 여기서 랜드마크는 기념비나 특징 있는 건물 및 구조물 등과 같이, "그것이 있는 곳과 일체감을 느끼기 쉬운 어떤 것"이라는 의미로 사용되고 있다. 즉, 구체적으로 보스턴의 퍼네일홀Faneuil Hall, 로스엔젤리스 공회당의 첨탑, 보스턴의 크리스천사이언

스 빌딩, 아치스트리트의 교회 등과 같이 오염된 도시 속의 청결함, 오래된 도시 속의 새로운 것, 매우 규모가 큰 것 등의 형태로 가시성이 드러나는 것을 말하며, 색, 형태, 이미지, 규모 등을 전제로 하나의 요소가 그것이 자리한 지역의 의미를 잘 드러내는 것을 말한다.[3]

린치의 이러한 분석은 건축(도시계획)가의 관점에서 도시를 물리적·시각적 요소 중심으로 파악하고 있으며, 이미지를 형성하는 물리적 요소를 추출하여 그것과 지역의 관계를 명확히 하는데 초점을 맞추고 있다. 따라서 랜드마크라는 개념을 처음 학문적으로 사용하여 그 중요성을 강조하였다는 점에서는 긍정적 평가를 받고 있지만, 도시를 너무 물리적·시각적 측면만으로 파악하려고 한 점이나 시각적 이미지가 인식과 동일시되고 있다는 점 등에 대한 비판도 이어졌다. 물리적·시각적 측면을 강조하다보니 도시의 사회적·인문적 측면에 대한 분석이 결여되었다는 것이다.[4] 이러한 비판들을 바탕으로 이후 랜드마크에 대한 관심과 지평은 더욱 확대되어, 지역의 장소성이나 정체성을 잘 드러낼 수 있는 중요한 요인이자 개념으로 자리매김 되게 되었다.

2) 랜드마크의 기능과 특성

랜드마크의 개념과 의미를 제대로 이해하기 위해서는 랜드마크가 행하는 구체적인 기능과 특성에 대해 먼저 생각해 볼 필요가 있다. 랜

3 K. Lynch, *The Image of the City*, The MIT press, 1960, pp.47～48.
4 岡本耕平,『都市空間における認知と行動』, 古今書院, 2000, 243～257쪽.

드마크의 개념이나 유형이 다양한 만큼 그 기능과 특성 또한 다양하지만, 일반적으로 거론되는 주요 특성으로는 기호성, 장소성, 상징성을 들 수 있다.[5] 이들 3가지 특성은 상호 밀접하게 관련되어 있어 따로 떼어 설명하기 힘들 정도지만, 각각의 특성을 부각시켜 그 의미를 이해하자는 입장에서 나누어 설명하자면, 다음과 같다.

(1) 기호성

기호성이란 우리가 길을 가다 만나는 교통표식이나 간판 등과 같이 공간에 대한 정보 인지를 물리적으로 촉진하는 기능을 말한다. 흔히 상징성은 희소가치와 관계되는 경우가 많지만, 기호성은 희소가치만이 아니라 적절한 곳에 분포 또는 배치될 때 높아진다. 인간은 항상 특정 공간에 대한 물리적 정보를 모두 인식한 채 행동하는 것은 아니다. 개인에 따라 그리고 상황에 따라 차이는 있지만, 대체로 자신에게 필요한 만큼의 정보를 취사선택하여 인식한다. 여기서 랜드마크란 특정 공간에 대한 물리적인 정보로 선택될 가치가 있을 만큼 두드러진 그 무엇을 가리킨다고 할 수 있다. 랜드마크는 그것의 가시적 특성, 즉 기호성으로 인해 사람들이 자신의 현재 위치를 파악하고 방향감각을 찾는데 도움을 주는 중요한 기능을 수행하는 것이다. 이것이 랜드마크가 가진 기호성이다.

인간의 공간에서의 행동은 그 목적이 무언가에 따라 다양하게 나타난다. 따라서 랜드마크의 기호성 또한 그 목적에 부합하는 형태로 상

---

5 津川康雄, 앞의 책, 41쪽 참조.

황에 따라 다양하게 취사선택 된다. 운전자에게 필요한 정보는 교통 신호나 표식 등이 될 것이고, 쇼핑을 위해 나선 사람들에게는 가게나 상품의 정보가 포함된 광고판이나 간판 등이 필요할 것이다. 여기서 랜드마크가 그것이 지닌 물리적 가시성과 함께, 공간에서 행동하기 위해 필요한 정보까지를 제공하기 위해서는 교통 표지판이나 광고판 등과 같이 문자정보를 포함할 필요가 있다. 이러한 의미에서 우리가 일상에서 자주 접하는 광고판이나 간판 등은 전통적인 랜드마크와 약간 형태를 달리하는 현대적 의미의 랜드마크라고 할 수 있다.

이처럼 랜드마크가 가진 기호성이란 사람이 공간에서 행동하는데 필요한 위치나 방향을 확인하는 기능과 밀접하게 관련된다. 이러한 관점에서 보자면, 파리의 개선문이나 북경의 천안문, 서울의 숭례문 등과 같이 특정 공간을 넘나드는 경계에 설치된 건조물이나, 지역을 잇는 도로나 철도의 결절점에 위치한 역사驛舍나 다리 등도 중요한 랜드마크 가운데 하나이다. 이처럼 랜드마크가 기호성을 발휘하기 위해서는 적절한 위치나 배치가 중요하다. 하지만 그것에 의해서만 기호성이 결정되는 것은 아니다. 여기에 예술적이거나 기술적 요소 그리고 고유의 장소성과 역사성을 드러낼 수 있는 다른 요소들이 부가되면 랜드마크의 기호성이 더욱 증가된다. 즉, 랜드마크의 기호성을 높이기 위해서는, 형태나 색체 그리고 공간적 배치 등의 물리적 요인을 통해 주위 배경과의 대비를 강조할 필요가 있으며, 이와 함께 예술적 요소, 기술적 요소, 역사성, 장소성 등의 인문적 요인 또한 잘 가미하여야 한다.

베이징 천안문(위) : 1417년 명나라 때 건설된 베이징 황성의 정문. 베이징을 상징하는 랜드마크이며, 천안문 사건 이후 민주화의 상징으로도 여겨짐. 샌프란시스코 골드게이트(아래) : 골드게이트 해협에 건설된 현수교. 1933년 착공하여 1937년 완공. 주탑 사이의 거리 1,280m, 길이 2,737m, 높이 227m.[6]

6 출처 : 위키미디어.

(2) 장소성

랜드마크는 눈에 잘 띄는 기호성과 함께 그것이 위치한 장소의 특성 또한 잘 드러낼 수 있어야 기억하기가 쉽다. 랜드마크가 자리한 곳에 살고 있는 내부인과 그곳을 방문한 외부인 모두에게 인정받는 좋은 랜드마크란 위치나 방향을 파악할 수 있게 하는 기호성으로서의 기능에 그치지 않고, 특정 장소와 관련된 집합적 기억이나 역사적 의미를 담아낼 수 있어야 하기 때문이다. 즉, 방문자인 외부인은 랜드마크를 통해 그 곳의 장소적 특징이나 역사적 의미 등을 읽어내고 기억할 수 있어야 하며, 내부인은 랜드마크를 통해 자신의 지역과 관련된 집합적 정체성, 즉 장소정체성을 형성하고 공유할 수 있어야 한다.

이러한 점에서, 산이나 강, 바다, 숲, 폭포 등과 같은 자연 발생적인 랜드마크는 그 자체로 특정 지역의 장소성을 잘 드러낸다. 킬리만자로와 후지산은 각각 탄자니아와 일본을 대표하는 자연적 랜드마크이며, 애국가 구절에 등장하는 백두산, 한라산, 남산 등은 한국의 대표적 랜드마크라고 할 수 있다. 스케일을 조금 좁혀서 생각하면, 마을 단위의 자그마한 산과 강은 각각 그 마을을 대표하는 중요한 랜드마크의 기능을 하고 있다. 지난 학창시절 즐겨 부르던 교가校歌를 떠올려 보자. 우리가 기억하는 대부분의 초·중·고 교가에는 크든 작든 지역의 대표적인 산이나 강이 빠짐없이 등장함을 알 수 있을 것이다. 산이나 강과 같은 자연적 랜드마크는 건조물 등의 인위적 랜드마크와는 달리, 세월이 지나도 잘 변치 않고 그 자체가 지역의 풍토를 잘 반영하고 있으며, 산과 같은 높은 기상이나 강과 같은 유구한 역사 등의 비유를 통해 공동체가 지향하는 가치와도 잘 결합할 수 있기 때문일 것이다.

이 같은 마을의 대표적인 산이나 강뿐만이 아니라 마을 어귀의 커다란 느티나무나 뒷산의 비범하게 생긴 바위 등 자연적 랜드마크는 우리 주변에서 쉽게 발견할 수 있다.

특정 지역의 장소성을 잘 드러내는 것은 자연적 랜드마크만이 아니다. 인위적 건조물을 통해서도 특정 지역의 장소성을 잘 드러낼 수 있다. 인위적 랜드마크는 말 그대로 인위적으로 또는 의도적으로 장소성을 형성하거나 드러낼 수 있어, 지역의 장소성을 새롭게 변화시키거나 아니면 새로운 장소성을 만들고자 할 경우 좋은 전략이 될 수 있다. 기념비를 세워 그 장소와 관련된 역사적 사건을 기억하거나, 그 지역의 경관을 잘 반영한 건축물을 통해 새로운 장소성을 만들어가는 것이 그것이다. 시드니를 대표하는 세계적인 랜드마크인 오페라 하우스의 경우, 건물의 기술성이나 예술성도 뛰어나지만, 조개, 파도, 돛이라는 항구도시의 이미지를 잘 형상화한 지붕 설계로 인해 시드니의 장소성을 잘 드러낸다고 평가되고 있다.

(3) 상징성

랜드마크는 그 규모와 형태가 어떠하든 관계없이 특정 지역과 관계되는 상징적인 경관이나 풍경을 구성하여 사람들에게 '그곳' 하면 떠올리게 되는 대상으로까지 발전한 것이다. 따라서 사람들이 모이거나 교류가 빈발하게 이루어져 눈에 띌 기회가 많은 곳은 흔히 랜드마크로서 인식되는 경우가 많다. 관광지, 성지聖地, 공원, 역 등이 바로 그러하다. 특히 사찰이나 사원 등 지역을 대표하는 종교시설이나 궁궐, 성곽 등의 역사유적지는 특정 지역 사람들의 정신적인 상징이 됨과 동시에 그

시드니 오페라하우스(위) : 1959년 현상공모로 존 웃존John Utzon의 설계에 의해 착공하여 1973년 준공. 20세기를 대표하는 건축물로 평가되며, 돛 · 파도 · 조개를 형상화한 10개의 볼트가 특징임. 일본 후지산(아래) : 3,776m의 일본에서 가장 높은 산. 산꼭대기가 눈으로 뒤덮인 원뿔형 형상은 많은 예술적 주제가 되었으며, 일본의 상징으로 신성시됨.[7]

7 출처 : 위키미디어.

곳의 지역성을 잘 드러내는 핵심적 요소가 되는 경우가 많다.

랜드마크가 사람들에게 특정 지역이 가진 정신적·정서적 상징으로 인식되고 있는 예는 적지 않다. 이는 랜드마크가 단순히 지역을 식별하는 표식, 즉 가시성이나, 장소적 특징을 반영한 장소성의 부각에 그치지 않고 추가적인 기능 또한 가짐을 의미한다. 여러 가지 이유로 태어난 곳을 떠나게 된 사람들이 자신의 고향을 회상하거나, 아니면 다른 사람들에게 그곳을 소개하고자 할 때 특정 랜드마크가 가진 역할은 매우 중요하다. 이때 랜드마크는 단순한 가시성이나 장소성의 기능을 넘어 이를 통해 지역 이미지를 연상할 수 있는 일종의 상징 기능을 담당한다. 뉴욕의 '자유의 여신상'이 뉴욕이 세계 각지에서 모여든 이민자들의 신천지임을 상징하며, 파리의 에펠탑은 파리가 첨단기술을 선도하는 대표적인 근대도시임을 상징하는 것처럼 말이다.

랜드마크가 가진 상징성은 지역정신이나 이념의 상징에 그치지 않는다. 산이나 강 등의 자연적 랜드마크는 그 지역의 풍토성을 상징하며, 성곽이나 오래된 건물 등의 유적은 그 지역의 역사성을 상징한다. 각 도시마다 우뚝 서 있는 전파 탑이나 초고층빌딩은 그 도시가 가진 근대적 기술력의 상징이며, 시드니 오페라 하우스나 빌바오의 구겐하임 미술관과 같은 예술성을 갖춘 건축물은 그 지역이 가진 예술적 역량을 상징한다. 즉, 랜드마크가 가진 상징성은 풍토성, 역사성, 기술력, 예술성 등 다른 요소들과 결합하여 특정 지역을 상징하는 랜드마크의 특성을 이룬다.

뉴욕 자유의 여신상(왼쪽) : 미국 독립 100주년을 기념하여 프랑스가 증정. 이민자들에게 신천지의 상징으로 여겨짐. 1984년 세계 문화유산 등재. 파리 에펠탑(오른쪽) : 1889년 파리 만국박람회의 기념물. 높이 324m. 파리를 대표하는 랜드마크로 1991년 세계문화유산에 등재.[8]

3) 랜드마크의 역사적 형태

랜드마크라는 개념이 도시연구나 도시발전 전략에 있어 중요한 키워드가 된 것은 최근에 와서이다. 하지만 랜드마크의 기능적 측면, 즉 특정 도시나 장소를 상징하거나 그 곳의 위치 파악을 용이하게 한다는 의미에서의 랜드마크는 도시의 역사와 함께 할 정도로 오랜 기간 동안 존재해 왔다. 특히 도시공동체 중심의 삶이 일반적이었던 유럽

---

8 출처 : 위키미디어.

중세시기에는 각 도시마다 그곳을 상징하는 대표적인 랜드마크를 가지고 있어, 이를 통해 도시 간의 구별을 가능하게 하고 또한 도시의 다양성을 표현했다. 이하에서는 중세도시에서 근대도시를 거쳐 현대도시로 넘어오면서 랜드마크의 의미와 기능 그리고 그에 대한 대중의 인식이 어떻게 변모해 왔는지를 살펴보고자 한다. 이는 랜드마크의 현재적 의미를 다시 생각하는 데 있어 중요한 토대가 되기 때문이다.

(1) 유럽 중세도시의 랜드마크

유럽 중세도시의 대표적인 랜드마크는 시청이나 교회와 같은 공공의 건축물이라고 할 수 있다. 시청이나 교회는 방사상으로 펼쳐진 도시공간의 구심점이었으며 그 앞에 형성된 광장에는 행정과 종교를 상징하는 다양한 기념비들이 세워지기도 했다. 시청이나 교회 건물 그리고 그 앞에 형성된 광장은 도시공동체의 사회적 결속을 형성하고 유지하는데 있어 중요한 요소가 되었으며, 흔히 첨탑을 갖춘 대규모의 형태로 조성되어 그 도시를 대표하는 공적표상public representation의 역할을 담당하였다. 당시 시청 및 교회와 그 앞의 광장은 공공영역을 형성하는 장소의 개념과 결부되어 항상 공동체의 물리적인 중심공간이었다. 교회나 시청 건물은 또한 도시 권력의 상징이기도 하다. 권력의 힘을 드러내듯 웅장하게 지어졌으며, 당대의 예술적 능력을 마음껏 드러내고자 하였기에 건축이나 예술적 측면에서도 높은 가치를 지니고 있는 것이 대부분이다. 예를 들면, 밀라노의 두오모Duomo성당은 이탈리아 고딕 건축물의 상징으로 평가되고 있다. 1386년 공사를 시작하여 완공까지 500년 가량이 소요되었고, 135개의 첨탑과 2,245점

밀라노의 두오모 대성당(위), 뮌헨의 시청사(아래).

의 조각상으로 정교하게 장식되어 있다. 성당 앞에는 두오모 광장이 조성되어 있으며, 이곳은 현재에도 밀라노 관광의 메카로 여겨지고 있다. 독일 뮌헨시의 시청 건물 또한 전형적인 중세도시의 랜드마크이다. 이는 1867년 착공하여 1909년에 완공된 네오고딕 형식의 건물로, 청사 앞에는 마리엔 광장이 조성되어 있다. 건물 정면에는 시계 종탑이 자리하고 있는데, 내부에는 시간에 맞춰 인형이 춤을 추도록 되어 있다. 교회나 시청과 같은 중세도시의 공공건물은 주민들에게 시간을 알려주는 기능을 담당하였는바, 이는 공간이나 일상생활의 중심이 되는 중세 건축물의 특징을 잘 드러낸다. 두오모 성당이나 뮌헨 시청사 같은 랜드마크 건물은 대부분의 유럽 중세도시들에서 확인할 수 있으며, 각각 그 도시의 역사성이나 장소성을 잘 드러내고 있다.

(2) 근대도시의 랜드마크

근대에 접어들면서 과학기술은 급속하게 발전하였고, 이러한 발전에 따라 근대의 도시들은 새로운 기술들이 앞 다투어 소개되는 경연장을 방불케 하였다. 즉, 근대에 새롭게 지어진 건축물들은 중세의 대표적인 건축물들이 강조한 기념비적 성격이나 예술성이 점차 약화되고 이를 대신해 기능적 효율성이나 기술적인 측면이 강조되었다. 따라서 이러한 경향을 반영한 근대도시의 랜드마크 건조물들은 이제 랜드마크가 가진 특성 가운데 역사적·문화적 상징성은 약화된 채, 마천루나 에펠탑 등에서 볼 수 있는 바와 같은 물리적 표식, 즉 기호성의 의미가 두르러지게 나타났다.

근현대 도시디자인의 기본 틀 형성에 기여한 바 있는 케빈 린치는,

항조우만 다리 : 2008년 완공된 세계 최장 다리로 길이가 약 35Km에 이름.

토론토 CN타워(왼쪽) : 1976년 건립된 높이 553m의 타워. 2007년까지 가장 높은 탑이었으나 스카이 트리 등에 추월당함. 도쿄 스카이트리(오른쪽) : 2012년 2월 준공된 높이 634m의 전파탑. 현재 세계에서 가장 높은 탑.[9]

근대적 랜드마크는 "명료한 형상을 지니며, 배경과의 대비가 뚜렷하고, 공간적 배치가 뛰어난 것"이라고 정의한다. 나아가 그는 랜드마크를 원거리distant 랜드마크와 지역적local 랜드마크로 대별한다.[10] 전자는 도시의 여러 장소에서 보이는 것으로 도시 전체를 대표하며, 후자는 국지적인 지역을 대표하는 것으로 주위 배경이나 맥락과의 뚜렷한 차이를 전제로 한다. 따라서 전자는 초고층의 마천루나 최고 높이를 경쟁하는 전파 탑 등과 같은 형태로 주로 나타나며, 후자는 색채나 형태의 대조, 배치의 틀어짐이나 역행setback 등과 같은 파격적인 형식으로 주로 드러나게 된다.

근대적 랜드마크의 중요한 특징의 하나는 기술력의 한계를 겨루는

9 출처 : 위키미디어.

10 K. Lynch, op. cit., p.48.

최초, 최고, 최장 등의 경쟁이라고 할 수 있다. 이러한 유형의 랜드마크를 흔히 '기술적technical 랜드마크'라고 부른다. 1889년 건립된 320m 높이의 에펠탑을 필두로, 도쿄타워(1958년, 333m), 토론토 CN타워(1976년, 553m), 도쿄 스카이트리(2012년, 634m)로 이어지는 탑의 높이경쟁과 1937년 건설된 2,737m의 샌프란시스코 금문교Gold Gate Bridge 이후 계속 갱신되어 중국 항조우만 다리(2008년, 약 35Km)에 이르게 된 다리의 길이 경쟁 등은 그 좋은 사례이다. 이러한 기술적 랜드마크는 세계적인 경쟁에 그치지 않고 한국 최초, 한국 최고, 부산 최초, 부산 최고 등의 형태로 스케일을 달리하며 각 지역마다 유사한 복제품들을 양산했다.

(3) 현대도시의 랜드마크

현대도시는 고밀도화 되어 있고 다양한 이질적 요소들을 품고 있기에 그 도시를 대표하는 랜드마크를 찾기가 쉽지 않다. 즉, 특정의 랜드마크가 기호성과 장소성 그리고 상징성을 잘 드러내기가 쉽지 않다. 온갖 것들이 복잡하게 뒤섞여 있는 상황에서 기호성, 즉 배경과의 뚜렷한 차이나 대비를 통해 가시성을 확보하기란 쉽지 않으며, 따라 하기나 흉내내기가 만연한 개발경쟁의 과정에서 그 나름의 장소성과 상징성을 갖추는 것도 매우 어려운 일이 되었다. 또한 세계 각지에 존재하는 맥도날드 가게처럼 글로벌화와 함께 점차 균질적으로 변해 가는 현대 도시에서 고유의 역사성이나 장소성에 기반 한 랜드마크를 찾기가 힘들게 되었고, 특히 도시가 자본주의적 소비문화가 지배하는 공간으로 변해가면서 백화점이나 놀이공원과 같은 상업적 건물이나 지역이 도시의 대표적인 랜드마크로 여겨지기도 한다.

세계 어디서든 볼 수 있는 맥도날드 마스코트(로이터 뉴스)[11]

세계 제일(?)의 규모를 자랑하는 부산의 신세계 백화점 센텀 시티점.[12]

현대도시가 팽창하면서 거주공간은 점차 교외로 확대되고 이에 따라 보행공간을 넘어선 범위의 지역들을 연결하기 위해 자동차 중심의 공간 구획이 이루어졌다. 자동차 중심의 도로들이 확충되면서 도시 경관 또한 크게 변하였다. 그리고 현대도시는 이제 물리적 공간만이 아니라 소통communication에 의해 인지되는 영역으로 전환되었다. 물리적 공간에서 소통의 공간으로의 전환은 도시에 대한 이해가 단순한 구조나 형태로서만이 아니라 다양한 경험이나 활동과의 접합을 통해 가능해짐을 나타낸다. 특히 도시가 복합적인 공간이 되면서 더 이상 건물의 벽과 벽 그리고 각 층의 바닥면들의 물리적 구획에 의해 공간적 특징이 규명되지 않게 되었으며, 도시의 랜드마크 역시 대형 광고판이나 간판 등과 같은 기능적 구조물에 의해 이해되기 시작했다.[13]

---

11 출처 : 위키미디어.

12 자료 제공 : 신세계백화점 센텀시티점 홍보부.

13 이정학·구영민, 「현대도시에서 랜드마크의 의미 변화에 관한 연구」, 『대한건축학회보』 25(1), 2005, 261쪽 참조.

나아가 도시에 대한 접근이 더 이상 관문이나 개선문 등과 같은 물리적인 경계와 도로를 통해서만이 아니라 인터넷과 같은 가상의 네트워크 공간을 통해서도 이루어지게 되었다. 이는 랜드마크의 기호성에 큰 변화가 나타남을 의미한다. 이뿐만이 아니라 도시공간의 주체 또한 그곳에 살고 있는 주민이나 정주자를 넘어 계속 이동하는 사람들을 포함하게 되었다.

이러한 현대도시의 공간과 주체에 있어서의 변용은 현대적 랜드마크의 특성과 의미를 생각함에 있어 반드시 주목해야할 요소이다. 도시가 균질적으로 서로 닮아 가면 갈수록 역설적으로 고유한 장소성에 대한 갈망이 커지게 되며, 주체의 의미가 약화될수록 새로운 정체성 찾기에 대한 욕구가 증대한다. 현대도시의 공간에서 랜드마크 만들기가 가진 의미는 볼거리를 만들어 관광객을 유치하려는 자본주의적 공간소비의 측면만이 아니라, 공간의 고유성과 주체적 정체성이 위협받는 지역의 현실에 대한 성찰과 대응이라는 측면도 포함하고 있음을 주지할 필요가 있다.

2. 랜드마크와 지역 이미지

1) 한국에서의 랜드마크에 대한 관심

현대도시는 대부분이 닮아 있다. 효율성과 기능성을 앞세운 도시화가 도시 공간을 균질하게 만들기 때문이다. 어느 도시를 가나 시가지의 높은 빌딩들과 잘 정비된 도로 그리고 빽빽이 들어선 아파트 등 그 모습은 다 비슷해 보인다. 처음 가는 도시에서는 사방이 다 비슷해서 방향 감각을 잃을 정도이다. 방향을 가름할 수 있는 랜드마크라도 하나 있었으면 하는 생각이 새삼 들기도 한다. 특히 한국과 같이 뒤늦게 그리고 짧은 기간에 급속하게 도시화가 진행된 경우의 도시들은 더욱 그러하다. 이러한 획일적인 도시화는 도시가 가진 고유한 특성, 즉 역사성과 장소성의 퇴색으로 이어지며 나아가 지역에 대한 애착심의 근거가 되는 지역정체성의 상실을 초래한다.

어떤 도시가 지역정체성을 상실한다는 것은 매우 심각한 상황이다. 지역정체성은 지역이 행복해 짐에 있어 매우 중요한 역할을 하기 때문이다. 우선 내부적으로 지역정체성은 지역과 주민 그리고 주민 상호 간을 결속시키는 중대한 역할을 한다. 따라서 이의 상실은 지역민의 구심력과 지역에 대한 애착심을 약화시키고 나아가 도시 전체의 사기나 활력을 저하시킨다. 또한 지역정체성은 외부적으로 다른 지역과 구분되는 그 도시만의 특성을 나타낸다. 따라서 뚜렷한 지역정체성이 없는 도시는 외부적 시선으로 볼 때도 관심을 끌기 힘들다. 다른 도시에는 없는 뭔가 특별한 것이 별로 없다는 점은 지역 관광산업의 측면에서도 커다란 장애요인이 된다. 이러한 점에 대한 반성에서 대부분의 현대도시들은 자신들만의 특성을 드러낼 수 있는 무언가를 끊임없이 만들어내고자 한다. 특히 굴뚝 없는 산업으로 불리는 관광·문화산업이 새로운 도시의 수입원으로 각광을 받으면서, 문화콘텐츠의 입장에서 고유한 지역정체성 만들기에 모든 도시가 발 벗고 나서고 있다. 흔히 지역의 고유성은 그 지역의 역사성과 장소성에 기인한다. 도시마다 주어진 장소적 특징과 겪어온 역사가 다르기 때문이다. 따라서 역사성과 장소성을 반영한 랜드마크나 축제 만들기가 대부분의 도시들에서 성행하고 있는 것이다.

랜드마크나 축제의 관점에서 도시들을 바라보면, 각 도시들이 처한 사정은 각기 다르다. 즉, 오랜 역사를 가진 문화유적 도시나 천혜의 자연적 랜드마크가 있는 도시 등과 같이 축복받은 도시가 있는 반면, 산업화와 함께 새롭게 형성된 신생도시나 별다른 역사적 유산을 갖지 못한 척박한 도시 등과 같이 도시를 상징하는 랜드마크나 정체성을 새롭게 만들어가야 할 도시들도 있다. 하지만 의도적이고 단기적인 랜드마크 만들기를 통해 도시의 이미지나 정체성을 새롭게 형성하려는 전략은 성공하기가 쉽지 않다. 우리가 알고 있는 대표적인 랜드마크들은 대부분이 오랜 시간이 경과하면서 내부인과 외부인의 평가를 통해 그 지위를 얻게 되었기 때문이다. 의도적으로 급조된 랜드마크는 랜드마크가 가진 본질적 의미를 드러내지 못하고 표피적인 흉내내기에 그치는 경우가 많다. 랜드마크의 상징성이나 장소성은 오랜 시간을 두고 지역민들과 외부인들의 교감을 통해 형성되어지는 것임에도 불구하고 행정기관이 중심이 되어 성급하게 추진되는 경우가 허다하기 때문이다. 또한 랜드마크의 선정이나 개발 방향이 재선을 의식한 선출직 단체장의 욕심이나 당시의 정치·사회·문화적 상황에 따라 임기응변식으로 진행되는 경우가 많아 과연 랜드마크 만들기가 당초의 의도에 부합하는 효과를 가져왔는지에 대해서도 자주 의문을 품게 된다.

2) 도시발전 전략으로서의 랜드마크

한국의 대부분의 도시들이 랜드마크 만들기에 나서게 된 것은 관광산업 활성화와 지역정체성 확립이라는 2가지 차원에 깊게 관계되어 있다. 우선 관광산업 활성화의 측면에서 보면, 랜드마크는 도시에 관광객을 끌어 모으는 대표적인 요소이다. 잘 상징화된 도시의 랜드마크는 도시의 이미지와 정체성을 단적으로 드러내어 이를 외부에 알림으로써 외부자로 하여금 그 도시를 인지하고 또 찾게끔 만든다. 시드니 오페라하우스의 방문객은 매년 400만 명에 달한다고 한다. 이들 방문객을 통해 오페라하우스는 매년 4억 호주달러의 수입을 벌어들이며 고용창출인원 또한 3천여 명에 이른다고 한다. 상황이 이와 같은데 어떤 도시가 "우리도 이러한 랜드마크 건물이 하나 정도 있었으면"하는 생각을 갖지 않겠는가? 실제로 많은 도시들이 관광산업 활성화를 염두에 두고 랜드마크 만들기에 열을 올리고 있다. 앞서 살펴본 바와 같이, 랜드마크가 가진 기호성은 랜드마크가 눈에 잘 띄며 또 기억되기 쉽게 한다. 이러한 랜드마크가 도시 전체에 적절하게 분포되어 있을 때 그 도시는 단조로움이나 불명확한 이미지에서 벗어날 수 있다. 하지만 괜찮은 사례의 흉내내기 방식이나 경쟁적으로 최고 또는 최대를 지향하는 근대적 방식으로는 랜드마크 만들기가 성공하기 힘들다. 최고나 최대를 강조하는 랜드마크는 또 다른 최고 및 최대의 출현과 함께 그 지위를 상실하게 되며, 고유의 장소성과 무관한 흉내내기식의 랜드마크는 쉽게 식상하고 지역과 결부되어 오래 기억되기 힘들기 때문이다.

다음으로 지역정체성과의 관련성을 살펴보면, 도시의 정체성을 만들어간다는 것은 그 도시가 갖는 고유의(차별적) 요소에 대한 내부적 공유성과 외부적 인지도를 높임으로써 어떤 도시를 그 도시답게 만드는 것이다. 여기서 랜드마크는 보는 사람들로 하여금 그 도시에 대한 정체성을 상징적으로 형상화하는 데 큰 역할을 한다. 즉, 도시의 이미지나 정체성을 단순화·형상화하여 부각시킴으로써 막연하게 여겨지던 이미지를 보다 쉽게 그리고 오래 기억하도록 만드는 것이다. 사람들은 자신이 체험한 것들에 일정한 의미를 부여하고 그 의미에 따라 기억 또는 행동하고자 하는바, 상징성을 갖춘 랜드마크는 그런 기억과 행동을 돕기 때문이다. 지역정체성에는 두 가지 시선이 존재한다. 먼저 외부적 시선에서 보면, 지역정체성은 외부인에게 기억되는 특정 지역의 이미지이다. 따라서 이에 대한 외부적 인지도를 높이기 위해서는 외부인에게 승인되고 잘 기억되는 방식으로 정체성을 구성하여야 한다. 반면에 내부적 시선에서 보면, 지역정체성은 지역민이 지역에 대해 가지는 공통된 감각이다. 이러한 내부적 공유, 즉 동질성을 만들어가기 위해서는 주민들의 삶이 반영된 형태로 지역정체성을 구성해야 한다. 주민들의 일상과 유리된 형식적이고 가식적인 정체성 만들기는 외부인들에게 도시에 대한 좋은 이미지, 즉 기억되고 싶은 것만을 기억하게 만들 수는 있다. 하지만 이것이 내부적 동질감과 지역민의 자부심을 이끌어낼 수는 없다. 자부심을 상실한 지역의 삶이 행복할 수는 없다. 행복한 지역의 삶을 위해서는 지역민의 일상을 반영한 랜드마크의 모색이 필요한 이유이다.

3. 일상이란 무엇인가?

1) 일상의 개념과 일상의 식민화

일상 또는 생활세계라는 것은 우리가 살아가고 있는 일상적 세계 그 자체, 즉 스스로가 세계의 하나의 성원으로서 매일매일 생활하고 있는 세계 그것이다. 우리가 생각하는 일상생활은 진부하며 사소한 일로 가득 찬 매우 반복적이고 단순한 세계이다. 유럽 실존주의 철학자들이 잘 표현하듯이 일상적 삶과 일상성은 단순히 표피적이고 공허하고 진부한 것으로 여겨지며, 실존적 존재인 인간이 비본래적인 존재로 타락하고 전락하는 곳으로 매도되기도 하였다. 하지만 일상은 진부하고 사소한 일의 반복만은 아니다. 현대인들은 일상에 대해 이

중적인 인식을 가진다. 그것은 가장 지겨워하면서도 동시에 그것을 놓칠까 봐 전전긍긍해 하는 이상한 것이며, 끊임없이 벗어나고 싶어 하면서도 거기서 벗어나면 어떻게 될까? 하고 두려움을 느끼는 복잡한 감정의 대상물인 것이다.

이러한 이중성이 일상에 대한 새로운 관심의 계기가 되기도 한다. 즉, 일상이란 특별한 의미 없이 계속 반복되는 지루한 나날들 또는 사소한 것들로 여겨져 왔지만, 최근 들어 근대성의 제도적, 규범적, 이성적인 것들의 중시가 초래한 비인간적인 결과에 대한 성찰이 이루어지면서, 일상의 가치에 주목하는 논의들이 새롭게 대두하고 있는 것이다.

르페브르H. Lefebvre에 의하면 일상적 삶과 일상생활은 재화의 생산뿐만 아니라 인간 자신과 인간들의 관계 자체가 형성되는 구체적인 삶의 현장이다. 하지만 자본주의의 발전과 함께 일상의 생활세계는 거대한 정치적·경제적 제도나 시스템에 의해 식민화되었다. 즉, 자본의 시간에 대한 지배는 잉여가치의 증대를 극대화시키는 데 목적을 두며, 따라서 자본주의 상품시장의 원리를 최대한 이용하려는 자본가들은 생산의 영역인 노동과정과 노동력의 재생산을 가능하게 하는 영역인 일상생활의 영역 사이를 교묘히 분리시킨다. 이로써 직장과 가정이 분리된다. 먼저 직장에서의 노동과정을 지배하게 된 시스템의 논리는 이제 생활세계의 합리화로 이어진다. 그 결과 시스템의 메커니즘은 생활세계마저 지배하게 되며, 이제 생활세계에서의 자기결정성과 자기실현은 소비행위를 통해서나 맛볼 수 있는, 이른바 '생활세계의 식민화'가 이루어지는 것이다. 르페브르의 일상성에 대한 관심은 식민화된 일상의 본연의 모습을 되찾으려는 목적을 지니고 있다.

그에게 도시생활의 일상성은 비참함과 위대함을 동시에 갖고 있다. 자본주의적 일상성의 비참함이 일상 본연의 위대한 축제성을 짓누르고 있기 때문이다. 따라서 도시생활은 일상성 그 자체에서부터 일상성을 변화시킨다.[14]

2) 일상의 의미 찾기

현대사회에서 실질적으로 작동하는 권력현상을 이해하기 위해서는 권력을 통치권이나 국가권력과 같은 거시적이고 추상적 수준에서 규정하기보다 로컬 수준에서 구체적으로 작용하는 힘의 관계로 개념화할 필요가 있다. 즉, 국지적이고 지역화 된 생활공간에서 작용하는 권력과 저항의 역학관계, 특히 시민의 일상적인 행동양식이나 행위, 신체 등에 작용하는 권력의 전술과 전략에 대한 분석을 통해 권력의 작동방식을 더 쉽게 이해할 수 있다는 의미이다. 그래서 푸코M. Foucault는 권력을 거시적 관점이 아닌 미시적 수준에서 분석할 것을 요구한다. 말하자면 일상생활 속에 내재해 있는 관행적 수준에서 행사되는 권력의 기술과 과정에 대한 검토를 요구하고 있는 것이다.

국가는 일련의 권력관계의 그물망 상위에 존재하는 상부구조이며, 실제로 인간의 육체를 규정하고 성이나 가족관계, 인척관계, 지식, 그리고 기술 따위를 규제하는 것은 사회 전체에 퍼져 있는 섬세한 권력

---

14 H. Lefebvre, 박정자 역, 『현대세계의 일상성』, 세계일보사, 1990, 256쪽.

의 그물망일 뿐이다. 일상의 생활세계는 국가와 자본의 권력이 거대하게 그리고 암묵적으로 작용하는 수직적 권력과 그러한 거대 권력이 일상생활 속에서 미세하고 다양하며 개인에게 직접적으로 작용하는 수평적 권력의 교차공간이다. 우리가 우리를 불행하게 하는 구조적인 억압과 통제에서 벗어나 행복하고 의미 있는 일상을 되찾으려면, 계급이론과 같은 거대한 전복적 논리와 실천을 통해서 보다, 일상에서 작동하는 권력적 억압과 통제에서 벗어나 일상적 행위에서 새로운 의미를 찾는 작은 미시적 실천들이 이루어질 필요가 있다. 식민화된 일상에서 벗어나 일상에서 의미를 찾는 실천들은 거대한 제도와 시스템을 바꾸는 계기가 될 수 있다.

일상의 의미는 다양한 층위를 가진다. 앞서 살펴본 바와 같이 거시적인 시스템이 지배하는 제도적 공간에 대비되는 의미에서의 일상은 미시적이고 비제도적인 생활공간을 의미한다. 여기서의 일상의 의미 찾기는 거시적 시스템에 의해 식민화된 일상에서 시스템을 전복할 수 있는 사소한 일상의 본래적 의미들을 만들어가는 것이다. 다른 한편으로, 반복되는 사소한 일들로 가득 찬 일상생활은 일탈과 해방의 공간인 축제에 대비된다. 사람들은 일상의 규율과 지루함에서 벗어나 일시적이나마 일탈과 해방감을 만끽하기 위해 축제를 벌인다. 축제는 일상의 스트레스를 날려버리기 위한 의도적인 장치이다. 이러한 의도적인 장치를 통해 일상의 억압과 규율을 해소하기 보다는 일상 속에서 그리고 일상적 활동을 통해 축제의 해방감을 누릴 수 있다. 일상에는 축제의 요소들이 포함되어 있기 때문이다.

4. 글로벌화와 일상적 공간의 의미

1) 글로벌화와 로컬화

우리가 지역 또는 일상의 공간에 대해 새롭게 관심을 갖게 된 것은 글로벌화와 로컬화로 대변되는 공간질서의 변화에 기인한 바가 크다. 국가의 경계를 넘어 사람과 물자의 이동을 확산시키는 글로벌화는 실로 우리의 일상에 커다란 영향을 미치고 있다. 지구 반대편 뉴욕에서 발생한 사건이 우리에게 바로 영향을 미치기도 하고 반대로 우리 지역에서 발생한 사건들이 거의 동시적으로 전세계에 전파되기도 한다. 이러한 글로벌화에 대한 제대로 된 이해는 지역의 일상적 공간의 의미를 확인함에 있어 빼놓을 수 없다. 여러 가지 견해가 있을 수 있지만, 글로벌화란 글로벌 자본과 권력을 중심으로 전 세계를 자본의 구미에 맞춰 동질적인 공간으로 만들어가는 힘에 다름 아니며 이에 대한 대항으로 동질화를 거부하는 '차이의 공간'에 대한 관심 또한 증대되고 있다. 카스텔M. Castells은 이러한 상황을 유동공간space of flows과 장소공간space of places이라는 대비되는 개념을 통해 설명한다.[15] 즉, 오늘날 권력, 부, 정보를 집중시키는 지배적인 과정들은 유동공간을 중심으로 조직되고 확산되는 경향을 나타내지만, 그럼에도 인간적인 경험과 의미는 여전히 구체적인 장소공간에 그 기반을 두고 있다는

15 M. Castells, *The Rise of the Network Society*, Oxford : Blackwell, 1996, p.423.

것이다. 이 양자의 상호작용, 특히 유동공간이 장소공간을 끊임없이 소비해 가려는 데 대해 장소공간이 대항하는 형국이, 글로벌화와 로컬화의 동시진행, 이른바 글로컬화Glocalization가 만들어낸 공간질서 변화의 중요한 특징이라고 할 수 있다.

비슷한 양상을 하비D. Harvey는 '시간-공간 압축'의 개념을 통해 설명한다. 시간의 압축은 생산의 가속화와 생산-소비 회전기간의 단축을 가리키며, 공간의 압축은 수송이나 커뮤니케이션 기술의 진보에 따라 이동의 공간적 거리가 축소된 것을 나타낸다.[16] 이러한 시공간의 압축으로 자본은 유리한 생산 거점을 찾아 세계를 돌아다니게 되며, 이에 따라 산업화 시대에 구축된 입지조건에 의한 위계적인 공간질서는 붕괴된다. 즉, 공간의 압축에 의해 지리적 거리가 줄어들면서 유동자본을 유치하기 위한 지역들 간의 경쟁은 더욱 격심해지게 되는 것이다. 여기서 하비는, 글로벌 자본에 의해 균질화 되는 지역공간의 이면에, 약간의 지역적 차이마저 경쟁의 중요한 변수로 등장하게 되는 역설이 자리하고 있음을 지적한다. 다만 지역적 차이는 글로벌 자본에 의해 지배 및 소비되는 공간의 상품화로 이어질 수도 있고, 아니면 고유의 장소정체성을 바탕으로 공간의 균질화를 재촉하는 글로벌 자본의 흐름에 저항하는 대안적 공간이 될 수도 있다.

16 데이비드 하비, 임동근 외 역, 『신자유주의 세계화의 공간들』, 문화과학사, 2010, 160쪽 참조.

2) 일상과 장소의 정치

이처럼, 글로벌화의 흐름 속에서 우리가 사는 삶터인 일상의 공간을 중심으로 우리의 삶이 재편되거나 아니면 삶을 재편해가는 과정이 긍정적 의미의 로컬화이다. 그렇게 본다면 글로컬화glocalization란 글로벌화가 구체적인 일상의 장소와 만나는 지점이다. 여기서, 글로벌 자본이 일상의 장소공간이 가진 차이를 소비하는 방식이 아니라, 일상의 공간이 지닌 고유의 장소성을 되찾고자 한다면 어떤 전략이 필요할까? '차이의 정치politics of difference'를 주창하는 일련의 학자들은 이에 대한 대답으로 글로벌화에 의해 포섭되어가는 장소성의 가치를 복원하고 장소가 가진 다양성을 중시할 것을 주장한다.

장소의 정치는 자신의 삶의 터인 장소에 대한 성찰을 통해 장소를 주체들의 일상적인 경험이 드러나는 곳으로 만들어가고자 한다. 장소를 구성하는 사람들이 엮어 내는 일상의 관계에는 다양한 역학이 내재하고 있기에, 장소는 그 자체로서 정치적 기제를 내장하고 있으며, 이것이 이른바 '장소의 정치'인 것이다. 따라서 장소의 정치란 특정 장소를 중심으로 형성된 일상적인 관계를 통해 지배와 저항의 역학을 풀어내는 것이다. 또한 장소의 정치는, 앞서 살펴본 바와 같은, '시스템에 대항하는 생활세계'라는 의미를 지닌다.

5. 랜드마크와 일상의 삶

이상에서 랜드마크의 특성과 의미, 그리고 글로벌화의 흐름 속에서 역설적으로 증대하는 일상에 대한 관심 증대에 대해 살펴보았다. 그렇다면 랜드마크와 일상은 어떤 관계를 가지고 있는가? 이에 대한 대답을 찾기 위해서는 이러한 질문이 나오게 된 배경에 대해 먼저 언급할 필요가 있다. 즉, 그것은 현대도시의 랜드마크 만들기가 상업적이고 과시적인 측면을 너무 강조한 나머지 지역민의 일상과 유리된 방식으로 진행되고 있다는 반성에 근거하고 있다. 지역민의 일상과 동떨어진 보여주기식의 랜드마크 만들기로는 결코 지역민의 행복한 삶을 견인해 낼 수 없다. 일상의 삶과 결합된 랜드마크 만들기의 의미와 또 그것이 어떻게 행복한 지역의 삶과 연결되는지를 살펴보기 위해서는 아래의 두 가지 문제제기를 통해 현재 진행되고 있는 랜드마크 만들기를 재고해 볼 필요가 있다.

1) 누구를 위한 랜드마크인가?

행복한 인간과 지역을 생각함에 있어 랜드마크와 일상은 어떤 의미를 가지고 있으며 어떻게 자리매김 되어야 할까? 현재 한국의 각 도시들이 경쟁적으로 진행하고 있는 랜드마크 만들기는 지역의 장소성과 지역민들의 일상과는 유리된 채, 보여주기식 또는 장소팔기Place Marketing

식의 전략에 치중하는 경향이 다분하다. 여기서 우리는 '누구를 위한 랜드마크인가?'라는 질문을 던질 필요가 있다. 먹고 사는 문제가 그 무엇보다 중요하기에 대부분의 지방자치단체에서는 경제적 관점에 정책의 우선순위를 두고 있다. 랜드마크 또한 예외는 아니다. 볼거리가 있어야 관광객이 찾아든다는 절박한 심정으로 희귀하고 독특한 볼거리 만들기에 급급하고 있다. 여기서 랜드마크는 외부 관광객의 시선과 수요에 부응하는 방식으로 만들어진다. 처음부터 외부인의 시선을 의식하면서, 주체의 의미와 시선이 결여된 랜드마크는 가공의 랜드마크, 형식적인 랜드마크에 그칠 가능성이 크다.

물론 랜드마크의 개발이 관광객을 끌어들이고 그 결과로 도시에 경제적 수익을 가져다주며, 나아가 지역정체성을 널리 알리고 승인받을 수 있다는 점은 매우 중요하다. 하지만 그 과정에서 지역의 특성과 지역민의 일상을 충분히 반영한 랜드마크, 즉 지역민이 주체가 되는 랜드마크가 되어야 한다는 점을 깊이 의식하지 않는다면 그 효과는 일시적인 것에 그치기 쉽다. 세계적으로 인정받은 랜드마크의 사례들을 살펴보면, 관광 수익과 그에 따른 경제 활성화는 랜드마크가 가져다주는 부수적 효과의 하나이지 그 자체가 목적이 아님을 알 수 있다. 물론 두바이의 초고층 호텔이나 곳곳에서 생겨나는 테마파크와 같이 관광객 유치에 성공한 랜드마크의 사례가 없는 것은 아니다. 하지만 관광객의 유치로 도시의 부가 증대한다고 해서 그곳에 사는 지역민들이 행복한 삶을 사는 것은 결코 아니다. 가난한 예술가와 집시들의 삶이 랜드마크로 이어진 파리의 몽마르트 언덕, 서민의 삶의 정취가 그대로 살아있는 부산의 산복도로나 자갈치 시장 등 일상의 삶이 녹아있는 현장도 얼마든지 그 도시의 랜드마크가 될 수 있으며, 그러한 일상적 삶의 모습을 보기위해 관광객이 찾아오기도 한다. 랜드마크의 의미가 '땅위의 가시성을 가진 표식'이라는 것에서 점차 확대·전유되어 지역의 장소성을 드러내고 지역민의 역사적 경험이나 가치관 등의 상징성까지 포괄하게 된 점을 생각한다면, 랜드마크 만들기에서 주체인 지역민의 삶이 빠져서는 안 된다.

2) 무엇을 위한 랜드마크인가?

'누구를 위한 랜드마크인가?'라는 질문에 이어 던져져야 하는 질문이 바로 '무엇을 위한 랜드마크인가?'이다. 각 도시들에 있어서 랜드마크로 여겨지는 것은 평범한 것인 아닌 특수한 것이고, 일상적이 아닌 축제적인 것들이 대부분이다. 이는 본래적 의미의 랜드마크가 지표상의 두드러진 표식이라는 의미를 가지기 때문에 그렇기 때문인 것 같기도 하며, 특별하고 축제적인 것들이 외부인들로부터 관심을 끌기 쉽기 때문이기도 하다. 하지만 특별하고 축제적인 것들이 도처에서 넘쳐나고, 최고 또는 최장의 건조물 기록들이 날마다 갱신되는 현대도시에 있어, 랜드마크가 가진 특성과 기능은 보다 폭넓게 이해될 필요가 있다. 즉, 단순히 두드러진 건조물이나 특별한 볼거리라는 점을 넘어 그 지역의 역사성이나 장소성 그리고 그곳에서 살고 있는 지역민의 일상생활이 묻어나는 랜드마크가 진정한 의미의 랜드마크가 될 수 있다는 것이다.

부산지역을 예로 들어 랜드마크의 의미를 생각해보자. 부산의 대표적인 랜드마크는 무엇인가? 라는 질문을 던지면 흔히 태종대, 광안대교, 용두산 부산타워, 해운대 동백섬, 새로 지은 부산 영화의 전당, 누리마루 등 부산의 관광안내 책자에 등장하는 곳들이 대답으로 돌아온다. 이들이 부산의 랜드마크가 아니라는 것은 물론 아니다. 다만 부산이라는 대도시의 장소성이나 그곳에 살고 있는 지역민들의 삶이 가진 상징성은 다양하게 드러날 수 있다. 부산의 장소성이나 풍광을 잘 드러내는 태종대나 광안대교, 역사적 전통이나 기억을 읽을 수 있는 충렬사나 영도다리, 도시 내 이질적인 공간인 상해거리, 최고를 지향하는 108층의 롯데타운(예정)이나 세계 최대의 규모를 자랑하는 신세계 백화점 센텀시티점, 예술성을 강조했다는 누리마루나 영화의 전당 건물. 이 같은 랜드마크들은 각기 부산이 가진 역사성, 상징성, 장소성, 기술성, 예술성, 희소성 등을 내세우며 랜드마크라는 지위를 획득하고자 한다.

하지만 이러한 보여주기식 또는 관광객을 의식한 랜드마크의 이면에는 지역민의 일상적 삶과 결부된 장소적 특성이나 애환의 역사를 잘 드러내는 랜드마크의 후보들도 있다. 피란시절 하꼬방을 짓고 살다 정착하게 된 산복도로나 산동네, 일본에서 밀수해온 물건들이 거래되던 국제시장의 깡통골목, 억척스럽고도 친절한 아지매의 상징인 자갈치 시장 등이 그것이다. 이러한 일상적 삶의 의미들을 좀 더 작은 공간단위로 옮기면, 자신의 동네를 상징하는 작은 랜드마크들은 새롭게 발견될 수 있다. 랜드마크는 지역민의 행복한 삶을 위한 것이어야 한다.

참고문헌

이정학·구영민, 「현대도시에서 랜드마크의 의미 변화에 관한 연구」, 『대한건축학회보』 25-1, 대한건축학회, 2005.

앙리 르페브르, 박정자 역, 『현대세계의 일상성』, 세계일보사, 1990.
데이비드 하비, 임동근 외역, 『신자유주의 세계화의 공간들』, 문화과학사, 2010.

岡本耕平, 『都市空間における認知と行動』, 古今書院, 2000.
進士·森·原·浦口, 『風景デザイン』, 學藝出版社, 1999.
津川康雄, 『地域とランドマーク』, 古今書院, 2003.
Castells, M., *The Rise of the Network Society*, Oxford : Blackwell, 1996.
Lynch, K., *The Image of the City*, The MIT press, 1960.

위키미디어 http://www.wikimedia.org/

3부

지금 여기에서 행복하기 위하여

조정민_놀이, 쉽고도 어려운 탈주

오미일_지역 살림살이와 사회적 경제

엄은희_로컬푸드와 슬로푸드

류지석_생태적 관점과 공생

놀이, 쉽고도 어려운 탈주

조정민

1. 놀이하는 인간

아담과 이브는 금단의 열매를 먹은 죄로 에덴동산이라는 '놀이'의 낙원에서 쫓겨나게 되었다. 알몸의 수치와 육체의 쾌락을 알게 된 것도 이 선악과 때문이며, 노동의 고됨과 출산의 고통, 죽음의 공포와 직면하게 된 것도 이 때문이다. 이처럼 노동이란 인간에게 있어서 '벌'이었던 것이다. 놀이와 노동의 분명한 구분과 대립적인 관계는 지금도 여전하다. 산업자본주의의 흐름이 거세지는 가운데, 생산성이나 경제적 가치와 거리가 먼 놀이는 부정적으로 이해되기 십상이다. 우리가 흔히 사용하고 있는 말 가운데, '놂' 혹은 '놀이'가 긍정적으로 해석되는 경우는 거의 없다고 해도 과언이 아니다. 언제나 놀이는 유치하고 진지하지 못하며 가치 없는 행위로 인식되어 왔다.

오래된 대중가요 가운데 〈노래가락 차차차〉라는 제목의 가요가 있다. "노세 노세 젊어서 놀아 늙어지면 못 노나니 화무는 십일홍이요 달도 차면 기우나니……"로 시작하는 이 가요는 1954년에 발표된 이후 많은 가수들이 부르면서 인기를 모았다. 그러나 근대화와 산업화가 지상과제였던 1970년대에는 불건전하다는 이유로 금지곡이 될 수밖에 없었다. 이후, 이 노래는 "가세 가세 일터로 가세 늙기 전에 일하러 가세 일 안 하면 후회하나니 새마을에 앞장서 가세……"로 개사되어 새마을 운동을 장려하는 건설적이고 건전한 가요로 옷을 갈아입었다. 굳이 설명할 필요도 없겠지만, 이는 노는 행위가 증산, 수출, 발전을 저해한다는 인식이 당시에 팽배했기 때문에 비롯된 일로, 노동이 절대적인 삶의 조건으로 해석되고 있었던 것을 반증한다. 지금도 여전히 놀이는 쓸모없고 불건전한 잉여적 행위에 지나지 않는 것으로 여겨지고 있다.

그런데 놀고 싶어도 놀지 못하는 인간을 위해 오래 전에 변명을 해준 이가 있으니, 그가 바로 네덜란드의 문화사학자 요한 하위징아Johan Huizinga(1872.12.7~1945.2.1)이다. 하위징아는 인간을 호모 사피엔스Homo Sapiens(사유하는 인간)나 호모 파베르Homo Faber(도구를 사용하는 인간)로 이해하는 것에 이의를 제기하며, 인간의 본성을 '유희'로 파악하고자 했다. 놀이하는 인간, 즉 '호모 루덴스Homo Ludens'가 바로 그것이다. 호모 사피엔스, 호모 파베르와 인접하면서도 이 둘을 포괄하는 개념인 '호모 루덴스'는 인간의 본질을 '노는 것'에 있다고 본다. 그리고 인간의 본질인 '놀이'는 문화의 창조와 밀접한 관계에 있다. 일반적으로 우리는 문화가 놀이를 낳았다고 생각하지만, 하위징아의 말에 따르면 놀이를 통해 문화가 만들어진다. 놀이는 문화보다 더 오래된 것이다.

요한 하위징아[1]

> 문화는 놀이의 형태로 발생했고, 문화는 아주 태초부터 놀이되었다. 생활의 필수적 요구를 충족시키기 위한 활동들, 가령 사냥도 원시사회에서는 놀이 형태를 취했다. 사회생활에는 생물학적 형태를 벗어나는 놀이 형태가 스며들어가 있었고, 이것이 사회의 가치를 높였다. 사회는 놀이하기를 통하여 생활과 세상을 해석했다.[2]

노는 것이 곧 문화를 만들어내는 일로 이어진다는 주장은 낯설게 느껴지기도 하지만, 하위징아의 설명을 들어보면 납득 못할 일만도 아니다. 예를 들면 고대인들은 재판이나 결혼과 같이 중대한 사안을 제비뽑기나 결투를 통해 결정했다. 놀이를 통해 운명을 점치고 신의 뜻을 확인하기 위해서였다. 고대 철학은 지혜를 겨루는 수수께끼 놀이에서 시작되었고, 도자기와 옷도 음식을 담거나 몸을 가리는 기능 그 이상의 것을 추구한 결과라고 볼 수 있다. 이와 같이 하위징아는 문명이 호

1 자료 제공 : 연암서가.
2 요한 하위징아, 이종인 역, 『호모 루덴스 – 놀이하는 인간』, 연암서가, 2010, 107쪽.

모 루덴스의 작품임을 굳게 믿고 있었다. 물론 문명이 자궁에서 아이가 나오는 것처럼 놀이에서 나왔다는 얘기는 아니다. 문명은 놀이의 정신 속에서 놀이의 양태로 생겨나며 결코 놀이를 떠나지 않는다.[3]

문화는 놀이에서 비롯되고, 그 놀이가 거대해 지는 것은 축제를 통해서이다. 계절의 변화, 사람과 짐승의 출생과 죽음, 경작과 추수 등은 공동체의 축제와 제사, 종교의식과 밀접한 관련이 있으며, 이는 동서고금을 가로지르는 사실이라 할 수 있다. 집약 농경이 발달하기 시작할 무렵부터 사람들은 모든 생명체와 신은 연결되어 있다고 믿었고, 풍요와 기근은 곧 신의 의지의 표명이라고 생각했다. 신은 자신에게 생명을 주었을 뿐 아니라, 자신의 생존을 좌우하는 식량도 관장한다고 여겼던 것이다. 축제에서는 이러한 초월자 신에게 풍요와 번영을 기원하고 또 감사드리며 한바탕 놀기도 한다. 오로지 신에게만 의지하여 무아지경으로 축제에 빠져들어 정신없이 신명나게 노는 것이다. 공동체가 함께 신을 모시고 있기 때문에 이러한 공동체적 놀이, 축제에 참여하지 않는 것은 신의 품 안에서 벗어나는 것일 뿐만 아니라 공동체의 품에서 벗어나는 것이기도 하다. 신명나게 노는 것은 신과 공동체에 합일하는 과정이며, 그 가운데서 초월적 존재의 신성함을 느끼고 공동체와 통합하며 자신을 초월하는 놀이가 이루어지게 된다. 여기에서 중요한 것은 신과 '함께', 자연과 '함께', 이웃과 '함께' 논다는 점이다. 놀이는 주변과 새로운 관계를 만들어내는 과정이며, 그 가운데 새로운 문화가 창조된다.[4]

---

3 위의 책, 329쪽.

4 이정덕, 「한반도에서의 공동체적 놀이 / 축제의 역사적 의미변화」, 『지식의 지평』 10호,

2. 놀이의 문법

호위징아가 '호모 루덴스'라는 개념을 제시한 이유는 '놀이' 그 자체를 분명하게 정의하기 위해서가 아니었다. 그는 '놀이 정신play spirit'을 바탕으로 만들어진 다양한 문화의 여러 모습을 제시함으로써 산업자본주의에 의해 놀이 정신이 쇠퇴한 현대 사회에 경종을 울리고자 했다. 그렇다면 '놀이 정신'은 어떻게 복원될 수 있을까. 또 놀이는 어떠한 방법으로 문화의 발견이나 창조로 이어질 수 있을까. 지금 우리의 놀이는 어떠한 문화를 만들고 있는 것일까.

노동하는 인간에게 휴식과 놀이, 재충전이 얼마나 절실한지는 새삼스럽게 지적하지 않아도 되는 당연한 사실이다. 인간은 일하는 기계가 아니기에 육체적, 정신적 피로를 해소할 최소한의 여유가 필요하다. 이 때문에 일부 기업에서는 더욱 효율적인 생산을 위해 노동자로 하여금 쉬게 만들기도 하고, 노동자 스스로도 사내 동호회를 조직하여 재충전의 시간을 갖기도 한다.

그런데 현재 우리가 어떻게 육체적, 정신적 피로를 해소하며 놀고 있는지에 대해 생각해 보면, 놀이의 유형과 방법이 지극히 단순하다는 사실을 금방 깨닫게 된다. 잠깐 상상해 보자. 하루의 일과나 일주일의 노동을 마치고 집에서 쉬게 되면 주로 TV를 본다. 만약 집 밖에서 여유의 시간을 보내게 된다면 커피숍과 음식점, 주점, 노래방 등을 차례로

2011, 159~160쪽.

자본으로 만들어진 놀이의 세계, 놀이공원[5]

순회할 것이다. 하루 이틀의 여유가 있다면 평소에 가고 싶었던 놀이공원이나 테마파크, 혹은 여행지를 찾게 될 것이다. 이러한 놀이의 공통점은 분명하다. 바로 획일적으로 대량생산된 상품이라는 점이다.

경제적인 여유가 없어도, 특별한 준비를 하지 않아도 손쉽게 접할 수 있는 TV는 자본주의적 소비문화를 가장 보편적으로 향유할 수 있도록 만들었다. 그리고 똑같은 메뉴, 똑같은 매뉴얼로 손님을 맞이하는 프랜차이즈 커피숍과 음식점에서는 별다른 불편함 없이 주문을 하고 정중한 대접을 받으며 시간을 보낼 수 있다. 돈을 지불하면 그 가치만큼 노래 부를 수 있는 노래방이나, 입장권과 이용권만 구입하면 시설을 이용할 수 있는 놀이공원 역시 마찬가지다.

기억해야 하는 것은, 이렇게 잘 만들어진 놀이의 세계를 가지기 위해서 우리는 그에 상응하는 비용을 지불해야 하고, 또 그 비용의 경제적 효과를 최대한 누리기 위해 주어진 시간과 공간 속에서 매우 분주하게 움직여야 한다는 점이다. 노래를 즐기기보다 제한된 시간과 싸우면서 경쟁적으로 노래 번호를 입력하고 소화하는 노래방의 풍경을 상상해보라. 일상의 놀이가 자본과 상품의 세계에 흡수되어 있다는 사실을 확연하게 느낄 수 있을 것이다. 놀이공원도 별반 다르지 않다. 놀이공원

---

5 출처 : 한국브리태니커 http://preview.britannica.co.kr/bol/illust.asp?med_id=k16a013301p4.jpg(검색일 : 2013.4.26)

이 제공하는 꿈과 모험, 환상의 세계를 체험하기 위해서는 그만큼의 대가를 지불해야 하고, 놀이공원에 들어선 순간부터 이윤창출을 위해 철저하게 계산된 놀이공원의 문법에 따라 수동적으로 움직일 수밖에 없다. 우리가 노동과 일상에서 잠시 일탈하고 있는 동안, 놀이공원 내의 누군가는 반드시 노동에 전념해야 한다. 인형 탈을 쓰고 땀을 흘리며 종일 서서 손을 흔드는 사람, 쉴 새 없이 쓰레기를 처리하는 사람, 입장권을 판매하고 놀이기구를 관리하는 사람 등, 놀이공원의 세계는 이들의 노동을 기반으로 하여 유지되는 것이다. 분명한 것은 돈을 지불한 사람만이 꿈과 환상의 세계를 가질 수 있다는 사실이다. 일상을 탈출하기 위해 계획된 여행도 마찬가지. 인터넷 검색과 가이드 북을 통해 얻을 수 있는 온갖 정보를 끌어 모아, 어떤 교통수단으로 이동할지, 어디에서 먹고 묵을지, 무엇을 볼지를 결정하는 여행이란 누군가 만들어 놓은 매뉴얼에 따라 돈을 소비하는 것에 지나지 않는다. 각 지역의 축제는 또 어떠한가. 계절마다 전국 곳곳에서 열리는 축제는 지역 정체성의 표현 기제이자 경제 활성화에 도움이 되기도 하지만, 그 지역만의 고유한 자원과 문화가 재발견되는 경우는 거의 드물다. 상당수의 축제는 행정 공무원의 아이디어에서 출발해서 자치단체의 예산으로 운영되기 때문에 자치단체장의 정치적인 성향이 강하게 반영될 수밖에 없다. 지역 주민들의 자발적인 의지와 참여 속에 이루어지는 경우는 거의 없다고 해도 과언이 아닌 것이다. 극단적인 경우, 지역 축제가 자치단체장 또는 지역 주도 세력에 의해 인위적으로 만들어지기도 하고 또 없어지기도 한다.[6] 한 마디로 말해, 지금의 모든 놀이는 정치적, 혹은 경제적 목적을 이루기 위한 수단으로 이용되고 있는 것이다.

이와 같은 놀이는 하위징아가 말한 놀이 자체가 문화가 된 형태가 아니라 소비문화가 낳은 놀이 현상이라고 할 수 있다. 실제로 주5일제 근무, 주5일제 수업이 회사와 학교에서 각각 실시되면서 우리가 놀 수 있는 시간적 여유는 더 많아졌지만, 이제는 어디서 어떻게 얼마의 대가를 지불하고 놀아야 하는지에 대해 고민해야 한다. 다른 한편으로 생각하면 새로운 놀이의 발견은 간단한 일인지도 모른다. 반복된 놀이에 익숙하게 되어 더 이상 흥미롭지 않을 때는 어딘가에 새롭게 마련된 놀이 시장으로 옮겨가면 되기 때문이다. 현재의 놀이는 시장의 법칙에 철저하게 가두어져 있다. 결국 더 많이 일하고 더 많이 돈을 번 사람이 더 잘 만들어진 놀이의 세계를 가질 수 있게 된 것이다. 호이징아의 말처럼 우리는 '여전히 놀아지고 있는 것으로 보이는 부분에서도 거짓된 놀이'를 소유하고 있는지도 모른다.

그렇다면 시장의 법칙에 좌우되지 않는, 혹은 그것을 거부하는 놀이의 형태도 존재할 수 있을까. 다시 말하면 놀이 자체가 문화가 될 수 있는 방법은 없을까. 이에 대한 명쾌한 답을 찾기란 쉽지 않다.

---

6 지방분권화에 따른 축제의 정치 수단화에 관해서는 류정아의 글 「한국의 축제적 놀이 문화에 대한 비판적 고찰」(『지식의 지평』 10호, 2011, 185~187쪽) 참조.

3. 놀이? 즐거움이 답이다

니체는 오로지 예술가와 어린아이만이 유희를 가지고 있다고 지적했다.[7] 때가 되면 학교를 다니고 졸업하고, 그 후에는 취직을 하고, 결혼적령기가 되었을 때에는 너무 늦지 않게 결혼을 하고, 또 아이를 낳아 기르고……. 생각해 보면 우리는 오늘보다 더 나은 내일이 있다고 생각하고 그 미래를 위해 현재를 열심히 살아간다. 지금 열심히 일하고 아끼는 것은 현재를 희생하는 것처럼 보이지만 그것은 곧 안락한 미래를 위한 투자이기에 견디고 또 견뎌야 한다. 그것이 놀 수 없는 이유다. 또 현재의 규칙과 질서가 흐트러져서도 곤란하다. 왜냐하면 미래를 예측할 수 없으니까. 예상된 미래를 조금씩 현실로 당겨오는 것을 목표로 둔 자에게 가장 두려운 것은 미래를 예측할 수 없음인 것이다. 니체의 발언은 이러한 지점에서 나온 것이라 할 수 있다. 누군가의 강요가 아니라 스스로 즐거울 수 있는 것. 그리고 '무엇'을 하느냐라는 목적의 문제가 아니라, '노는' 그 자체의 행위를 영위할 수 있는 것. 예측할 수 없는 세계와의 만남을 끊임없이 추구하는 것. 이러한 것들이 진정한 놀이를 가능하게 한다.

---

7 생성과 소멸, 건축과 파괴는 아무런 도덕적 책임도 없이 영원히 동일한 무구의 상태에 있으며, 이 세계에서는 오직 예술가와 어린아이의 유희만 있을 뿐이다. (…중략…) 충족도 한 순간, 그런 다음에는 새로운 창조활동을 하는 예술가에게 강요하는 것과 유사한 욕구에 새롭게 사로잡힌다. 다른 세계를 소생시키는 것은 오만과 욕구가 아니라 항상 새롭게 깨어나는 유희의 충동이다. 어린아이는 놀이기구를 던져버리지만, 곧 그는 순진무구한 기분에서 놀이를 다시 시작한다. 그가 건축을 하면, 곧 내면적 질서에 따라 법칙적으로 결합하고 조합하고 형성한다.(프리드리히 니체, 이진우 역, 『니체전집 3 – 유고』, 책세상, 2001, 387쪽.)

놀이의 즐거움에 대해 생각하게 해 주는 소설, 무라카미 류村上龍의 『69』를 떠올려 보자. 작품 제목의 '69'는 1969년을 의미한다. 일본의 1969년은 전국적으로 학원투쟁學園鬪爭이 발생하던 시기였고 또한 베트남 반전운동이 끊임없이 일어나던 시절이었다. 일본에서의 이러한 움직임은 프랑스의 68혁명을 비롯하여 세계 곳곳의 1960년대의 맥락과 닿아 있다. 잠시 작품의 첫 구절만 살펴보자.

> 1969년, 도쿄대학은 입시를 중지했다. 비틀스는 《화이트》《옐로 서브마린》《애비 로드》를 발표했고, 롤링 스톤스는 최고의 싱글 〈홍키 통키 우먼〉을 히트시켰으며, 머리칼을 마구 기른 히피들이 사랑과 평화를 부르짖고 있었다. 파리의 드골은 정권에서 물러났다. 베트남 전쟁은 여전히 계속되고 있었다. 그리고 이때부터 여학생들은 생리대를 사용하기 시작하였다.
>
> 1969년은 그런 해였다.[8]

1969년에 도쿄대학이 입시를 중지한 것은 도쿄대학 투쟁으로 인한 결과였다. 1968년 1월 29일, 도쿄대학 의학부 학생들이 인턴 제도를 대신하는 등록의登錄醫 제도에 반발하며 무기한 스트라이크에 돌입한 것을 계기로 학생 측과 학교 측은 격렬하게 대립한다. 의학부 학생들의 투쟁은 결국 학교 전체로 확대되었고(개교 이래 처음으로 10개 학부가 무기한 스트라이크에 돌입), 학생들의 야스다安田강당 점거, 바리케이드 봉쇄 강행, 경찰기동대와의 첨예한 대립 등이 이어지는 가운데, 12월 29

8 무라카미 류, 양억관 역, 『69』, 작가정신, 2004, 6쪽.

일 문부성은 1969년도 도쿄대학 입시 중지를 발표한다. 그리고 1969년 1월 20일, 도쿄대학 당국은 이를 수용한다.

한편, 프랑스에서도 이와 유사한 움직임이 있었다. 프랑스 드골 정부에 대한 저항운동과 총파업을 골자로 하는 5월 혁명, 또는 68혁명이 바로 그것이다. 5월 혁명 역시 학생들에 의해 시작되었다. 프랑스 파리 근교 낭떼르 분교 학생들은 교육개혁, 남녀 기숙사 개방, 베트남전 참전반대 등을 외치며 시위에 나섰는데, 이후 시위는 각종 노동수탈과 임금억제 정책, 학생운동가 체포 등에 항의하던 프랑스 전역의 학생 및 노동자들의 열광적인 지지를 받으며 전국적인 연대를 형성하게 된다. 사람들은 경제개발의 이름으로 자신들에게 가해진 과도한 노동과 자본주의 이데올로기에 회의를 느끼고 있었고, 동일한 일상이 반복되는 권태로운 삶에 염증을 느끼기 시작했던 것이었다.

이에 대하여 드골 정부는 대학과 공장을 폐쇄하고 시위가 일어나는 곳에 경찰을 투입하여 폭력적으로 진압하며 대응하였다. 그러나 질서 유지를 명목으로 한 무장경찰들의 무자비한 폭력은 시민들의 분노를 증폭시키기에 충분하였다. 수만 명의 사람들이 거리로 뛰어나가 학생, 노동자들과 함께 바리케이드를 쌓고 경찰에 맞서 격렬한 시위를 벌였다. 시위는 파리 시민의 80% 이상의 지지를 받으면서 더욱 크고 거세게 확산되었다.

1960년대를 이야기할 때, 빼놓을 수 없는 것은 비틀스, 롤링 스톤스의 음악과 히피문화의 대중적 인기이다. 이들은 기존 사회질서에 대한 비판을 시도하고, 문명맹신적인 문화에 대해 저항하고자 하였다. 특히 히피문화는 미국의 베트남 전쟁 개입과 참전, 사회 도처에 만연해 있던

소설『69』

영화〈69〉

인종적 · 계층적 갈등, 보수적인 이념 일색의 지배문화에 대해 저항하였는데, 이는 1960년대 미국의 학생운동, 신좌파운동과 그 궤도를 같이하는 것이었다. 이와 같이, 1960년대 후반에는 정치, 경제, 사회, 문화 등, 전반적인 영역에 있어서 반체제 운동이 분출하던 격동의 시대였다고 할 수 있다.『69』는 바로 이러한 사회적 분위기를 배경으로 하고 있다.

이 작품의 주인공인 야자키 켄스케矢崎劍介는 입시에 얽매인 교육 현실, 권위적인 학교 분위기, 기성세대에 대한 불만을 바리케이드 봉쇄와 페스티벌을 통해 표출하고자 한다. 그의 행위는 겉으로는 학교 체재에 대한 반항이자 투쟁의 일환인 것처럼 보이지만, 실제로는 자신이 좋아하는 여학생 마쓰이 가즈코松井和子의 관심을 끌기 위해 기획한 '놀이'를 공공연하게 실행하는 것에 있었다. 그의 '놀이'는 학원 투쟁, 베트남 반전운동 등으로 점철되는 1969년의 상황에 기대고 있으면서도 그것을 매번 전복시키고 희화화시켰다. 다시 말하면 야자키 켄스케가 1969년의 기억을 동원하는 것은 항상 사적인 호기심과 유희, 오락을 필요로 할 때였으며, 궁극적으로는 마쓰이 가즈코의 마음을 얻고자 할 때였다. 이 때, 야자키 켄스케는 1960년대의 히피 문화를 참고로 그만의 놀이인 '페스티벌'을 기획한다. 스코트 맥켄지의 노래 〈샌프란시스코에 가면 머리에 꽃을 꽂으세요San Francisco -Be sure to wear some flowers in your hair〉에 상징적으로 드러나듯이, '꽃의 아이들 flower children'로도 불린 히피족들은 기득권과 자본주의적 소비문화를 거부하고 '사랑과 평화와 공동체적 삶'을 이상으로 하면서, 각가지의 원색 의상과 덥수룩한 장발 차림으로 자연과 예술에 대한 사랑을 일상적으로 실현하고자 하였다. 그리고 이들이 1969년 여름에 벌인 록의 축제 '우드스탁 페스티벌'은 자유와 평화의 메시지와 놀이의 에너지가 충만한 사건으로 기억되고 있다. 물론 야자키 켄스케가 기획한 페스티벌은 '우드스탁 페스티벌'의 일종의 모사품이며, 자유와 평화의 메시지를 담은 거대한 호소는 아니었지만, 공적 담론을 사적 영역에서 희화화시키는 야자키의 행동은 일종의 실험이자 놀이라고 충분히 이야기 할 수 있을 것이다.

페스티벌이 끝난 뒤, 야자키 켄스케가 제시한 결론은 "평생, 나의 즐거운 웃음소리를 들려주겠다", "영원히 즐거움을 추구하는 것"이었다. 동일한 목표를 추구하고 성장만이 유일한 가치를 지니는 현실을 되돌아본다면, 주인공의 페스티벌은 우리들에게 매우 시사적이다. 그의 놀이와 유희가 빛날 수 있었던 것은 그의 행위로 인하여 일상이 뒤집히기 때문이며 또한 그 행위에 '즐거움'이 동반되기 때문일 것이다.[9]

---

9 무라카미 류의 『69』에 대한 논의는 조정민의 글 「무라카미 류村上龍 『69 sixty nine』론 – 역사를 바라보는 원근법」(『일본문화연구』 Vol.31, 2009)참조.

4. 혼자 놀기

"천상천하, 유아독존. 어차피 혼자 사는 세상, 친구가 무슨 소용입니까?" KBS 2TV 개그콘서트 '봉숭아학당' 코너에서 한 개그맨이 선보인 웃음의 코드는 '혼자 놀기'였다. 죽은 듯 가만히 누워 있는 시체 놀이를 비롯하여 부침개 놀이, 건전지 놀이, 김밥 말이 놀이, 못 먹는 감 찔러 보기 놀이 등 기상천외한 놀이가 웃음을 부른다.

사실, 혼자 놀기는 더 이상 낯선 풍경이 아니다. 명절이나 연휴 때가 되면 매체에서는 '혼자 놀 수 있는' 정보를 제공하고, 이를 적극적으로 검색하여 응용하는 사람도 적지 않다. 어차피 혼자 놀 것이라면 보다 건강하고 생산적으로 지낼 수 있는 방법들을 찾아야만 하기 때문일 것이다. 1인 가구와 싱글족이 늘어나고 또 디지털 기기의 영향으로 인하여 이제 혼자 놀기는 하나의 문화 형태로 자리 잡은 느낌마저 든다. 1인 가구와 싱글족을 겨냥한 상품 마케팅 역시 활발히 전개되고 있는 실정이다.

그런데 이와 같은 혼자 놀기에는 전혀 타자가 개입하지 않는 것일까. 아마 일부는 그렇고 일부는 그렇지 않을 것이다. 예를 들면 지하철이나 버스에서 사람들이 끊임없이 휴대전화로 문자 메시지를 주고받거나 게임을 하고, 또 음악을 듣거나 동영상을 보는 풍경을 쉽게 접할 수 있다. 이들이 휴대전화에 눈과 손을 집중시키는 이유는 옆에 앉은 사람과 거리를 두기 위해서거나, 혹은 심리적인 불편함을 해소하기 위해서일 것이다. 이 때 같은 공간 내의 타자가 개입하기란 쉽지 않다. 그러나 한편으로는 이들이 휴대전화에 저장된 누군가와 대화를 시도하고, 또 누군가의 목소리와 행위에 집중한다는 점을 생각하면 혼자 놀기에 타자가 전혀 개입하고 있지 않다고 못 박아 말하기는 어렵다.

한편 개인 홈페이지나 블로그, UCC, 트위터 등을 통해 1인 미디어를 운영하고 있는 사람들의 경우는 조금 더 다르다. 이들은 사적 관계와 공적 관계 사이에 위치하며, 도피적이면서도 참여적인 위치에 서 있다. 1인 미디어는 사유화된 매체이지만, 고립되어 있다기보다 끊임없이 타자와의 관계를 모색하며 지속적으로 새로운 관계를 맺고자 한다. 인터넷의 가상공간은 물리적 기반과 구조가 약하지만, 가상공간에서의 행위도 하나의 의미를 가지며 또한 그것이 공유되고 확장되어 문화적 실천으로도 이어지기에, '혼자 놀기'에서 출발한 1인 미디어는 결국 타자와의 관계로 확장된다고 볼 수 있다. 즉, 가상공간은 일시적이고 익명적이며 임의적이지만, 이 느슨한 관계에 타자는 끊임없이 관여하고 있는 것이다.

인터넷에서 종종 목격하는 극단적인 혼자 놀기조차 타자를 전제로 한 행위라 할 수 있다. 혼자 놀기의 결과물, 즉 사진이나 글을 공개하여 익명의 다수로부터 혼자 놀기 행위를 인정받고 또 감상을 공유하는 것은 그것이 개인의 행위로 그치는 것이 아니라 타자를 의식하고 있다는 것을 증명하는 것이기도 하다. 혼자 놀기의 사진이나 글이 공개됨에 따라 이를 모방하고 흉내 내는 사람들이 생기고, 이들의 목소리는 댓글의 형태로 확인되기도 한다. 특히 서로가 서로에게 남기는 댓글은 커다란 위안이 된다. 나만 고립되어 있고 외로운 것이 아니라 나와 비슷한 감정을 가지고 있는 사람들이 어딘가에 존재한다는 것을 인식하는 것만으로도 절대고독에서 벗어날 수 있는 것이다. 이러한 감정의 공유와 소통을 통해 외로움은 잦아들고, 전보다 훨씬 안정된 상태로 혼자 노는 것에 열중할 수 있다. 물리적 현실에서는 혼자 놀지만, 인터넷 공간에서 타인과 같은 감각과 느낌, 감상을 공유하게 될 때, 혼자 놀기는 '혼자 놀되 같이 놀고 있는 것'으로 변환된다. 이렇게 살펴보면 완벽한 혼자 놀기, 철저한 혼자 놀기가 과연 가능한지 의심스럽기까지 하다.[10]

그러한 의미에서 놀이는 끊임없이 타자를 의식하는 사회적 활동이라 할 수 있다. 앞에서 언급한 하위징아가 "놀이가 사회적으로 어떻게 구체화"되는지에 대해 고민한 것도 이 때문이었고, 놀이를 개인과 개인, 또는 개인과 집단 간의 틀로 생각한 것도 이 때문이었다. 놀이 개념에서 가장 중요한 것은 구체적인 행위보다 관계의 유형이라 할 수 있다.

5. 실험적 놀이

우리에게도 이제는 익숙한 힙합 문화는 미국의 뉴욕 할렘가에서 탄생하였다. 주로 흑인과 스페인계 빈민들의 문화를 바탕으로 한 힙합 문화는 비보잉B-boying과 그래피티Graffiti, 랩rap 등을 통해 그들의 목소

---

10 인터넷 공간과 놀이의 관련성에 대해서는 주창윤의 글 「놀이 공간으로서 인터넷 문화의 형성과정」(『현상과 인식』 Vol.34, 2010) 참조.

리를 전달하고자 한다.

미국 내 인종차별 문제가 심각하다는 사실은 잘 알려져 있는 바이다. 법적인 차별이 표면적으로 사라졌다고 해도 현실적인 차별은 여전하다. 꿈과 희망의 땅, 미국은 기회도 넘치지만 차별도 넘치는 사회이다. 더럽고 황폐한 할렘가에서 나고 자란 흑인과 히스패닉 아이들은 학교를 끝까지 다니는 경우가 드물었고, 마약과 권총이 일상을 위협하는 현실 속에 있었다. 이들은 언제까지나 낯선 이방인으로 있어야 했던 것이다. 그런데 이 아이들이 언어와 몸, 그림으로 세상을 조롱하기 시작했다. 소위 힙합 문화는 이렇게 탄생하였다.

올바르고 정확하며 품위 있는 말 대신, 발음이나 문법을 임의적으로 흔들고 뭉개어 자신들의 놀이에 맞는 말을 사용하는 랩은 언어의 주인이 누구인지를 되묻는다. 흑인의 영어와 랩을 교양 없고 품위 없는 무식한 행동이라고 치부하기에는 그 영향력이 매섭다. 힙합 음악, 랩은 세상을 교란하고 장악하는 놀이의 한 형식으로 자리하고 있는 것이다. 힙합 음악에 맞추어 과감하게 신체를 구사하는 비보잉도 마찬가지다. 믿을 수 없을 만큼 리드미컬한 근육과 관절의 움직임은 몸이 또 다른 언어라는 것을 잘 보여주고, 살아 있음과 자유로움을 느끼게 한다. 이들의 말과 몸이 하나의 언어로 표현되는 장소에도 놀이는 존재한다. 지하철이나 길거리 벽에 페인트, 스프레이, 락카로 표현된 강렬한 그래피티는 자신을 둘러싼 빈곤한 삶의 조건과 환경을 놀이터로 변형시킨 하나의 예이다. 뉴욕시는 수백만 달러를 들여 낙서를 지우고 이들을 단속하기 위해 총력을 기울였지만, 추격을 따돌리고 틈새를 빠져나가는 놀이를 막을 수는 없었다. 결과적으로 뉴욕시는

뉴욕의 한 건물. 외벽 가득 그래피티로 뒤덮여 있다.[11]

---

11 출처 : 권지은, 『뉴욕디자인』, ARTFEVER, 2009.

그래피티를 전면적으로 허가하게 된다.[12] 물론 이러한 힙합 문화가 거대 자본의 힘에 의해 상품화되고 있는 점도 부정할 수 없다. 힙합 패션이나 음악 등이 어떻게 소비되고 유통되고 있는지를 생각해 보면 잘 알 수 있는 사실이다. 그러나 지금도 다른 한 곳에서는 공고한 체제와 질서에 대항하며 탈주의 방법을 모색하고 도발하려는 움직임이 끊임없이 시도되고 있다. 놀이를 상품으로 재배치하지 않으려는 노력들이 도처에서 이루어지고 있다는 점을 다시 한 번 상기하고 싶다.

또 다른 예를 들어보자. 도쿄 길거리 한복판에서 펼쳐지는 홈리스들의 노상밥상 '246키친'. '246키친'은 시부야渋谷 역 근처 철로 아래 246번지에서 열린다. 이 '246키친'에서는 무료로 받아 온 음식 재료, 버려진 재료, 주워 온 재료 등을 모아 음식을 만들어 서로 대접한다. 일본의 중심 도쿄에서 주변으로 밀려난 이들은 근대화와 산업화, 전 지구화의 부정적 결과물, 즉 쓰레기를 새로운 공동체 운동 및 연합의 계기로 삼고자 모인 것이다. 누구의 소유도 아닌 공적公的 자원인 쓰레기를 활용하고 특정인을 위한 공간이 아닌 공적 장소에서 밥상을 펼치는 이들의 활동은 말하자면 일종의 놀이라 할 수 있다. 노숙인 텐트 거주자이자 예술가인 이치무라 미사코市村美佐子 씨는 "쓰레기는 정말 훌륭하게 퍼블릭한 것이에요. 누구의 것도 아니죠. '이건 어쩔까? 나라면 이렇게 해!' 하면서 이상한 것을 만들거나 인간관계를 배워 갑니다. (…중략…) 중요한 건 놀이에 얼마나 집중하는가, 시간을 얼마나 공유하려 하는가, 얼마나 열심히 그 장소를 만들어 가는가입니다"

12 한경애, 『놀이의 달인, 호모 루덴스』, 그린비, 2007, 144~151쪽.

도쿄 홈리스들의 노상밥상 '246키친'[13]

라고 말한다.[14] 여기에서 방점을 두어야 하는 것은 쓰레기를 재활용하고 노상에서 밥상을 펼친다는 행위의 특이함이 아니라, 이들이 '놀이에 얼마나 집중하는가' 하는 유희의 정신과 '얼마나 열심히 그 장소를 만들어 가는가' 하는 과정일 것이다.

자본에 회수되지 않는, 혹은 자본에 대항하는 놀이의 방식은 도쿄의 또 다른 예에서 찾을 수 있다.

2008년경, 도쿄 시부야 구청은 미야시타 공원宮下公園을 주식회사

13 자료 제공 : 수유 + 너머 신지영.

14 신지영, 「아름다운 피고들의 고미니티에 초대합니다! 이주 노동자 민우 씨와 홈리스의 '246 키친'」, 『인문학 통신 / 일본에서 마을 만들기』, 2009. www.greenbee.co.kr/blog/808.

나이키 저팬에 명명권을 매각하려 하였다. 말하자면 특정 기업이 공공 공간을 독점하여 마케팅의 수단으로 활용하고, 시민들의 이용도 제한하려 한 것이다. 이러한 사실이 알려졌을 때, 이를 반대하는 시민들의 항의에는 축제의 성격이 짙게 베여 있었다. 이들 시민들의 시위에는 코스프레, 익살스러운 노래, 슬로건, 온갖 쓰레기로 만든 다양한 악기 등이 어우러져 마치 연극을 연상시키기도 했다. 사람들은 페트병에 돌을 넣어 악기로 만들고, 버려진 깡통과 프라이팬 역시 타악기로 사용했으며, 티셔츠에 일그러지게 그려 넣은 나이키 로고도 항의의 메시지를 발신했다. 이렇게 폐품으로 무장한 신체의 움직임은 타악기 리듬과 함께 시부야 일대를 거대한 카니발 공간으로 변화시켰다. "소비와 노동 모두로부터 배제된 자들이 도시로 역류"하는 광경이 펼쳐졌던 것이다. 결국 주식회사 나이키 저팬은 '미야시타 NIKE 파크' 계획을 변경하게 된다. 공공 공원의 사유화에 대한 항의와 비판은 공원의 명칭을 지켜내는 데 보탬이 되었던 것이다.[15]

이처럼 어떠한 놀이도 상품화되고 마는 것, 어떠한 놀이도 거대 자본에 흡수되고 마는 것에 저항하는 길은 새로운 놀이를 실험하는 길밖에 없을 지도 모른다. 그리고 이 현실 부정적이거나 탈주적인 놀이는 결국 개인의 삶을 넘어 새로운 공동체의 표현으로 이어진다. 실험적인 새로운 놀이가 하나의 문화가 된다는 사실, 그리고 실험적인 새로운 놀이는 혼자가 아닌 '관계' 속에서 탄생한다는 사실을 기억하자.

---

15 공공 공간에 관한 문제 및 소수자의 공간적 실천에 관해서는 신지은·조정민, 「공공 공간에 대한 사적 개입과 전환 – 도쿄 공공 공원의 사유화와 공원 홈리스의 공간 실천을 중심으로」(『인문연구』 67호, 2013) 참조.

참고문헌

류정아, 「한국의 축제적 놀이 문화에 대한 비판적 고찰」, 『지식의 지평』 10호, 2011.

신지영, 「아름다운 피고들의 고미니티에 초대합니다! 이주 노동자 민우 씨와 홈리스의 '246키친'」, 『인문학 통신/일본에서 마을 만들기』, 2009. www.greenbee.co.kr/blog/808.

신지은·조정민, 「공공 공간에 대한 사적 개입과 전환－도쿄 공공 공원의 사유화와 공원 홈리스의 공간 실천을 중심으로」, 『인문연구』 67호, 2013.

이정덕, 「한반도에서의 공동체적 놀이/축제의 역사적 의미변화」, 『지식의 지평』 10호, 2011.

조정민, 「무라카미 류村上竜 『69 sixty nine』론－역사를 바라보는 원근법」, 『일본문화연구』 Vol.31, 2009.

주창윤, 「놀이 공간으로서 인터넷 문화의 형성과정」, 『현상과 인식』 Vol.34, 2010.

한경애, 『놀이의 달인, 호모 루덴스』, 그린비, 2007.

프리드리히 니체, 이진우 역, 『니체전집 3－유고』, 책세상, 2001.

무라카미 류, 양억관 역, 『69』, 작가정신, 2004.

Huizinga, Johan., 이종인 역, 『호모 루덴스－놀이하는 인간』, 연암서가, 2010.

지역 살림살이와 사회적 경제

오미일

1. 글로벌 경제가 야기하는 문제들

20세기 초 일부 비판가들은 파시즘을 민주적 권리와 조직체가 상실된 그야말로 순수한 자본주의라는 의미에서 '장갑이 벗겨진 자본주의 capitalism with the gloves off'라 불렀다. 그러나 기업의 힘이 과거 어느 때보다 강력하고 공격적인, 오늘날의 신자유주의야말로 장갑이 벗겨진 자본주의라고 할 수 있을 것이다.[1]

현대 신자유주의는 2차 세계대전 이후 복지국가정책을 실시하였던

1 노암 촘스키, 강주헌 역, 『그들에게 국민은 없다』, 모색, 1999, 10쪽.

영국과 미국에서 정부의 시장 규제와 국가 정책을 비판하며 부활한 자유방임주의이다. 신자유주의가 유행하기 시작한 것은 영국의 대처 수상(재임 : 1979~1990)과 미국 레이건대통령(재임 : 1980~1988)이 집권하면서였다. 이들은 시장 개입으로 비대해진 정부를 비판하고 정부 규제의 완화, 공공복지의 축소, 공기업의 민영화, 노동시장의 유연화 정책 등을 실시했다.

일명 워싱턴 컨센서스Washington Consensus로 불리는 신자유주의자들의 주장은 자유무역과 자유금융을 기본 원칙으로 삼아 정부의 시장 개입을 막고 시장이 가격을 결정하도록 만들며, 모든 기업을 민영화하는 것이다. 그런데 이러한 워싱턴 컨센서스의 배후에는 세계경제를 좌지우지하고 여론을 주도하며 각 정부의 정책 수립에 영향력을 행사하는 초국적 기업들이 있다.

자유무역은 세계화의 주요 수단이자 목적이다. 세계화에 반대하는 시민단체의 국제적 연대 시위가 시애틀의 WTO(세계무역기구) 앞에서 시작되는 것은 바로 이 때문이다. 미국을 비롯한 강대국이 자국 대기업의 무역 장벽을 해소하기 위해 국제기구를 활용하고 있다는 것은 공공연하게 알려진 사실이다.

그러면 자유무역의 불합리성에 대해 일본제 이쑤시개와 미국제 젓가락의 사례를 들어 이야기해보자. 일본에서는 목재가 거의 생산되지 않는데도 이쑤시개를 제작하여 5만 마일의 거리를 넘어 미국으로 수출하며, 그에 상응하여 미국은 일본으로 젓가락을 수출한다. 이러한 바터 무역give and take trade으로 인해 이동에 따른 에너지 낭비와 자원 소모가 발생하게 된다. 또한 자유무역으로 지역생산구조가 와해되면

세계화 반대시위 ⓒ 동아일보사

서 농장에서 식탁까지의 거리가 점점 멀어져 미국의 경우 평균 1온스의 먹거리가 생산되어 소비자에게 전달되는 데는 무려 1,600킬로미터를 이동해야 한다고 한다.[2] 이와 같이 상품이나 식품이 수천 킬로미터를 넘어 이동되는 배경에는 자유무역의 복잡한 메카니즘이 작동하고 있다. 『렉서스와 올리브나무』의 저자인, 세계화 전도사 토머스 L. 프리드먼조차 세계화체제의 가장 큰 위협요인은 세계화라고 독백할 정도로 지나친 변화속도와 과도한 공간거리의 제거로 인해 사회경제적 문제와 자원 낭비 등의 폐해가 나타나고 있는 것이다.

---

2 데이비드 모리스, 「자유무역 – 위대한 파괴자」, 제리 맨더 · 에드워드 골드 스미스 편저, 윤길순 · 김승욱 역, 『위대한 전환 – 다시 세계화에서 지역화로』, 동아일보사, 2001, 274~279쪽.

2. 대안으로서 '경제의 지역화'

많은 이들이 세계적 차원의 판매 경쟁 때문에 생산기준을 낮추고, 분배의 불평등을 가속화하며, 생태계의 지속성을 해치는 주요 원인으로 규제받지 않는 자유무역과 그것에 바탕을 둔 글로벌 경제를 지목하고 있다. 그러면 '경제의 세계화'를 비판하는 이들이 제시하는 대안은 무엇인가.

첫째, '온전한 세계화'를 위해 글로벌화로 야기되는 각종 문제의 해결을 위한 '글로벌 마셜플랜'을 수행하자는 주장이 있다. 예를 들어 조지 소로스[3]나 워렌 버핏 같은 글로벌 플레이어들이 행하는 기부와 자선이 여기에 속한다. 이는 개인적으로는 아름다운 선행이지만, 세계경제의 구조적 측면에서 보면 자신들의 투자기업의 지속적 성장을 위한 일종의 글로벌마셜플랜이기도 하다. 이들은 글로벌경제가 야기하는 폐해를 인정하지만 그것의 보완을 모색할 뿐, 근본적 원인인 자유무역체제는 그대로 유지되어야 한다고 보는 것이다.

둘째, 글로벌 경제의 문제를 자본주의 자체의 내재적 모순과 시장

---

3 조지 소로스는 소로스펀드 매니지먼트의 회장으로 '열린 사회'를 지원하기 위해 설립한 글로벌네트워크 재단을 운영하고 있다. 계획경제인 공산주의 폐쇄사회와 함께 시장근본주의적 자본주의 개방사회를 비판하고 '열린 사회'를 제안했다. 그는 런던경제학교LSE에서 칼 포퍼의 제자로 철학을 공부하고 1952년 런던 경제학대학원을 졸업했다. 소로스는 1992년 유럽 각국의 통화가 불안해진 틈을 타 영국 파운드화를 투매해 일주일 만에 10억 달러(약 1조 3천억 원)를 벌어들여 신화적 존재로 부각되기도 했지만, "우리의 세금을 투기꾼이 가로채갔다"는 영국 국민들의 비난을 감수해야 했다. 또한 1997년 말레이시아 마하티르 총리로부터 동남아 통화위기의 주범으로 지목받기도 하였다.

근본주의 이념에서 찾고 그 대안으로 사회적 경제를 주장하는 입장이다. 첫 번째 입장이 '경제의 세계화'를 긍정하고 그 문제점을 보완하는 데에 초점을 둔다면, 이 입장은 '경제의 지역화'를 주장하는 데에 차이가 있다.

'경제의 지역화'를 주장하는 이들은 경제를 사회에서 분리하여 인간과 경제생활을 규정하는 오늘날의 만연된 경제인식에 문제를 제기하는 데에서 출발한다. 대표적으로 칼 폴라니Karl Polanyi[4]는 역사적 경제형태를 살림살이경제와 시장경제로 나누고, 살림살이경제는 인간의 사회관계 속에 깊숙이 잠겨 있지만, 시장경제는 사회에서 이탈된 경제라고 비판한다. 그가 말한 탈사회화된 경제의 재사회화 작업은 경제적 지역주의를 지향하는 데에 중요한 시사점을 제기한다. 영국의 환경운동가이며 『에콜로지스트*Ecologist*』 발행인인 에드워드 골드스미스Edward Goldsmith는 양극화로 인해 결국 소비가 줄게 됨에 따라 공식경제에서 제공할 수 있는 일자리는 줄어들 것이므로 결국 세계경제를 유지하기 위해서는 지역중심체제로 방향전환해야 한다고 역설했는데,[5] 이러한 주장은 오늘날의 현실을 정확하게 예측한 것이다. '경제의 지역화'는 바로 실업 증가와 복지 혜택의 축소에 대응하기 위해 경

---

4 칼 폴라니Karl Polanyi(1886~1964)는 오스트리아제국 빈에서 태어나 주로 부다페스트에서 성장했으며, 1920년대에 중유럽 최고의 경제금융주간지 오스트리아 경제의 주요 편집자로 일했다. 1933년 히틀러가 집권하자, 압력으로 편집자를 그만두고 영국으로 이주, 노동자교육협회에서 강사로 일했다. 1941~1943년 미국 버몬트 베닝턴대학 초빙학자로 머물면서 『거대한 전환-우리 시대의 정치 경제적 기원*The Great Transformation : The Political and Economic Originss of Our Time*』을 집필하고 1964년 정치학과 경제학의 비교연구를 위한 『공존*Co-Existence*』을 창간했다.

5 에드워드 골드 스미스, 「마지막 말-가족, 공동체, 민주주의」, 제리 맨더·에드워드 골드 스미스 편저, 앞의 책, 2001, 632쪽.

제를 지역 중심으로 전환하고, 지역사회가 종래 국가에서 보장하던 사회서비스 제공에 나서며 자활경제를 적극 모색하는 것을 말한다.

3. 사회적 경제의 대두와 그 특징

오늘날 신자유주의와 글로벌경제를 부분적으로든 혹은 전면적으로든 비판하는 지식인의 대부분이 그것에 개입하고 통제할 역할자로 국가를 중시한다. 신자유주의 비판의 기수인 노암 촘스키Noam Chomsky도 "경제의 역사에 따르면 경제성장을 위해서는 국가의 개입이 필수적이었다"며 경제주체로서 국가의 역할과 기능을 강조한다. 그러나 초국적 기업이 영토국가의 관할을 벗어나고 심지어 국가를 조종하는 데에서 보듯이, 현 상황에서 국가의 시장 통제 혹은 조정 기능은 그리 효율적이지 못한 것 같다.

국가의 역할 한계가 분명해지면서 국가를 대신해서 사회적 약자에게 경제적 지원과 일정한 복지를 제공할 수 있는 '사회적 경제'가 대안으로 부각되고 있다. 제러미 리프킨은 1995년 출판한 『노동의 종말』에서 "기계가 점차 인간 노동력을 대체하는 역사상 새로운 시기로 진입하는 이 시대에 노동자들이 공식시장에서 자신들의 노동력 가치가 무용하게 되면서 생활의 새로운 의미와 목적을 찾아가게 될 피난처는 바로 '사회적 경제social economy'가 될 것"이라고 주장한다.[6] 그는 사회적 경제는 기계에 의해서 대체되거나 환원될 수 없는 인간관계, 친밀감, 동료 의식, 형제애적 연대, 봉사정신에 입각하고 있다고 말한다.

사회적 경제의 역사적 기원은 사람들이 집단으로 노동하고 그 결과물을 공유하던 시대부터 시작되었다고 볼 수 있다. 근대에 사회적 경제가 처음 등장하기 시작한 것은 산업사회로의 진행 과정에서 발생하는 문제들에 대해 노동자들이 소비조합이나 상호공제조합 등을 조직하여 대처한 데에서 찾아볼 수 있다. 대표적으로 영국의 로버트 오웬Robert Owen의 운동을 예로 들 수 있다. 오웬은 뉴라나크의 트위스트 방직회사의 총지배인으로 근무하면서 직공들이 저렴한 가격으로 물건을 구입할 수 있도록 협동조합의 원형이라 할 구내매점을 개설하고, 직공진료시설, 양로보험제도, 저축은행, 주방 및 식당의 공동운영 체제도 갖추었다.[7] 그는 1813년 『사회에 관한 새로운 견해－성격형성론』에서 노동자들의 객관적 노동조건과 주관적 품성을 동시에 개량하여 이루어지는 새로운 인간형으로의 변화는 결국 생산력 증진으로 나타날 것이라고 했는데, 실제 이러한 방식을 경영에 도입한 회사의 이윤은 계속 증가했으며, 덕분에 뉴라나크는 한때 '사회개량운동의 중심지'로 국제적인 명성을 얻기도 했다. 오웬은 다시 1836년 햄프셔에 퀸즈우드라는 공산주의적 공동체를 건립했으나 결국 1854년 와해되고 말았다. 1858년 11월 오웬이 눈을 감기 하루 전에 "나는 이 세계에 중요한 진리를 가져왔다. 세상이 그것을 존중하지 않았다면 아마도 그것을 이해하지 못했기 때문일 것이다. 나는 시대를 너무 앞서갔

---

6 제러미 리프킨, 이영호 역, 『노동의 종말』, 민음사, 2005, 350～392쪽.
7 박호성, 『공동체론』, 효형출판, 2009, 201～240쪽.

다"고 말했듯이, 그의 협동조합이나 공동체 조직은 성공하지는 못했지만, 사회적 경제의 중요한 역사적 경험이었다.

사회적 경제에 대한 정의는 국가별 자본주의의 발전단계나 사회상황의 차이에 따라 조금씩 다르다. 그런데 유럽위원회가 정리한 사회적 경제의 공통된 특성은 ① 비영리성 ② 일인일표원칙에 의한 자율적 운영 ③ 시민들의 자발적 참여이다.[8] 사회적 경제는 조직 측면에서 이용자 1인 1표제에 의해 민주적 의사 결정을 중시하며, 경영을 책임지는 이사회의 구성도 민주적 대표성을 원칙으로 삼는다. 또한 사회적 경제는 환경친화적 유기농작물, 윤리적 소비, 자원재활용을 통해 상호부조적 경제공동체를 지향한다. 최근 들어 환경문제에 대한 관심이 고조되면서 사회적 경제조직이 환경적으로 지속가능한 대안적 경제공동체로 더욱 주목받고 있다.

일반적으로 사회는 3대 혹은 4대 섹터로 나눈다. 3대 섹터로 구분하면 정부·기업·제3섹터(시민사회)이고, 4대 섹터로 구분하면 여기에 가계household를 포함한다. 제3섹터를 대개 미국에서는 비영리부문으로, 유럽에서는 사회적 경제로 이해한다. 비영리부문은 수익을 구성원에게 분배할 수 없으나 사회적 경제조직은 가능하다는 점에 차이가 있다. 제3섹터는 정부나 기업과 완전히 분리된 것이 아니라 이들로부터 다양한 영향을 받으며 사회경제적 상황에 따라 각국별로 다양한 전개양상을 보이고 있다.

1970년대 중반 이후 유럽에서 경제 위기와 함께 지역사회 차원에서

---

8 주성수, 『사회적 경제 – 이론, 제도, 정책』, 한양대 출판부, 2010, 32~33쪽.

다양한 사회적 경제조직들이 생겨났다. 특히 68혁명의 영향으로 소액대출microcredit, 공정무역fair trade, 지역고용교역체계LETS(Local Employment & Trading System) 등의 대안경제운동이 전개되었는데, 이를 '연대적 경제'라고 부르기도 했다.

사회적 경제를 긍정적으로 보는 관점은 첫째 자본주의체제의 시장경제에 내포된 모순을 격파할 급진적 전략으로 보는 입장, 둘째 국가와 시장의 보완적인 영역으로 인식하는 입장으로 나뉜다.[9] 첫째 입장은 사회적 경제의 자본주의에 대한 해방적 성격으로 노동력의 탈상품화, 지역사회의 결속을 통한 탈중앙정치, 민주적인 자주관리와 사회적 연대성을 들고 있는데, 이러한 견해는 과거의 유토피아적 전통의 역사적 경험을 근거로 한다. 이러한 입장의 논자들은 대개 '지역고용교역체계', '지역통화'와 같은 실천방법에 주목한다. 두 번째 입장은 사회질서를 변화시키는 것보다 특정한 사회문제 해결이나 사회적 취약계층의 생활개선에 중점을 둔다.

그러나 한편으로는 사회적 경제가 국가를 대신하여 사회적 약자층의 '관리자' 역할을 떠맡음으로써 의도하지 않게 신자유주의의 위기를 지체시킨다고 비판하는 입장도 있다. 신자유주의가 복지국가를 해체하는 과정에서 사회적 경제를 완충장치로 이용하는 동원전략을 구사하고 있다고 본다. 따라서 설혹 사회적 경제가 신자유주의에 대한 비판적 문제의식에서 출발했다 하더라도 결국 그 대리인으로 전락하고 말 것이라고 비관적으로 보는 것이다.

---

9 장원봉, 『사회적 경제의 이론과 실제』, 나눔의집, 2006, 49~60쪽.

여러 비판에도 불구하고 사회적 경제조직은 국가나 시장이 충족시켜주지 못하는 공공서비스나 사회적 약자층의 일자리와 복지를 제공하는 역할을 수행하고 있다. 유럽의 사회적 경제 조직들은 지역사회에 기반을 두고 사회서비스나 복지 관련 서비스, 일자리 창출 등의 분야에 집중되어 있다.

그런데 유럽의 사회적 경제가 신자유주의의 발흥에 따른 복지국가의 퇴조에 대한 대응방안으로 부각된 반면, 한국의 경우에는 오히려 국가 차원에서 복지문제에 대한 접근방법의 일환으로 사회적 경제에 관심을 가지고 이를 활용하려는 점이 다르다. '인증 사회적 기업'의 예에서 보듯이, 한국에서는 정부가 사회적 경제를 주도하고 있는 상황이다. 그러나 근래의 사회적 경제의 확산 이면에는 시민단체 등 제3섹터가 노동자나 빈곤층의 복지와 실업 문제를 화두로 전개해온 생산공동체운동이나 협동조합운동 등 오랜 사회운동의 연륜이 존재한다는 사실을 유의해야 한다.

4. 사회적 경제의 다양한 실천

사회적 경제 형태의 조직은 크게 보아 협동조합, 공제회, 결사체로 분류된다.[10] 그런데 사회적 경제를 광의로 해석하는 유럽위원회는 여기에 재단foundation을 포함시키기도 한다. 이들 세 유형의 조직은 자발적이고 개방적인 멤버쉽, 1인 1표에 의한 평등투표권과 다수결의 원칙, 정부로부터 자율과 독립을 공통적인 운영원리로 취한다.

사회적 경제 조직의 가장 대표적인 유형은 협동조합으로 농업, 신용, 저축, 소비 등 여러 부문에 걸쳐 다양하다. 공제회는 역사적으로 오랜 기원을 가지나 현대에는 사회보장제도의 하나로 주로 건강보험이나 각종 보장보험으로 정착되어 있다. 결사체는 UN에서 공식명칭으로 사용하는 NGO(non-governmental organization), 미국 세법에서 사용하는 명칭인 NPO(non-profit organization) 등의 시민결사체가 여기에 해당되는데, 활동 영역이나 주도층의 성향, 유형별로 그 범주가 매우 다양하다.

현재 한국에서도 경제적 영역별로 다양한 사회적 경제조직체를 만들어 활동하고 있다. 생산분야에서는 대표적으로 사회적 기업, 소비영역에서는 생활협동조합·의료생협·공동육아협동조합, 교환영역에서는 지역통화·아나바다운동단체, 분배영역에서는 소액대출·자선모금단체 등을 들 수 있다.

1) 협동조합

협동조합운동은 소비자들이 직접 협동조합을 만들어 생활에 필요한 물자를 공동구매하거나 자신들의 삶의 모습을 협동조합 정신에 맞게 변화시켜 나가는 생활공동체운동이다. 1995년 국제협동조합연맹

10 주성수, 앞의 책, 2010, 46~47쪽.

결의안에 의한 협동조합 운영의 7대원칙은 ① 자발적이고 개방적인 조합원제도, ② 조합원에 의한 민주적 관리, ③ 조합원의 경제적 참여, ④ 자율과 독립, ⑤ 교육 훈련 및 정보제공, ⑥ 조합 간의 협동, ⑦ 지역사회에 대한 기여 등이다.

협동조합의 선구는 1844년 영국 공업도시 로치데일의 직물노동자들이 버터, 밀가루 등의 생필품 구입을 목적으로 출자해 조직한 소비조합이다. 이전 시기에도 협동조합이 존재했으나, 그 기원으로 일반적으로 로치데일公正先驅者組合Rochdale Society of Equitable Pioneers을 꼽는 이유는 장기간 존속하며 성공적인 결과를 가져왔기 때문이다. 그 성공의 이유는 1인 1표제, 정치 및 종교적 중립 등 민주주의원칙을 견지했기 때문이었다. 로치데일의 성공 이후 각국의 사회경제적 특성에 따라 영국에서는 노동자소비조합, 프랑스에서는 생시몽의 영향을 받은 노동자생산조합과 퓨리에의 영향을 받은 농업협동조합, 독일에서는 농촌의 경우 라이파이센식 신용조합과 도시의 경우 슐첸식 신용협동조합이 발전했다. 이와 같이 유럽의 협동조합은 본래 노동자의 상호부조 조직으로 시작되었지만, 제2차 세계대전 후 유통혁명이 진행되면서 사업의 축이 노동자에서 국민 전반으로 이동되었다. 특히 오늘날의 협동조합은 주위 환경 변화에 대응하여 활동영역과 조직 대상이 더욱 확대되고 다양화되어 가고 있다.

일본의 경우 특히 생활협동조합운동이 매우 활발하다. 로치데일조합을 모델로 삼아 공동구매를 하는 소비조합이 세워진 것은 1921년이며 1948년 생협법이 제정되었고, 1951년에는 일본생활협동조합연합회가 설립되었다. 일본 전국에서 지역생협의 평균조직률은 31.7%로

10가구 가운데 3가구가 생협 조합원인 셈이다. 유럽형 생협은 아무런 제약이 없어 비조합원의 이용에 의존하고 있으며 활동구역의 제한도 없기 때문에 광역 혹은 전국 차원의 생협 설립이 가능하고 TV를 통한 선전광고도 가능하다. 반면 일본은 생협법에 의해 비조합원 이용이 금지되고 있으며, 지역생협의 활동구역이 현의 경계를 넘을 수 없게 되어 있다. 일본 생협은 유럽형 보다 사회운동의 성격이 강하다고 볼 수 있다.[11]

우리나라에서 이 운동이 활발하게 전개된 것은 1980년대 초부터지만, 역사적 연원을 따지면 1920년대 물산장려운동의 구체적 방침으로 애용장려가 표방되고 영국의 로치델조합이론을 모델로 한 소비조합을 조직하면서였다.[12] 해방 이후 협동조합운동은 1988년 한살림공동체소비자협동조합, 1989년 여성민우회 생활협동조합 등이 활성화된 1980년대 후반부터 전국적으로 본격화되었다. 초기에는 일반생활용품을 나누는 구판장 형태로 전개되다가, 1980년대 중반부터 유기농산물을 주로 취급하는 공동구입형 조합이 중심이 되었고, 1990년대부터는 생명운동이나 환경운동과 결합된 생활협동조합운동이 추진되었다. 특히 1999년 8월 소비자협동조합법이 시행되면서 생활협동조합 설립이 크게 증가했고 사업도 매우 활발해졌다.

한국에서 협동조합운동이 가장 활발하게 장기간에 걸쳐 지속되고 있는 지역은 원주이다. 1972년 무위당 장일순과 지학순 주교의 주도

---

11 일본21세기코프연구센터 편, 한국생협연합회 역, 『생협 인프라의 사회적 활용과 그 미래』, 푸른나무, 2006, 25~31쪽.

12 오미일, 「1920년대 부르주아민족주의계열의 협동조합론」, 『역사학보』 169, 71~74쪽.

로 원주밝음신용협동조합이 창립되어 고리대금업과 사채로 고통받는 저소득층을 지원했다. 원주협동조합운동의 뿌리인 밝음신협은 40년이 지난 지금 조합원이 약 1만 5천여 명에 이르고 있다. 1985년에는 우리나라 최초의 생협인 원주한살림을, 1989년에는 지역의 생산농가를 중심으로 원주생활협동조합을 창립했다. 그리고 2002년에는 이들 조합이 협동하여 원주의료생활협동조합을 설립했다.

신자유주의의 파고 속에 협동조합의 위기를 타개하기 위해서는 '협동조합 간의 협동'이 필요함을 인식하게 되어 2003년 6월 밝음신용협동조합, 원주한살림소비자생활협동조합, 원주소비자생활협동조합, 원주의료소비자생활협동조합, 공동육아협동조합 소꿉마당, 남한강삼도소비자생활협동조합, 성공회원주나눔의 집, 원주지역자활센터 8개 단체가 모여 원주협동조합운동협의회를 결성했다. 그후 협의회의 지원으로 상지대학생활협동조합, 노인생활협동조합(2006) 등 새로운 조합이 계속 결성되어 현재 13개 조합에 이르렀다.

2) 지역통화

지역통화제도는 재화와 서비스를 지역 내에서 순환시켜 지역경제를 살림으로써 지역공동체와 생태계를 살리려는 운동이다. 이 운동에서는 기존 시장경제에서 전통적으로 무가치한 것으로 평가받았던 아이 돌보기, 말벗 해주기, 노인이나 병자 돌보기와 같은 경제활동의 가치를 재평가한다.

지역통화운동은 지역의 경제적 조건에 따라 지역교환거래시스템local exchange & trading system 혹은 지역고용거래시스템local employment & trading system 등의 형태로 행해지고 있다. LETS는 1983년 캐나다의 브리티시컬럼비아주 코목스 밸리라는 삼마을 광산촌에서 컴퓨터프로그래머 출신 마이클 린턴Michael Linton이 처음 만들었다. 그는 1980년대 초의 경제불황으로 실직하게 되자 지역사회의 주민들이 중앙은행에서 발행한 화폐를 매개로 하지 않고 비영리적으로 재화와 서비스를 교환하는 호혜적 경제네트워크를 창안했다.[13]

1997년 당시 영국 350여 개 지역, 호주 200여 개 지역에서 레츠가 운영되었는데, 특히 호주는 레츠가 매우 발달한 나라로 알려져 있다. 호주의 레츠 활동가 패트리샤 녹스가 "만약 세계경제가 붕괴한다면 호주는 살아남을 가능성이 가장 큰 나라일 것이다. 왜냐하면 이 나라는 번창하는 대안적 경제를 발전시켜왔기 때문이다"라고 지적한 것은 레츠의 사회적 역할을 잘 나타낸다.

지역통화는 거래단위가 녹색달러, 타임달러, 이타카 아워즈Ithaca Hours, 두루 등 지역별로 다양한 이름으로 통용되고 있다. 지역통화에는 첫째 중앙통화와 다른 지역통화(지폐)를 별도로 발행하여 화폐를 통용하는 방법, 둘째 통화단위로 노동시간을 취하는 방법 등이 있다. 첫 번째 유형으로는 대표적으로 미국 뉴욕주 이타카시에서 폴 글로버Paul Glover가 만든 '이타카 아워즈'나 충북 보은의 '보은화폐'를 들 수 있다. 이는 중앙은행 발행 화폐처럼 직접 인쇄한 지폐이다. 그리고 이 지

13 패트리샤 녹스·닉 잉글랜드, 「레츠와 녹색경제 – 영국의 레츠」, 『녹색평론』 27호, 1996 참조.

역화폐를 보조하는 수단으로 버스표나 수표 등을 보완적으로 활용하는 방식도 있다. 두 번째 유형으로는 화폐나 전표가 없이 중앙등록소에서 재화의 생산과 교환을 등록하고 증서를 발행하는 방식이 있다. 예를 들어 미국 에드가 칸Edgar Cahn 교수가 개발한 타임달러시스템은 1시간의 서비스 제공에 1타임달러를 지불하는 것이다. 그리고 캐나다, 호주, 뉴질랜드의 지역통화운동에서도 계정을 만들어 이를 관리하는 방식을 취하고 있다. 이는 화폐발행 비용문제, 그리고 기존 중앙화폐 중심 경제시스템과의 마찰을 피할 수 있다는 점에서 바람직한 방식으로 이야기된다.

한국에서는 지역통화제도가 1996년 『녹색평론』에 소개된 후, 1998년 3월 '미래를 내다보는 사람들의 모임'(미내사)이 '미래화폐'란 이름으로 지역통화제도를 실시한 것이 처음이었다. 이후 송파품앗이, 서초품앗이, 봉천10동 기술도구은행 등 여러 지역에서 다양한 방식으로 실시되고 있다.

가장 활발한 곳은 2000년 70여 명으로 시작되어 2010년 2월 450가구가 회원으로 가입, 활동하고 있는 대전의 한밭레츠이다. 한밭레츠는 지역통화 단위로 '두루'를 사용하는데, 회원들이 원하는 것과 제공하고자 하는 서비스나 물품을 등록소에 알려주면 소식지나 홈페이지를 통해 회원들이 서로 교환할 수 있게 하는 시스템이다. 지역통화운동이 확장되면서 별도로 민들레의료생협을 조직하기도 했는데, 생활협동조합과의 연계활동을 통해 성공한 사례로 꼽힌다.[14]

---

14 박용남, 「지역품앗이, 한밭레츠」, 『로컬리티의 인문학 뉴스레터』 17, 부산대 한국민족문화연구소, 2010, 2~3쪽.

지역통화운동이 활발하게 이루어지고 있는 '한밭레츠'의 홈페이지

3) 사회적 기업social enterprise

사회적 기업이란 개념은 미국에서 비롯되었는데, 사회적 가치를 추구하는 혁신적인 비즈니스를 의미하는 것으로 이해되며 정부의 제도적 지원은 없다. 반면 유럽에서는 복지정책의 일환으로 활동이 전개

NPO 아쇼카Ashoka재단의 창립자인 빌 드레이튼Bill Drayton[15]

되고 있으며 대부분 국가에서 지원하고 있다. OECD는 사회적 기업을 "공공 이해를 위해 수행되고 이윤극대화가 아니라 특정한 사회적 경제적 목표 달성을 목적으로 하는 기업가 전략으로 조직되어 사회적 배제나 실업 같은 문제에 혁신적인 해결책을 제시하는 역량을 가진 사적 기업"이라고 정의한다.[16] 요컨대 사회적 기업은 협동조합의 경제활동과 비영리조직의 사회적 활동을 공유함으로써 회원들의 이익과 함께 공동체 전체의 이익도 추구하는 영역이라고 할 것이다.

사회적 기업이란 단어는 NPO 아쇼카Ashoka재단의 창립자인 빌 드

15 「밝은 표정의 빌 드레이튼」, 『뉴시스』, 2010.6.4.
16 주성수, 앞의 책, 2010, 99쪽.

레이튼Bill Drayton이 '사회적 기업가들'이란 네트워크를 만든 데에서 유래한다. 경제학자이자 하바드대 케네디스쿨 교수인 빌 드레이튼은 사회적 기업가들에 대한 지원을 목적으로 1980년 미국 버지니아주에 아쇼카재단을 설립했다. 이 재단은 사회적 기업의 창립 목적과 창의력, 윤리성, 기업가적 자질을 중시하여 지원한다. 기부문화가 활발한 미국에는 아쇼카재단과 같이 사회적 기업을 지원하는 재단이 상당수 존재한다. 이 재단들은 사회적 기업에 대한 지원을 자선이나 시혜가 아닌 투자로 인식한다.

일례로 1989년에 아쇼카재단의 지원을 받은 파비오 로사는 전기가 부족한 지역에서 생활하는 브라질인을 위해 태양에너지를 값싸게 사용할 수 있는 방법을 개발했다. 그가 세운 사회적 기업 '솔라 홈시스템'은 브라질의 전기료를 70~80% 절감했으며 100만 명에게 빛을 선물했다. 이 기업의 아이디어는 23개국으로 전파되었다. 또한 2002년 지원을 받은 미국의 사회적 기업 '경계 없는 놀이터'는 장애, 비장애 아동들이 함께 뛰어놀 수 있는 놀이터를 설계해 유치원, 초등학교, 공원 등에 1만 개 이상 보급했다. 이와 같이 미국 사회적 기업의 활성화 배경에는 벤처 자선이 활발한 사회분위기가 크게 작용하고 있으며, 또한 사회적 기업의 특징으로 비즈니스적인 방법과 관행이 매우 강한 점을 들 수 있다.

반면 유럽의 사회적 기업은 지역사회에 기여하는 사회적 목적을 지향하며, 시민단체에 의해 조직이 구축되고, 의사결정구조는 1인 1표제를 원칙으로 한다. 특히 유럽에서는 국가 차원을 넘어서 EU 차원에서 적극적인 관심을 가지고 지원하고 있다.

우리나라에서는 2007년 7월 1일부터 '사회적기업육성법'을 시행하고 있다. 이 법의 제2조 1항에서는 사회적 기업을 "취약계층에게 사회서비스 또는 일자리를 제공하여 지역주민의 삶의 질을 높이는 등의 사회적 목적을 추구하면서 재화 및 서비스의 생산·판매 등 영업활동을 수행하는 기업으로서 제7조에 따라 인증받은 자"라고 정하고 있다. 정부가 법의 제정을 통해 사회적기업인증제를 실시하고 인증된 기업에 대해 지원을 하면서 사회적 기업의 주요 주체는 정부가 되었다. 그런데 정부는 사회적 기업의 의미를 사회서비스보다 주로 취약계층의 일자리 창출에 두고 있다.

2012년 현재 우리나라의 인증 사회적 기업은 총 680개로 서울 158개, 경기 118개, 부산 47개, 경북 39개, 대구 35개 순으로 주로 수도권과 광역도시에 집중되어 있다.[17] 이들 사회적 기업은 업종 면에서 보면 환경, 교육, 문화·예술·관광·운동, 간병·가사지원, 보건, 사회복지, 기타로 분류된다.

사회적 기업이 지역재생에 기여한 대표적 사례로는 전라북도 진안군의 (유)나눔푸드를 들 수 있다. (유)나눔푸드는 2003년 시장형자활근로 외식사업단인 '녹수청산먹거리사업단'에서 시작하여 2005년에는 진안군으로부터 결식계층 급식사업을 위탁받아 사회적 일자리형 자활근로도 병행했다.[18] 이후 두 사업을 통합해서 운영하면서 자활공동체로 인증받았으며, 지자체-정부-NGO-기업의 협력모델인 SK행

---

17 한국사회적기업진흥원 http://www.socialenterprise.or.kr/kosea/company.do(검색일 : 2012.7.30) 사이트 참조.

18 김정원, 『사회적 기업이란 무엇인가』, 아르케, 2009, 149~153쪽.

아름다운가게가 네팔 콜로니마을에 개관한 '아름다운 도서관'[19]

복나눔재단의 '행복도시락 진안점'으로 지정받았다. 이후 2008년 5월 유한회사 나눔푸드를 설립하고 7월경 사회적 기업으로 인증받았다. 종전의 공공급식, 외식사업 이외에 홍삼가공사업과 농산물생산으로 확대하면서 지역 일자리 창출에 기여하고 있다.

또한 시민단체가 물품재활용과 소외계층 지원을 위해 공익사업을 전개하다가 사회적 기업으로 인증 받은 경우도 있다. '아름다운가게'는 사용하지 않는 헌 물건을 기증하여 자원을 아끼는 생활환경운동이자 기부 받은 물품을 기부금으로 전환하여 정기적으로 배분하는 자선사업을 전개하다가 2007년 사회적 기업으로 인증받았다. '아름다운가

19 자료 제공 : 아름다운가게.

게'는 2002년 10월 안국동 1호점을 시작으로 2013년 현재 전국적으로 130개의 매장을 운영하고 있다. 영국의 국제구호기구 옥스팜Oxfam의 활동을 벤치마킹했다고 하는데 2010년부터는 네팔 콜로니마을에 '아름다운 도서관'을 개관하는 등 해외직접배분도 시행하고 있다.

참고문헌

신명호, 「한국의 '사회적 경제'개념 정립을 위한 시론」, 『동향과 전망』 75, 2009.
오미일, 「글로벌경제의 대항 비전으로서 사회적 경제」, 『로컬리티인문학』 4, 부산대 한국민족문화연구소, 2010.

패트리샤 녹스·닉 잉글랜드, 「레츠와 녹색경제-영국의 레츠」, 『녹색평론』 27호, 1996.3·4.

김정원, 『사회적 기업이란 무엇인가?』, 아르케, 2009.
박원순, 『마을에서 희망을 만나다』, 검둥소, 2009.
박호성, 『공동체론』, 효형출판, 2009.
장원봉, 『사회적 경제의 이론과 실제』, 나눔의집, 2006.
주성수, 『사회적 경제-이론, 제도, 정책』, 한양대 출판부, 2010.

노암 촘스키, 강주헌 역, 『그들에게 국민은 없다』, 모색, 1999.
에드가 칸, 구미요한센터 역, 『이제 쓸모없는 사람은 없다』, 아르케, 2004.
제러미 리프킨, 이영호 역, 『노동의 종말』, 민음사, 2005.
제리 맨더·에드워드 골드스미스, 윤길순·김승욱 역, 『위대한 전환-다시 세계화에서 지역화로』, 동아일보사, 2001.
조너선 크롤, 박용남 역, 『레츠-인간의 얼굴을 한 돈의 세계』, 이후, 2003.
존스턴 버챌, 장종익 역, 『21세기의 대안 협동조합운동』, 들녘, 2003.
칼 폴라니, 홍기빈 역, 『거대한 전환』, 길, 2009.
Borzaga, Carlo. · Defourny, Jacques. 편, 박대석·박상하·고두갑 역, 『사회적 기업-이론과 실제 편』, 시그마프레스, 2009.
Peattie, Ken., 조영복·곽선화·류정란 역, 『사회적 기업-다양성과 역동성, 배경과 공헌』, 시그마프레스, 2010.

로컬푸드와 슬로푸드

엄은희

1. 먹거리 위기의 시대

슬프게도, 앞으로 제가 이야기할 18분 동안, 4명의 미국인이 사망하게 될 것입니다. 그들이 먹는 음식 때문이지요. 제 이름은 제이미 올리버이고 서른네 살입니다. 영국 에석스 출신이고, 지난 7년 동안 생명을 구하기 위해 꽤 열심히 제 방식대로 노력해 왔습니다. 저는 의사는 아닙니다. 요리사죠. 값비싼 장비도 없고, 약도 없습니다. 저는 정보와 교육을 이용합니다. **저는 음식이 갖는 힘에 대해 확고한 믿음이 있습니다. 음식은 우리 가정의 근본이고 삶의 최고의 순간들을 누리게 해 준다는 겁니다.**

그런데 우리는 지금 끔찍한, 정말이지 끔찍한 현실에 직면해 있습니다.

미국인 여러분, 역시 성적이 최고군요. 이 나라는 세계에서 가장 건강하지 못한 나라 중 하나입니다.

잠깐 손을 좀 들어봐 주세요. 여기 계신 분들 중 자녀가 있으신 분? 손을 들어 주세요. 이모나 삼촌들도 손을 들어 봐 주세요. 어서요. 대부분 그러하시군요. 그래요, 지난 4세대에 걸쳐 우리 어른들은 우리의 아이들에게 (어이없는) 운명을 내려주었습니다. 자기 부모보다도 더 짧은 수명을 갖도록 말이죠. 당신의 자녀의 수명은 당신들보다 10년이나 짧을 운명을 맞이하게 될 것입니다.

제이미 올리버의 TED 강연 장면[1]

1 http://www.tedprize.org/jamie-oliver/에서 위 인용문을 포함한 강의 전체를 볼 수 있다. 2010년 2월 12일, 제이미 올리버의 미국 강연 중에서(강조는 필자).

앞에서 인용한 글은 영국의 저명한 요리사이자 이제는 먹거리 운동가로 더 유명한 제이미 올리버가 2010년 초 미국인들을 대상으로 한 강연의 일부를 번역한 것이다. 부모 세대에 비해 평균 수명이 10년 이상 줄어들 것이 현 자녀 세대들의 운명이라는, 이 가혹한 현실을 알리는 것으로 그의 강연은 시작되었다. 그 원인은 바로 지금 현 세대들이 일상적으로 섭취하는 음식 때문이다. 그런데, 이러한 현실이 단지 미국과 서구 사회만의 문제일까? 지난 5년 간 한국에서 벌어졌던 일련의 사건들은 먹거리 위기가 그들의 문제가 아니라 바로 여기 우리의 문제이기도 하다. 지난 5년 사이 한국사회를 뒤흔들었던 먹거리 관련 사회문제와 사건들은 한국사회의 음식 사회학의 위기를 다음과 같이 여실히 보여준다.

2008년 4월 한국과 미국 정부가 한미 FTA협상에서 가장 큰 논란거리였던 한국의 미국산 쇠고기 수입을 재개하기로 합의한 뒤, 전국 곳곳의 광장은 이를 반대하는 시민들의 촛불로 뒤덮였었다. 바로 광우병에 대한 두려움 때문이었다. 정부는 미국에서의 검역 강화와 30개월령 미만의 쇠고기 수출만을 약속받았다고 밝혔지만, 국민들은 정부의 허술한 협상 태도와 의견 수렴 없는 밀어붙이기식 정책 결정에 깊은 분노를 표현했던 것이다. 국민의 건강을 위협하는 것은 광우병에서 그치지 않았다. 2010년 겨울이 다가오는 11월 말을 시작으로 그 후 6개월 동안 한국사회는 낙동강 전선 이남을 제외한 대한민국 영토 전역에 불어닥친 구제역 파동을 또다시 겪어야만 했다. 보건당국은 인체에 해롭지는 않다고 강조했지만, 수없이 많은 가축들을 땅 속에 생매장하는 광경을 목격해야만 했다. 무려 1,000만 마리에 달하는 소, 돼지, 닭, 오리 등이 구제역, 조류 인플루엔자를 이유로 이른바 '살처분'을 당했다. 살처분이란 말이 지닌 기능적이고 객관적인 명명 속에 감추어져 있지만 살처분의 실상은 근 4개월에 걸쳐 천여 마리의 살아있는 짐승을 산 채로 매장하는 잔인함의 연속이었다. 그렇게 죽어간 동물 중에는 구제역 감염이 확인된 가축의 사육지 주변 10km에 있다는 이유로, 다시 말해 발병하지 않았음에도 단지 감염 가능성이 있다는 이유만으로 죽임을 당한 짐승들도 상당수 포함되어 있었다. 먹을거리를 둘러싼 위기는 여기에 그치지 않는다. 국제적인 가축 질병뿐 아니라 중국산 농수산물의 식품 안전성 문제와 각종 불량식품 적발 사례들이 매스컴을 통해 빈번하게 전달되면서, 식품 안전을 둘러싼 시민들의 위기의식은 높아져가고 있다.

본격적인 근대화 과정에 진입한 이래로 우리의 음식문화는 점점 악화되어 가며 혼돈상태로 빠져들어 왔다. 지켜야 할 최소한의 생명윤리가 익명의 경쟁사회 속에서 실종되면서 때로 음식이 생명을 위협하는 무기로 둔갑하는 경우들도 자주 발생한다.

그러함에도 여전히 먹고사는 문제는 이 땅에서 하루하루를 살아가고 있는 우리 생활의, 문화의 중심을 차지한다. 노동하는 기계로서의 육체에 요구되는 칼로리를 채우는 것을 넘어 현대사회가 삶의 질을 추구하기 시작하면서 점차 우리는 과식의 시대를 넘어 건강을 추구하는 시대로 넘어가고 있다. 그 길에서 로컬푸드와 슬로푸드는 새로운 식문화이자 대안적 문화로 우리에게 제시되고 있다.

본 글에서는 로컬푸드와 슬로푸드의 개념을 넘어서, 이러한 대안적 식생활에 대한 관심이 나타나게 된 원인을 점검함으로써, 하나의 유행이 아니라 삶의 양식으로서의 문화적 전환cultural turn을 위한 체계적인 노력들에 대해 알아보게 될 것이다. 그런데 로컬푸드나 슬로푸드는 대안적 개념은 그 자체로 대안적 아이디어이다. 즉, 그러한 사고방식이 발현되기 위한 대립되는 문제 상황과 이에 대한 문제의식이 존재했다는 것이다. 따라서 로컬푸드와 슬로푸드의 이야기로 직행하는 대신 먼저 현대 사회의 먹거리 문제를 세계식량체계라는 관점에서 비판적으로 검토하고 이어서 로컬푸드와 슬로푸드 개념의 등장과 현재적 양상에 대해 살펴보도록 하겠다.

2. 농업의 세계화와 식량체계의 변화

우리가 매일 섭취하는 음식은 일정한 틀과 절차에 따라 생산, 가공, 유통, 분배되는데, 이러한 틀을 농업학계에서는 식량체계food system라 부른다.[2] 앞서 농업경제학에서 일부 다루어졌던 식품체인food chain과 식량경제food economy라는 개념과는 달리, 식량체계는 단순히 경제적 측면에서만 다루어지는 것이 아니라 생산, 가공, 유통, 분배를 둘러싼 생물학적, 정치경제학적, 사회문화적 측면을 상호관련 하에 파악할 수 있는 개념이다. 나아가 식량체계 안에서 활동하는 행위자는 생산

2 (세계)식량체계에 대한 상세한 설명은 다음의 저서를 참고. 김종덕, 『먹을거리 위기와 로컬푸드 – 세계 식량 체계에서 지역 식량 체계로』, 이후, 2009, 55~79쪽.

자인 농민과 농업노동자뿐 아니라 가공과 제조업자, 도매 및 소매업자, 요리사나 요식업자를 넘어서 최종적으로 식량을 섭취하는 소비자까지 포괄하는 복잡한 관계망을 가지고 있다.

전통적인 식량체계에서 식량은 제한된 소규모 지역에서 생산되고 지역 내에서만 유통되고 소비되면서 기후를 포함한 자연환경의 조건 하에서 제한되었다. 즉, 전통적인 식량체계 하에서 생산자인 농민들은 상당한 자율성을 가지고 자연의 특성에 따라 식량을 생산하였으며, 소비자들도 자신들이 먹는 음식을 누가 어떤 방식으로 생산했는지 알 수 있었다. 하지만 근대화 이후 농업에서도 점차 세계화가 진행되면서 생산은 대규모화되고 산업화되어 갔다. 산업적 농업은 효율성을 중시하고 공장 원리를 농업에 적용하는 농업경영방식이다. 농업생산이 이윤을 추구하기 시작하면서 다양한 작물체계보다는 단일 작물체계가 우세하게 되었다. 또한 영농기술의 발전, 각종 보온재료와 에너지원 활용의 증대, 각종 농업 투입재(비료 및 기계)의 사용으로 농산물의 사철 생산이 가능해지면서 바야흐로 농업은 자연적인 기후의 제약을 벗어나게 되었다. 가장 중요하게 농업은 이제 지역시장이 아니라 세계시장을 겨냥해 이루어지게 되면서 소위 지구적 규모의 세계식량체계global food system가 만들어지게 된 것이다. 아래 【자료 1】은 한국인의 일상적인 식량소비 패턴이 얼마나 깊숙이 세계화의 흐름 속에 들어와 있는가를 보여주는 글이다.

【자료 1】 늘어나고 있는 푸드마일

2004년 7월 31일자 『한겨레신문』에 수록된 기사 「장바구니 속 수입 식품

이동 거리 따져보니」에 따르면, 한국인이 흔히 먹는 수입 식품 19종의 이동 거리food mile를 추적해 본 결과 누적거리로 11만 5,000km가 나왔다고 한다. 참고로, 다음은 『내가 먹는 것이 바로 나』(허남혁, 2008, 책세상)에 수록된 대형마트의 농수축산물의 원산지 정보이다.

어류 : 꽁치-대만, 홍어-아르헨티나, 조기-중국, 동태-러시아, 킹크랩-러시아, 낙지-중국, 화이트새우-태국, 블랙타이거 새우-베트남, 한치-인도네시아, 명태알-미국, 연어-노르웨이와 칠레, 창난젓-미국, 문어-모로코, 가자미-기니, 갑오징어-스페인, 날치알-아이슬란드

육류 : 쇠고기-호주, 베이컨-덴마크

농산물 : 곡물류는 상당수가 중국산, 견과류는 상당수가 미국산

과일 : 오렌지-미국, 키위-뉴질랜드, 포도-칠레, 바나나-필리핀, 파인애플-필리핀[3]

농업이 세계화된다는 것은 위의 인용문에서 보여주듯, 농산물의 상품화가 세계적인 수준에서 일어난다는 것을 의미한다. 농산물이 세계시장에서 선물 혹은 현물로 상품으로 거래되고, 유통도 세계적 수준에서 이루어지는 것이다. 농업이 세계화된 곳에서는 식탁에 오르는 대부분의 농산물이 수천에서 수만km 떨어진 곳에서 생산된 것들이다. 심지어 가까운 곳에서 생산된 농산물이 있어도 소비자들은 그 농산물에 접근하기가 쉽지 않다.

---

3 허남혁, 『내가 먹는 것이 바로 나－사람 · 자연 · 사회를 살리는 먹거리 이야기』, 책세상, 2008, 19～20쪽.

한국에서도 상황은 다르지 않다. 지난 해 8월 말 『강원일보』에 실린 사설에 따르면, 한국에서 성수기 배추 가격이 가장 비싼 곳은 배추의 생산량이 전국 1위인 강원도였다.[4] 상식적으로는 이해하기 힘든 이런 결과는 어떻게 나타나게 된 것일까. 그 이유는 전국에서 생산되는 대부분의 농산물은 우선 수도권의 도매시장에서 경매를 거쳐 다시 지방으로 이동될 수밖에 없도록, 한국사회의 유통업의 구조가 거대화와 중앙 집중화되어 있기 때문이다. 여기에 제3세계에서 굶주리고 있는 사람들의 절반 이상이 농업에 종사하는 사람들이라는 사실까지 덧붙여 생각해보면, 농산물의 생산과 유통과정의 비대화와 불균등성에서 발현되는 문제는 지구적-국가적-지역의 수준에서 매우 심각하다고 볼 수 있다.

한국의 대표적인 농업학자인 김종덕은 이러한 농식품 생산체계의 변화에 대해 식량의 생산과 소비와 유통의 측면에서 "산업의 시간이 자연의 시간을 대체"한 것으로 설명한다.[5] 현대 산업사회의 속도와 효율성에 대한 강조와 숭배가 그간 자연의 지배를 받던 농업과 음식의 영역에서도 영향력을 미치고 있다는 것이다. 농업의 산업화가 진행되면서 이제 농장은 공장이 되고, 종자 개량을 포함하는 각종 기술적 혁신을 통해 파종에서 수확까지 계절과도 무관하게 식량이 생산되고 유통되고 있다. 세계 식량체계의 확산으로 우리가 먹는 일상음식의 식재료의 유통거리가 점점 더 늘어가고 있다. 식생활에서 직접 요리가 아닌 가공식품이 차지하는 비중도 크게 늘어났다. 식사 시간을 가족

---

4 『강원일보』, 2011.08.29.

5 김종덕, 『음식문맹자, 음식시민을 만나다』, 따비, 2012, 17쪽.

이나 친구들과의 사교와 나눔의 시간으로 고려하던 전통도 점점 사라져가고 있다. 줄어든 식사 시간에 적당한 음식도 고안되고 공급되고 있다. 별도의 조리과정을 요하지 않으며 전자레인지에 데워 바로 먹을 수 있는 냉동식품이나 각종 인스턴트 식품들, 이름하여 패스트푸드fast food의 시대가 함께 도래한 것이다.

최근 반복되고 있는 먹거리 위기는 이상에서 살펴본 농식품의 세계화에서 그 근본적인 원인을 찾아볼 수 있다. 지구적 식량체계가 사회경제적 형평성 외에도 자연환경의 파괴, 나아가 인간의 건강에도 악영향을 미치게 되는 부작용이 드러나게 되자, 대안적인 식량체계를 모색하려는 다양한 논의와 시도가 이뤄지고 있다. 그래서 등장한 것이 바로 로컬푸드와 슬로푸드이다. 세계적으로 생산되고 유통되는, 거대 자본의 지배를 받는 세계식량이 아니라 지산지소地產地消[6]의 정신으로 생산되고 유통되는 로컬푸드가 변화의 한 축이며, 식기도 필요 없이 두 손가락만 있으면 허겁지겁 먹어치울 수 있는 패스트푸드에 대한 대안으로 등장한 것이 슬로푸드이다.

보다 중요하게 이러한 대안적 식량체계에 관한 논의의 이면에는 식량생산에 관한 일종의 패러다임 전환의 징후를 발견할 수 있다. 사회경제적 측면에서 현재의 식량의 포드주의적 대량 생산과 소비 체계가 점차 시장의 다양화와 질을 중시하는 포스트포드주의적 체계로의 전환이 그것이다. 이에 농식품 분야의 연구도 양量의 관점에서 탈피하여 질을 관점(음식과 영양, 건강의 문제)로, 그리고 생산의 관점에서 소비

6 일본의 지산지소 운동에 대한 상세한 설명은 다음의 저서를 참고. 브라이언 핼웨일, 김종덕 외역, 『로컬푸드 – 먹거리–농업–환경, 공존의 미학』, 시울, 2006, 248~249쪽.

의 측면을 포괄하는 것으로 연구의 폭이 넓어지게 되었다. 이러한 변화의 양상을 농업-식품연구 분야의 학자들은 질로의 전환the quality turn 혹은 탈생산주의post-productivism의 전환, 소비로의 전환consumption turn과 같은 용어로 설명하고 있다.

3. 로컬푸드의 등장

지구화되고 산업화된 세계 식량체계는 앞에서 살펴보았듯, 수많은 사회경제적, 환경적 문제들을 양산하고 있다. 이러한 문제들에 주목하면서 그 대안으로서 지역 단위에서 지역농민과 소비자들 간의 다양한 직거래 관계를 중심으로 인간과 환경 및 생산자와 소비자 간의 신뢰관계를 회복하고 농업이 지역사회 혹은 지역경제 안에 다시 뿌리내리도록 하는 새로운 경향이 로컬푸드 운동으로 나타나고 있다. 로컬푸드는 생산자와 소비자가 일치되거나 그 물리적 거리가 일정 지역적 범위로 한정되는 것으로 쉽게 인식될 수 있다. 하지만 로컬푸드가 지향하는 거리는 단순히 물리적 거리를 넘어선다. 따라서 물리적 거리를 넘어 로컬푸드가 지향하는 사회적 거리와 시간적 거리를 고려하여 로컬푸드를 폭넓게 정의내릴 필요가 있다.[7]

---

7 허남혁, 「로컬푸드의 등장 배경과 향후 제도화의 가능성」, 브라이언 핼웨일, 앞의 책, 258~261쪽.

최근 로컬푸드를 식량정책의 주요한 지향으로 받아들이고 있는 여러 국가들의 경우를 살펴보자면, 로컬푸드는 반경 50km 이내에서 생산된 식량을 의미하는 것이 보편적이다. 정책적 편의를 고려하면 그 정도 반경을 가진 지자체를 하나의 로컬푸드체계의 단위로 설정하는 경우가 많다. 그러나 로컬푸드에서 거리는 단순히 생산지와 소비지 사이의 거리라기보다는 생산된 농산물이 실제로 이동한 거리를 더욱 중요하게 여길 필요가 있다. 이런 이유에서 로컬푸드가 가져올 이점 중 하나로 이산화탄소 배출량 감축이 중요하게 거론되는 것이다. 다시 말해, 먹거리 운송을 위해 소비되는 화석연료의 사용량을 감축하고 이로써 지구온난화 방지에 기여할 수 있다는 점에서 로컬푸드가 감축한 물리적 거리의 의미를 되새겨 볼 수 있다.

두 번째로 로컬푸드는 먹거리의 생산과 소비 간의 사회적 거리를 줄이는 것을 중요하게 여긴다. 그간 벌어진 식품 관련 위기와 식품 불안의 이면에는 생산자와 소비자 간의 관계가 단절되고 그에 따라 생산자와 소비자가 상호 간에 대한 정보와 신뢰의 부족이 존재한다. 또한 생산자와 소비자 사이에 복잡한 유통구조와 중간 상인들이 존재하면서 생산자는 헐값에 농산물을 처분하고 소비자는 잘 알지도 못하는 먹거리를 비싼 가격에 사먹게 되는 상황도 문제로 지적할 수 있다. 한국뿐 아니라 대부분의 나라에서 로컬푸드 운동의 시작점이 생산자와 소비자 간의 직거래 움직임에서 시작되었다는 사실에 주목할 필요가 있다. 이런 방식이야말로 소농에게는 생계유지를 보장하고 소비자에게는 가격과 품질 측면에서 이익이 되는 양방향의 증진이 이루어질 수 있기 때문이다.

세 번째 로컬푸드의 단축하려는 거리에는 시간적인 측면도 포함된다. 농업에 산업화의 논리가 도입되면서 시설재배와 육종이 낳은 결과로 현대인들은 소위 '제철 음식'에 대한 감각을 상실해 왔다. 이러한 방향의 변화는 영양학적 고려보다는 수확의 편의성과 수확시기 조절을 통한 이윤 극대화의 논리에 더욱 종속되기 때문에 진정한 의미의 혁신이라 보기 어렵다. 자연의 흐름을 따르며 정상적인 생육 속도와 환경 속에서 길러진 지역산의 제철 음식이야말로 가장 신선하고 영양도도 높다는 점에서 로컬푸드를 정의함에 있어 시간적 측면은 반드시 고려해야 할 요소라 할 수 있다. 로컬푸드를 정의함에 있어 물리적인 거리 외에 사회적 거리와 시간적 거리까지 함께 고려하는 것은 그 동안 국민국가 수준에서 제기되었던 '신토불이 국산 농산물'이라는 사고를 벗어나 새로운 가능성으로서의 로컬푸드의 가치를 이해하는 데 도움이 된다.

'건강'과 '친환경성'을 강조하는 유기농이라는 기표는 앞서 지적한 지구화된 식량체계가 지닌 다수의 문제점에 대한 대안으로 인식되어 왔다. 하지만 차별적인 틈새시장을 공략하던 유기농은 생산과 소비의 매개를 시장 — 물론 사회적 시장의 가치와 역량을 무시할 수는 없다 — 으로 삼으면서 점차 주류화mainstreaming 경향을 보이고 있다. 이와 비교할 때, 로컬푸드는 '지역성'을 새로운 특성으로 강조하며 유기농이 갔던 길과 조금은 다른 방향으로 움직여가고 있다. 바로 제도적인 차원에서 정부나 NGO 등이 주요한 매개자로 등장한 것이다. 특히 분권화 시대 농촌지역의 지방정부들은 자체의 공공구매조달 시스템이나 지역 농업에 대한 간접지원의 방식으로 로컬푸드를 주요한 정책의 하나로 추진하는 모습을 보여주고 있다. 이러한 가운데 최근에는 농업의 전후방 연계 사업들을 지역화함으로써 지역 내에서 안정적인 사회적 경제과 사회적 일자리를 창출하려는 다양한 실험들도 시도되고 있다. 이처럼 대안적 식품 체계는 '관계는 확대되고, 거리는 축소되며, 신뢰는 확산되는' 과정을 로컬푸드 체계로의 전환shift for local food system으로 볼 수 있다. 본격적인 지방자치의 실험이 뿌리 내리기 시작한 2010년 지방선거 이후 다수의 광역 및 기초시군에서 로컬푸드를 위한 민관 거버넌스의 실험들이 다수 시도 중에 있다. 로컬푸드에 대한 국내외 주요 기관들의 정의를 하나의 표로 정리한 결과는 다음과 같다.

로컬푸드를 정의하는 다양한 방법[8]

기관별	로컬푸드
농촌진흥청 (2010)	−50∼100km 거리 내의 지역생활권역이나 인근생활권역에서 생산, 가공 유통되는 −안전하고 신선한 친환경 먹거리로서 −공신력있는 기관의 인증마크를 획득한 것
원주푸드조례 (2009)	−생산자와 소비자에게 적정한 가격을 보장하고, −지속가능한 방법(자원순환 및 에너지 저투입 등의 친환경적 방법을 사용함으로써 지구온난화 방지 및 생물의 다양성 확보에 기여하는 모든 과정)으로 원주시 지역에서 생산·가공되어, −직거래 또는 물류센터를 통한 2단계이하의 유통단계를 거쳐 시민에게 공급되는 농식품
정은미 (2011, 농촌경제연구원)	일정 지역범위에 한정된 개념이라기보다 로컬푸드가 갖는 지속가능성(안정성, 경제성, 환경보전)의 가치를 추구하는 새로운 관계
충남발전연구원 (2011)	지역(대략 광역시 단위)에서 지역 주체에 의해 지속가능한 방식으로 소비자와의 직거래적 신뢰관계 속에서 생산, 가공, 유통, 조리, 판매되는 출처가 명확한 농식품 단, 지역 외부에서 소비되거나, 지역 외 주체와의 연계를 통해 가공, 유통, 조리, 판매되는 농식품의 경우에는 지역에서 생산된 원재료의 지역성 및 원재료 생산자와의 신뢰관계가 확보되어야 함.

8 충남발전연구원, 『충남 로컬푸드 활성화 방안』, 충남발전연구원, 2011, 18∼19쪽.

기관별	로컬푸드
유럽연합 지역위원회 (EU Committee of the Regions, 2011)	1) 지역에서 생산된 것locally / regionally 2) 지역 농촌개발전략에 기여하는 것 3) 소비자에게 가장 짧은 사슬을 통해 판매되는 것으로, 다음 이외의 단계는 없어야 함. 생산자 또는 지역에 확립된 생산자 단체 / 수요 공급 매칭 책임이 있는 주체 / 소비자 4) 지역 소매상점이나 노천장터에서 판매될 수 있지만, 유통업체의 중앙구매 부서로 판매될 수는 없다. 5) 다음 중 하나 이상의 판매 포인트로 소비자에게 어필하는 것 : 맛, 신선도, 고품질, 문화적 동기, 지역전통, 지역 특산물, 동물복지, 환경가치, 건강 측면, 지속가능한 생산환경 6) 가능한 가깝게 판매되는 것 : 거리는 산물, 지역, 상황에 따라 다를 수 있지만, 소비자가 접근가능한 판매지점은 가장 근접한 곳이다.(1마일에서 30마일 이상까지 가능) 7) 로컬푸드 시스템과 연결된 것

그렇다면, 로컬푸드를 추구해야 하는 이유는 어디에 있을까? 대표적인 로컬푸드 연구자 허남혁은 로컬푸드가 가져올 긍정적인 변화를 다음과 같이 네 가지 측면으로 정리하였다.[9] 첫째, 환경적 측면에서 로컬푸드는 지역 환경뿐 아니라 지구를 살리는 데 기여한다. 먹거리의 운송거리가 단축되면 이산화탄소의 배출량이 줄어들게 되고, 이는 곧 지구온난화 방지에 기여할 수 있다. 또한 관행적 방식으로 이루어지던 농업이 유기농, 친환경으로 전환되면서 환경에 미치는 악영향이 감소하고, 궁극적으로 농업이 유지됨으로써 얻을 수 있는 각종 환경적 기능이 유지될 수 있다multi-functions of agriculture. 둘째, 시민의 건강의 측면에서도 깨끗하고 신선하며 영양이 풍부한 먹거리를 소비하게 될 가능성을 높인다. 장거리 유통에 따른 방부처리 필요성(방사선, 화학

9 허남혁, 「제고장 먹거리 담론 – 쟁점과 가능성」, 『한국농촌사회학회 춘계학술대회발표논문집』(미간행 발표문), 2006.

물질 등)이 감소하기 때문에, 짧은 운송거리로 인해 먹거리의 신선도와 영양분이 유지될 수 있기 때문이다. 셋째, 최근 주목받고 있는 측면으로 교육적 측면에서 긍정적인 효과를 찾아볼 수 있다. 어린이와 청소년들이 직접 먹거리 생산(농사) 체험을 함으로써 생태교육의 효과를 높일 수 있다. 나아가 지역 먹거리와 신선식품에 대한 입맛훈련을 통해 보건교육의 효과까지 높일 수 있음이 증명되고 있다(예 : 영국의 제이미 올리버가 추구하는 school food revolution). 마지막으로 로컬푸드 시스템의 구성과 운영은 지역사회의 활력을 높이고 궁극적으로 지역화된 경제의 주춧돌을 놓는 데 도움이 된다. 농업의 유지는 지역사회의 공동화를 방지하며, 유통, 가공, 조리 등을 통한 전후방 산업의 발달을 통해 새로운 일자리 창출에서 기여할 수 있게 된다.

4. 슬로푸드

조지 리처는 『맥도날드 그리고 맥도날드화』라는 자신의 저서에서 맥도날드의 원리가 현대사회에서 광범위하게 적용되고 있다고 주장한다. 그는 맥도날드화를 "패스트푸드점의 원리가 미국 사회와 그 밖의 세계의 더욱 더 많은 부분들을 지배하게 되는 과정"이라고 정의한다. 맥도날드점의 원리는 바로 효율성, 계산 가능성, 예측 가능성, 통제, 비합리성이다. 슬로푸드는 바로 맥도날드와 같은 패스트푸드에 대한 대안을 추구하는 운동이다.

슬로푸드 운동은 1986년 맥도날드가 로마에 진출하려는 시도에 맞서 저명한 이탈리아의 식품사회학자인 카를로 페트리니와 그의 동료들에 의해 제안되었다. 그들은 패스트푸드의 진출이 음식을 표준화하고 전통음식을 소멸시키게 될 것이라 주장하며, 식사의 의미, 미각의 즐거움, 전통음식의 보존 등의 가치를 내건 새로운 운동을 시작하였다. 이들은 미국의 패스트푸드의 진입은 한 나라의 음식 문화에 큰 영향을 미치게 될 뿐 아니라, 맥도날드와 세븐일레븐과 같은 업체들의 노동형태(예컨대, 저임금과 장시간 노동 등)까지 확산될 것을 우려하였다.

슬로푸드 운동은 이탈리아를 넘어서 1989년 국제적인 운동으로 확산되게 되었으며, 현재 백 개 이상의 국가에서 10만 명 정도의 회원(단체와 개인)을 거느리고 있다. '국제슬로푸드협회'는 이탈리아 피에몽 지방 브라Bra에 본부가 있으며, 스위스와 독일 및 뉴욕에서 사무소를 두고 있다. 국제슬로푸드협회의 홈페이지를 통해 이들은 자신을 다음과 같이 소개하고 있다.

> 슬로푸드는 지구적인 풀뿌리 조직으로 전 세계 150여 개국의 지지자들과 함께 하고 있다. 우리는 좋은 음식이 줄 수 있는 기쁨을 식량이 자라나는 공동체와 환경과 연계하고자 한다.
>
> 비영리 회원기반 조직인 슬로푸드는 1989년에 설립되었다. 패스트푸드와 패스트 삶의 등장, 로컬푸드의 전통의 소멸, 사람들이 자신들이 먹는 음식이 어디에서 오는지, 어떤 맛을 지녔는지, 나아가 우리의 식량 선택이 세계의 나머지 부분에 어떤 영향을 미치는지와 관한 관심이 사라지고 있는 것

에 대항하기 위해서였다.

현재 슬로푸드는 1,300개의 지역단위에서 10만 개의 회원조직을 거느리고 있다. 또한 양질의 식량을 지속가능한 방식으로 소규모로 생산하고 있는 2,000여 식량 공동체의 네트워크이기도 하다.[10]

슬로푸드 운동이 국제화되는 과정에서 중요한 기준으로 작용한 슬로푸드 선언문에는 다음과 같은 내용이 담겨 있다.

슬로푸드 선언문

(1989년 11월 9일, 프랑스 파리)

산업문명의 이름하에 전개된 우리 세기는 처음에는 기계의 발명이 이루어졌고, 이후 기계를 생활모델로 삼아왔다. 우리는 속도의 노예가 되었으며, 우리의 습관을 망가뜨리며, 우리 가정의 사생활을 침해하고, 우리로 하여금 패스트푸드를 먹도록 하는 빠른 생활 즉 음흉한 바이러스가 우리 모두를 굴복시키고 있다.

호모 사피엔스라는 이름에 상응하기 위해서 사람은 종이 소멸되는 위험에 처하기 전에 속도로부터 벗어나야 한다. 보편적인 어리석음인 빠른 생활에 반대하는 유일한 방법은 물질적 만족을 고정시키는 것이다. 이미 확인된 감각적 즐거움과 느리며 오래가는 기쁨을 적절하게 누리는 것은 효율성에 대한 흥분에 의해 잘못 이끌린 군중에게서 우리가 감염되는 것을 막을 수 있을 것이다. 우리의 방어는 슬로푸드 식탁에서 시작되어야 한다. 우리

10 Slow Food International ⟨http://www.slowfood.com/⟩

는 지역 요리의 맛과 향을 다시 발견하고, 품위를 낮추는 패스트푸드를 추방해야 한다. 생산성 향상의 이름으로, 빠른 생활이 우리의 존재방식을 변화시키고, 우리의 환경과 경관을 위협하고 있다. 그러므로 지금 유일하면서도 진정한, 진취적인 해답은 슬로푸드이다.

진정한 문화는 미각을 낮추기보다는 미각을 발전시켜야 한다. 이렇게 하는 데는 경험, 지식, 프로젝트의 국제적 교환이 가장 좋은 방법이다. 슬로푸드는 보다 나은 미래를 보장한다. 슬로푸드는 그것의 상징인 작은 달팽이와 함께 이 운동이 국제 운동으로 나아가는데 도울 능력을 갖춘 다수의 지지자를 필요로 한다.[11]

슬로푸드의 창시자 페트리니는 종합학문으로서의 '미식학'의 복원이 먹거리 위기와 여기서 기인한 세계의 위기를 극복할 수 있는 방안이라고 주장한다. 미식학은 음식에 대한 성찰을 통해 먹거리 생산자들이 역사적으로 공유해 온 음식에 관한 전통 지식을 복원하고 일반인들이 잃어버린 미각을 되찾기 위한 종합적인 노력이다. 따라서 미식학이 키워내려고 하는 미식가는 단순히 음식의 맛과 혀의 즐거움을 추구하는 식도락가와는 구별된다. 미식가는 자기가 먹는 음식이 공정하고 깨끗한 음식이 될 수 있도록 먹거리의 생산과 유통에 관심을 가지고 참여하는 넓은 관점에서의 '공동 생산자'이다. 식량 생산과 유통 및 소비에서 지속가능성을 중요시 여기는 미식가는 따라서 현대사회의 각종 식량위기를 극복하는데 한 역할을 할 수 있는 것이다.

---

11 Slow Food International 〈http://www.slowfood.com/〉

'내가 먹는 것이 바로 나'라는 속담이 강조하듯, 음식이야말로 세상을 변화시킬 수 있는 훌륭한 수단이자 힘이라는 점을 슬로푸드는 강조하고 있다. 슬로푸드 운동을 한국에 처음으로 소개한 김종덕은 슬로푸드 운동이 단순히 음식이나 음식의 미각에 국한되는 것이 아니라 궁극적으로 속도를 강조하는 자본주의 문명에 대한 반대를 분명히 드러내고 있다고 강조한다.

패스트푸드에 대항하는 슬로푸드의 운동은 현재 음식을 넘어서 삶의 양식 자체를 바꾸려는 시도로 진화해가고 있다. 슬로푸드를 넘어 슬로시티slow city, *cittaslow*로 나아가자는 운동이 바로 그것이다. 슬로시티 운동은 슬로푸드의 발생지인 이탈리아에서 시작되었다. 그 출발점은 느리게 먹기slow food에 느리게 살기 운동slow movement을 더하자는 것이다. 슬로시티 운동은 인간사회의 진정한 발전과 오래된 미래ancient future를 위한 기본 조건인 자연과 전통문화를 잘 보호하면서 동시에 (지역)경제를 되살리기 위한 노력을 수행함으로써, 사람들이 진정으로 사람답게 사는 따듯하고 행복한 세상을 만드는 것을 목적으로 한다. 현재 한국에서는 신안 증도, 완도 청산, 장흥 유치, 담양 창평, 하동 악양, 예산 대흥이 국제슬로시티 협회가 인증하는 슬로시티로 선정되었다.

5. 로컬푸드와 슬로푸드에 기초한 지역 발전

로컬푸드를 바라보는 관점은 크게 유럽적 관점과 미국적 관점으로 나누어진다. 전자의 유럽적 관점은 농산물의 경쟁력 담론이 중심이 되며, 생산 중심, 가족 소농, 영역적 부가가치 등이 핵심적이다. 음식문화가 잘 발달하고 지역특산물이 풍부한 남유럽 지역(이탈리아, 프랑스, 스페인 등)에서 이러한 경향이 더욱 강하게 나타난다. 다시 말해, 유럽적 관점에서 로컬푸드는 짧은 유통사슬short food chain, 고품질 지역특산물speciality food, locality food이 중심이 된다. 유럽의 관점에서 로컬푸드는 따라서 슬로푸드나 지리적 표시제의 경우에서처럼 특정 지역과의 직접적인 관계가 강조된다. 반면 미국적 관점에서의 로컬푸드는 커뮤니티의 활성화와 건강성을 위한 관계 담론이 중심이 된다. 그에 따라 건강성, 환경성, 소농 지원, 농업의 다기능성과 지역(혹은 커뮤니티)의 자기결정의 권한처럼 보다 추상적이고 보편적인 가치에 강조점이 찍힌다.

앞으로 한국의 음식문화는 로컬푸드의 이처럼 상이한 두 관점에서 각각의 장점들을 수렴해가는 방향을 지향해야 할 것이다. 유럽연합의 로컬푸드에서는 PDO(Producted designation of origin, 원산지명칭보호)와 PGI(Producted geographical indication, 지리적표시보호) 농식품 같은 지리적 표시제가 매우 중요하다. 즉, 원재료의 품종, 식재료, 가공품, 최종음식에서 지역성을 유지하는 것이 오히려 개별 농가 및 지역단위의 경쟁력 향상에 도움이 되기 때문이다. 다른 한편 미국의 관점에서 로컬푸드는 생산자와 소비자가 재연결되면서 경제, 사회, 문화적 지속가능성을 강조하면서 다른 한편 삼중위기의 시대(경제위기, 석유정점, 기후변화)의 시대 농업에 대한 새로운 전망을 제시하고 있다는 점에 주목할 필요가 있다.

주로 정책적인 강조점을 지닌 로컬푸드와는 달리 슬로푸드는 일종의 대안 문화이자 반산업주의적 국제연대 운동을 통해 발전해 온 경향이 있다. 앞서 인용한 슬로푸드 선언문에서도 강조되었듯, 현대문명이 중시하는 빠른 속도와 빠른 생활은 우리 자신의 건강과 환경과 농업을 훼손해 왔다. 슬로푸드 운동에 불씨가 된 것이 바로 패스트푸드 반대운동이었던 것에서 볼 수 있듯 이들은 빠른 속도에 대한 문제의식이 강하다. 빠른 생활 속도는 개인과 지역의 정체성과 존재 방식을 변화시키고 환경과 경관을 위협하기 때문에 지양되어야 한다. 선언문은 또한 슬로푸드 운동이 미각 찾기 혹은 미식가 양성에 머무는 것이 아니라 속도를 강조하는 자본주의 문명에 대한 반대를 분명히 밝히고 있다.

따라서 로컬푸드와 슬로푸드는 이상적 목표가 아니라 가치지향적 이행전략으로 이해되어야 한다. 먹거리와 농업과 농촌 사이의 관계에 관한 새로운 이해를 바탕으로 새로운 가치를 담지한 지역사회의 총체적 전략이 되어야 하기 때문이다. 따라서 지역단위의 민관 거버넌스 시스템과 같은 종합적인 구도를 요구한다. 나아가 로컬푸드의 활성화는 시장 밖의 비시장적 활동, 예컨대 비농업인의 텃밭, 요리, 나눔에도 가치를 부여할 수 있어야 한다. 또한 과잉 발전되어온 외식 자영업의 온건한 연착륙과 지금보다 덜 경쟁적인 사회문화 속에서 가정 및 지역사회 차원에서 (재생산이 아닌 살림의 활동으로서의) 요리와 나눔에 대한 고려도 필요하다.

로컬푸드와 슬로푸드는 음식의 소비자들에게 '공동생산자'로서의 지위를 부여함으로써, 농업과 식품 영역 전반에 걸쳐 연결의 문화의 복원을 강조한다. 연결의 문화는 함께 생산하고, 의사소통의 벽을 허물고, 생태마을과 공동주거 등의 의식적인 노력을 통해 지속가능성을 지향하는 문화라 볼 수 있다. 이러한 연결의 문화를 위한 집합적인 노력은 개인을 넘어서 사회와 지구에 긍정적인 변화를 가져온다. 자신과의 연결은 온전한 삶, 자신의 가치에 따른 행동, 진실과 정직의 추구로 이어진다. 타인과의 연결은 공동선의 추구, 평등·정의·민주주의를 지향함으로써 지역화된 공동체의 복원으로 이어질 수 있다. 이러한 삶의 태도는 환경과 생태에 대한 민감성을 증대시키고 경쟁보다는 협력에 근거한 사회문화를 확신시킴으로써 궁극적으로 지구 수준의 지속가능성에도 기여할 수 있다. 이러한 가운데 가장 지역적으로 실천함으로써 동시에 가장 지구적으로 살아갈 수 있는 것이다. 개인의 행복과 공동체의 안녕이 일치되기 위한 주요한 출발점으로서 음식의 중요성에 대해 다시금 되새겨 볼 필요가 있다.

6. 음식시민으로 거듭나는 길

한국사회는 지난 50여 년의 압축성장의 과정에서 엄청난 변화를 경험하였다. 농업중심의 사회가 상공업과 서비스업 중심의 사회로 바뀌었으며, 도시화율이 90%에 달할 정도로 인구의 도시집중 현상 및 도시적 생활양식의 확산도 심화되었다. 이러한 변화는 한국인의 의식에도 엄청난 전환을 가져왔다. 성장지표와 수익률만을 강조하는 자본주의 한국사회에서 국민경제에서 농업이 차지하는 비중과 농업에 종사하는 인구수가 줄어든다는 것은 그에 비례한 목소리와 정치력의 약화로 이어진다. 사회 전반에 걸쳐 농업을 경시하는 태도가 만연하게 되었고, WTO 출범으로 전 세계적인 개방경제의 조건 하에서는 비교우위론을 내세우며 '휴대폰 팔아 쌀 사먹자'는 이야기가 공공연히 유포되고 있다.

하지만 식량의 자급과 식량주권을 포기하려는 국가들의 선택이 얼마나 단견이었는지는 점차 명확해질 것이다. 바로 기후변화와 석유에너지 자원의 고갈에 따른 전 세계적인 애그리플레이션agriflation의 문제가 심화되고 있기 때문이다. 곡물 가격의 폭등, 일부 곡물 수출국의 수출 제한, 세계적인 곡물 재고량 감축 등 지난 2~3년 간 세계적인 식량 사정의 변동하에서 한국처럼 취약한 식량 생산구조와 왜곡된 수입구조를 가진 나라는 점차 더 큰 어려움을 겪게 될 것이다. 다수의 신진국들이 농업포기가 아니라 소농과 가족농을 중심으로 한 농업회생의 전략으로 이미 선회하고 있는 까닭을 깊이 있게 성찰해야 할 시점인 것이다.

한국의 로컬푸드와 슬로푸드 전도사를 자처하는 김종덕 교수는 세계식량체계에 의한 식량의 탈정치화 때문에 먹을거리에 대해 성찰하지 못하는 현대인을 음식 문맹food illiteracy이라 규정한다.[12] "내가 먹는 것이 바로 나"라는 말에서도 보듯 인간이 생존을 위해 섭취하는 음식에는 멀리 떨어진 농업 외에도 자신이 살아가고 있는 사회나 환경과도 밀접한 관련이 있음에도 이를 자신과 무관한 것으로 인식한다는 점에서 문맹과 다름없다는 지적이다. 무엇이 제대로 된 음식이고, 온전한 음식인지를 모르는 소비자는 나쁜 음식을 생산하는 사람들을 암묵적으로 지원하는 공범자일 수도 있다. 온전한 먹거리를 먹고, 지속가능한 식량 체계 발전에 기여하기 위해 이제 소비자는 음식에 대한 다양한 지식을 습득해야 하고 식량체계 안에서 자신의 위치를, 관계를 재확인할 필요가 있다. 이렇게 음식에 관해 학습하는 소비자는 더 이상 단순한 식량의 구매자나 소비자가 아니라 식량체계의 능동적인 참여자로 먹을거리의 생산과 유통에 직접 관여하는 사람이 될 수 있다. 나아가 단순히 농업의 후원자가 아니라 생산자와 이해관계를 공유하는 '먹을거리의 공동생산자'로 자신의 위치를 전환할 수 있다. 음식문맹에서 음식시민으로 거듭나는 길이 바로 여기에 있다.

---

12 음식문맹자와 음식시민의 비교와 설명에 대해서는 김종덕, 앞의 책, 2012의 책을 참고.

참고문헌

『강원일보』, 2011.8.29.

허남혁, 「제고장 먹거리 담론 – 쟁점과 가능성」, 한국농촌사회학회 춘계학술대회 발표논문, 2006.

김종덕, 『먹을거리 위기와 로컬푸드』, 이후, 2009.

______, 『음식문맹자, 음식시민을 만나다』, 따비, 2012.

농촌진흥청, 『농진청의 로컬푸드 활성화 계획, 지역사회생활개선학회 발표문』, 2010.

정은미, 『지역경제 활성화를 위한 로컬푸드시스템 구축방안』, C2011-8, 한국농촌경제연구원, 2011.

충남발전연구원, 『충남 로컬푸드 활성화 방안』, 2011.

허남혁, 『내가 먹는 것이 바로 나』, 책세상, 2008.

조지 리처, 김종덕 역, 『맥드날드 그리고 맥도날드화』, 시유시, 2003.

카를로 페트리니, 김종덕 · 황성원 역, 『슬로푸드, 맛있는 혁명』, 이후, 2008.

브라이언 핼웨일, 김종덕 외 역, 『로컬푸드: 먹거리-농업-환경, 공존의 미학』, 시울, 2006.

EU Committee of the Regions, "Opinion of the Committee of the Regions on 'Local food system'(outlook opinion)", 88th Plenary Session(2011.01.27~28), 2011.

「원주푸드조례」, 2009.

국제 슬로푸드운동 본부 http://www.slowfood.com

슬로시티 한국위원회 http://www.cittaslow.kr

http://www.tedprize.org/jamie-oliver/

생태적 관점과 공생

류지석

1. 생태주의와 생태적 관점

1968년 UN총회의 결의에 따라 1972년 6월 스톡홀름에서 개최된 UN인간환경회의는 지구의 환경문제가 국제적인 관심사로 부상하게 된 결정적인 계기가 되었다. 이 회의의 결과 7개의 선언문과 26개의 원칙으로 구성된 '유엔인간환경선언(스톡홀름선언)'이 채택되었다. 이 회의는 지구환경문제에 관한 최초의 국제회의이며 인간환경선언은 그 이후 지구환경을 논의하는 기틀이 되었다. 1973년 UN은 지구환경 문제를 논의하는 중심기구로서 유엔환경계획UNEP를 설치하였으며 오존층 보호를 위한 몬트리올의정서를 비롯한 많은 국제환경협약을 이끌어 내었으며 지구환경보전사업을 수행하고 지구환경문제 해결을 위한 국제협력을 주도하였다.

스톡홀름 선언이 있은 지 20년 후 1992년 6월 브라질에서 열린 정상회의에서 5개항의 전문과 27개항의 원칙으로 구성된 '환경과 개발에 관한 리우선언'이 채택되었다. 이 선언은 인간은 지속가능한 개발의 중심에 있어야 하며 건강한 삶은 자연과 조화를 이루며 생산적 활동을 하는 데 있다는 점을 강조하고 있는데 국제사회가 환경과 개발의 조화를 추구해 나가는 데 필요한 정치적이고 철학적인 지침이라고 할 수 있다. 이 회의에서 지역의제 21Local Agenda 21도 채택되었는데 그것은 에너지, 식량, 기후변화, 생물종 다양성 등 환경과 생태의 문제가 전지구적인 문제이면서도 동시에 우리가 살아가는 지역에서의 일상적 문제이기 때문이다. 지구환경의 위기를 극복하고 지속가능한 발전을 이루기 위해서는 전지구적 차원의 협력도 중요하지만 동시에 지역에서의 구체적 활동과 실천도 필요하다. "전지구적으로 생각하고 지역적으로 행동하라Think globally, act locally"는 스코틀랜드의 생물학자이자 도시계획가인 패트릭 기디스Patrick Geddes(1854~1932)의 말은 현대의 환경과 생태 문제에 적용될 수 있는 적절한 표현이다.

1) 생태주의(생태학)의 등장

생태주의 / 생태학ecology의 어원은 희랍어에서 집, 살림을 의미하는 오이코스oikos와 추론, 이성, 학문 등을 의미하는 로고스logos이며 우리가 살고 있는 집(장소)에 대한 학문, 즉 생물과 그를 둘러 싼 환경과의 상호관계를 연구하는 학문이란 의미이다. 1868년 헤켈Ernest Haeckel이 생물과 외부세계의 상호작용을 연구하는 학문이란 의미로 외콜로기Oekologie라는 용어를 처음 사용하면서 시작되었다. 그러나 생태주의는 대상의 직접적인 연관관계를 연구하는 물리학이나 화학과는 달리 생활양식, 네트워크, 균형, 순환을 연구하며 생명체계 전체의 기능을 종합적으로 이해하는 것이 목표이다.

생태주의란 용어가 환경운동의 맥락에서 사용되기 시작한 것은 19세기 말 엘렌 스왈로Ellen Swallow라는 미국의 과학자에 의해서이다. 그녀는 근대적 생산과 소비사회를 비판하기 위하여 이 용어를 사용하였는데 오늘날은 생물학의 범위를 넘어서 생태계 변화와 관계되는 인간과 사회의 다양한 문제들까지를 포함하는 넓은 의미로 사용된다.[1] 머천트Merchant에 따르면 생태론은 생물들 사이의 복합적 상호작용뿐 아니라 인간과 환경의 상호작용까지 연구하는 인간생태학으로 그리고 인간과 자연의 관계 속에서 정치적, 사회적 제도를 분석하는 사회생태학으로 발전되었다.[2]

1 생태주의가 제기하는 중심 문제는 다음과 같다. ① 지구상에서 다른 생명체들과 인간의 관계맺음. ② 점차 증가하는 생태계에 대한 인간의 간섭 문제. ③ 생명의 세계와 인간의 관계를 개선하는 문제. ④ 과학적 방법뿐만 아니라 철학적, 정치적 접근법의 필요성.

2 캐롤린 머천트, 허남혁 역, 『레디컬 에콜로지』, 이후, 2007, 29·74쪽.

2) 생태주의의 구분

생태주의(철학)은 이론적 배경과 학자에 따라 다양한 경향이 있지만 주요한 흐름을 정리하면 다음과 같이 구분할 수 있다.[3]

1. 근본적 생태철학Radical Ecophilosophy
    a. 심층생태주의Deep Ecology
    b. 사회생태주의Social Ecology
    c. 생태여성주의Ecofeminism
2. 환경윤리학Environmental Ethics
3. 인간 중심적 개량주의Anthropocentric Reformism

근본적 생태철학은 인간에 의한 자연의 지배를 정당화하는 인간중심적 세계관을 비판하고 인간과 자연의 공존과 조화를 강조한다. 오늘날 직면한 생태위기를 극복하기 위하여 인간중심적 세계관에 기초한 기본의 사회체제와 질서를 전면적으로 해체해야 한다고 주장한다.

---

3 M. E. Zimmerman, *Environmental Philosophy*, Prentice Hall, 1993, p.vi~vii. 진희종, 「근본적 생태철학에 대한 비판적 고찰」, 제주대 대학원, 2008, 3쪽에서 재인용.

3) 심층생태주의(깊이의 생태학 / 근본 생태론)

심층생태론Deep Ecology은 노르웨이 철학자 아르네 네스Arne Naess(1912~2009)가 주창하였다.[4] 생태계와 환경의 위기에 대한 대책으로서 경제학이나 과학 기술의 대책이 불충분함을 지적하거나 그것을 배격하면서 인간의 자연에 대한 관계를 근본적으로 재정립할 필요가 있음을 주장하는 입장이다. 기술적 대처방안이 아니라 근본적인 태도의 전환을 통하여 삶의 방식 전부를 자연 착취적인 것으로부터 자연 친화적인 것으로 바꾸어야 한다는 것이다. 그 중심 내용을 정리하면 다음과 같다.[5]

① 전체장total field

'환경 속의 인간'이라는 관점을 거부하고 생명체와 인간은 각각 따로 존재하는 것이 아니라, 상호 연관된 전체 장으로 엮어진 것으로 파악한다. 유기체들을 생물권이라는 본질적인 관계망 속에 있는 결절점으로 간주하는 전일적이며 유기체적인 세계관을 지향한다.

② 생명권 평등주의

원칙적으로 생태계나 생명을 가진 피조물은 생을 영위하는 평등한 권리가 있고 우리는 다른 생명체들과 함께함으로써 기쁨과 만족을 얻

---

4 "The Shallow and the Deep, Long range Ecology Mouvement 외피적인 것과 근본적인 것. 장기적 관점의 생태운동"(1973).

5 문순홍, 『생태학의 담론』, 솔, 1999, 69~73쪽; 경상대 인문학연구소, 『인문학과 생태학』, 백의, 2001, 65~67쪽.

을 수 있다는 사고에 기반하고 있다. 인간들이 자신의 주변에 있는 다른 종들에 의존하고 있음을 망각하고 다른 생명체들과 자연계를 지배하고 자신이 이익을 위하여 착취하는 일방적인 인간중심주의에 대한 반성을 내포한다.

③ 다양성과 공생의 원리

다양성은 생존의 잠재적 가능성과 생명 양식의 풍부함을 고양시킨다. 공생의 원리는 복잡한 관계망 속에서 공존하고 협력하는 것이며 인간의 문화에 풍부함을 제공하는 원천이 된다.

④ 무계급의 다양성

역사적으로 볼 때 인간의 생활 방식은 역사적으로 의도적이든 의도되지 않았든 특정 집단에 대한 착취와 억압에 의거하고 있다. 생물 평등주의와 공생의 원칙 그리고 생태적 태도는 계급적 질서에 반대하고 집단 간의 갈등을 경계한다.

⑤ 오염과 자원 고갈 경고

생태론자들은 현재 사회체제와 문명 시스템에 대한 근원적 변혁을 요구한다. 지구상의 자원은 풍부하게 있으며 첨단기술의 발전으로 가용자원을 계속 확보할 수 있을 것이라는 믿음의 위험성을 경고한다.

⑥ 혼란이 아닌 복잡성

생태론은 혼란과 복잡성을 구분한다. 생태계는 무질서나 혼란의 모습이 아니라 다양한 요소들이 상호작용 속에서 체계를 형성하기 위해서 작동하고 있다. 이는 광대한 체계에서 불가피하게 나타나는 유기적 관계성의 복잡성이며 인간이 이를 무시할 때 생물권의 교란이 일어난다.

⑦ 지역의 자율성과 탈중심화

생물은 소규모의 국지적 단위에서 생태적인 균형에 도달할 수 있다. 이러한 생물학적 원리를 지역에 적용하면 자율성과 자족성이 높은 지역에서 에너지 소비가 감소하고 오염이 줄어들게 된다. 오늘날 생태위기의 현상은 전 지구적 영역에서 발생하고 그 피해도 전지구적으로 나타나고 있다. 그러나 생태위기의 취약성은 지역의 특수한 여건에 따라 다르게 나타나고 있다. 따라서 생태위기에 대한 대응 방식도 지역성을 고려하여 설정되어야 한다.

심층생태주의의 세계관을 인간중심적 관점과 비교하여 정리하면 아래 표와 같다.[6]

지배적 / 인간중심적 세계관	심층생태주의
자연에 대한 지배	자연과의 조화와 공생
자연환경은 인간을 위한 자원	자연은 내재적 가치를 지니며 모든 생명 종은 평등
인구 증가에 따른 물질적, 경제적 성장	우아하고 단순한 물질적 필요 (자기실현이라는 큰 목표에 맞춤)
자원은 풍부하게 있다는 믿음	지구가 제공하는 자원은 제한적이라는 깨달음
첨단기술을 통한 문제해결	적합한 기술과 비지배적 과학
소비주의	충분한 일과 재순환
국가 / 중앙 집권적 공동체	소수 전통 보존과 지역 (생명)공동체

사람의 삶에는 음식, 물, 주거와 같은 근원적으로 필요한 것이 있고 사랑, 놀이, 예술행위와 같이 물리적 관계를 넘어서는 조건들, 더 나아가서 우리가 느끼는 자연과의 친밀한 관계 또는 자연 전체와의 관계

6 Bill Devall, George Sessions, *Deep Ecology*, Peregrine Books, 1985, p.69. 진희종, 앞의 글, 16쪽에서 재인용.

가 있다. 그러나 이러한 필요의 충족을 지나치게 금욕적인 기율로 억제하는 것이 옳은 것은 아니다. 미국의 생태학 운동가 빌 디볼Bill Devall과 조지 세션스George Sessions가 네스의 생각을 정리하여 말한 것을 빌리면 사람의 물질적 필요는 소비문화가 만들어내는 '가짜 필요와 파괴적인 욕망'이 아니라 '우아하게 소박한 물질적 필요' 그러면서 '더 높은 자아실현의 목적에 봉사하는 물질적 필요'가 되어야 한다.

4) 사회생태주의

사회생태주의는 심층 생태론에 대한 문제 제기로 출발하였으며 대표적 학자는 머레이 북친M. Bookchin이다. 심층생태주의가 모든 생명체가 가지는 내재적 가치를 인간과 동등하게 간주함으로써 현실사회와 괴리된 생활원리를 강조하고 자아실현을 위한 정신세계의 의미를 지나치게 강조하였다고 비판한다. 사회생태주의는 역사의 전개과정에서 나타난 이성의 순기능을 인정하고 오늘날 생태위기의 근본원인은 근대적 세계관이 고착시킨 사회 내의 위계적 지배관계가 자연에 대한 지배로 전이된 것에 있다고 본다. 인간의 역사에서 권력과 자본을 가진 상위계층이 하위계층을 지배하는 것이 당연하다는 인식이 형성되었던 것처럼 우주에서 우월한 존재인 인간이 자연을 지배하고 이용하는 것이 당연하다는 이데올로기가 탄생하였다. 사회생태주의는 이러한 자연관을 생태위기의 근본적 원인으로 보고 다음과 같은 사유방식으로 이를 극복하고자 한다.[7]

① 변증법적 자연주의

변증법적 자연주의는 서구의 전통적 변증법적 사고를 진화론적 관점에서 자연주의적이고 생태적인 사유에 적용한 생태론이다. 북친은 자연을 새로운 방식으로 정의한다. 1차 자연은 자연세계에서 비유기적 세계와 더불어 끊임없이 분화하고 복잡해진 생명체들의 진화의 누적물인 유기적 존재들이고 2차 자연은 자연과의 조응 속에서 발전한 인간의 진화과정에서 만들어진 문화적, 사회적, 정치적 자연으로서 계급, 국가, 사유재산, 시장경제 등에 의해 질서지어진다. 북친은 1차 자연과 2차 자연은 변증법적인 대립과정에 있지만 생태적이고 합리적인 사회에서는 대자연으로 지양되면서 연속적으로 진화, 발전한다고 본다.[8]

② 호혜적 생태윤리

오늘날의 생태위기는 자연에 대한 인간의 윤리의식의 부재가 원인이다. 북친은 자연 속의 다양한 개체들의 공생적 존재 방식에 주목하고 거기서 자연사와 사회사의 존재론적 통일성을 찾아서 생태윤리의 근거로 삼고자 했다. 생태계의 종들은 단순히 수동적 구성요소가 아니며 진화과정에 적극적으로 참여하기 때문에 자연도 스스로의 의지로 서로 다른 종들과 상호의존하고 진화한다. 이러한 생태계 호혜주의가 자연의 윤리적 토대이며 인간과 자연은 지배와 종속의 관계가 아닌 자기 조직화와 상호 호혜에 근거한 공존적 관계이다.

③ 역사적 진보주의

북친은 생태위기의 원인을 사회적 위계질서에 있다고 보고 현존하

7 M. 북친, 문순홍 역, 『사회생태론의 철학』, 솔, 1997; 진희종, 앞의 글, 21~27쪽.
8 M. 북친, 앞의 책, 164쪽.

는 지배적인 사회질서인 자본주의를 민중에 의한 사회혁명을 통하여 해체하는 것이 역사의 진보라고 주장한다. 더 나아가서 정치제도, 의식, 생활패턴, 삶의 의미까지 생태적으로 재정립할 것을 주장한다. 민중들이 스스로 지역사회를 통제할 수 있는 정치적 생태공동체를 지향하는 사회생태주의의 정치 모델은 참여 민주주의 대의원제도와 연방제 구조를 지닌 소규모 직접정치를 대안으로 제시하고 있다.

5) 생태여성주의

프랑스 작가 도본Francoise d'Eaubonne이 1974년 『페미니즘 또는 죽음 *Le Féminisme ou la Mort*』에서 처음 사용한 용어로 생태위기의 원인을 남성중심주의의 문화가 만들어낸 산물로 본다. 환원주의적 근대과학이 형성한 남성과 자연의 지배관계가 가부장적 사회와 남성과 여성 간의 착취적, 억압적 관계와 긴밀하게 연결되어 있으며 인간과 자연의 조화와 공생을 주장하는 생태주의는 여성의 경험에서 나오는 보살핌과 길러냄의 윤리와 결합하지 않으면 안 된다는 점을 강조한다. 다양한 여성주의의 입장에 따라 생태여성주의의 방향도 다른데 가장 중요한 흐름은 문화적 생태여성주의와 사회적 생태여성주의이다.

2. 공생과 생태도시

1) 공생과 도시생태계

구성원 가운데 적어도 두 종 이상이 장기간 함께 살고, 때로는 대를 이어 물리적으로 연결된 상태에서 함께 사는 것을 공생symbiosis이라 한다. 생물 개체군은 다른 생물들과 공진화하면서 군집을 이루고 살아가므로 공생은 진화의 핵심적 요소이다. 동물의 소화기관에 존재하는 미생물의 소화공생, 동물이 씨앗과 포자를 퍼트리거나 수정에 도움을 주는 경우 등을 예로 들 수 있다. 완전히 개별적인 생명체는 존재하지 않으며 생태학적 측면에서 혼자 살아가는 생명체는 없다. 공생관계는 생명체가 생존하고 공존하는 보편적 방식이다. 그러므로 생태의 문제는 인간과 자연의 공생, 조화의 문제로 귀결되며 현재 지구가 당면한 생태의 위기와 환경문제는 연대와 공동체 의식에 기초해서만 해결될 수 있을 것이다.

생태계는 생물체와 무생물 환경 간에 상호 작용하는 집합체interacting assemblage이며 그것은 열린계open system이다.[9] 인간도 모든 수준에서 생태계의 주요한 통합적 요소이며 교호적 요소이다. 도시생태계는 생물체인 숲, 야생동식물, 인간과 무생물체인 건물, 도로 같은 인공 구조물로 이루어져 있다. 도시생태계에서 인간은 공기, 토양, 물, 동식

9 양병이, 『녹색도시 만들기』, 서울대 출판부, 2011, 20~21쪽.

물과 같은 생태적 요소에 영향을 주는 반면 건물을 짓고 도로를 만들 때는 생태적 요소의 영향을 받는다. 도시를 생태계로 파악하고 생태계 접근방법을 적용한 개념이 도시생태계이다. 도시생태계는 자연생태계와 유사한 교호작용과 행태를 갖는 동태적 생태계이지만 자연생태계와는 달리 자연적 요소와 인공적 요소가 혼합된 하이브리드 상태이다. 따라서 도시에서의 삶의 편리성을 무시하지 않으면서도 생태계를 존중하는 구체적 고민과 정책이 필요하다.

2) 생태도시

생태도시는 "환경적으로 건전하고 지속 가능한 개발Environmentally Sound and Sustainable Development"이라는 전제 아래, 도시지역의 환경문제를 해결하고 환경보전과 개발을 조화시키기 위한 방안으로 도시개발, 도시계획, 환경계획 분야 등에서 대두된 개념이다. 유사한 개념으로는 녹색도시Green City, 전원도시Garden City, 자족도시Self-sufficient City, 에코폴리스Eco-polis, 외코폴리스Öcopolis, 에코시티Eco-city 등이 있다. 표현과 강조점은 다르지만 도시환경문제의 해결이라는 관점에서는 유사하다.

독일에서 시작된 외코폴리스는 인공적인 도시공간이 야기하는 인간성 상실의 문제를 어떻게 해결할 것인지 또한 도시경관이나 자연을 인간과의 접촉이라는 면에서 어떻게 고려할 것인가 주요 관심사이다. 외코폴리스의 주요내용은 다음과 같다.[10]

외코폴리스의 주요 콘텐츠	–자연풍경에 어울리고 생태적으로 무리 없는 도시 형성 –인구집중지구 주변지의 균형, 도시와 농촌 간의 대립 지양 –기후에 알맞은 건축·도시 형성 –분산형 에너지 공급(태양열, 풍력 등) –주민의 체험세계를 높이기 위한 다양하고 소규모 위주의 공간 형성 –공동체적인 이웃관계, 공동작업 –미시적인 기상 시점에서 도시형성(신선한 공기가 통하는 도로, 기상 zone) –다양한 생물종이 서식하는 비오톱biotop(특정한 식물과 동물이 하나의 생물공동체를 이루어 살고 있는 생물서식지) 형성 –인간, 식물, 동물을 위한 생명공간 형성 –통합된 생태계 시스템 시스템의 구성요소로서의 도시

한편 일본에서 시작된 에코폴리스가 주창하는 생태학적 도시Ecological City는 인간과 환경이 공생하는 지역을 만들고자 하는 것으로 ① 환경을 배려한 생활 ② 적정한 물질수지物質收支(material balance, mass balance : 질량 보존의 법칙을 적용하여 유도되는 물질의 질량 수지관계. 계에 들어오는 질량과 계에서 나가는 질량의 차는 계 내에 축적되거나 혹은 계 내의 화학 반응에 의해 생성·소멸하는 질량과 같다. 생태계에 유입되는 화학물질량의 비교 균형관계를 의미하기도 한다.) ③ 생물과의 공생 3가지 원칙으로 구성된다. 에코폴리스 계획의 주요 관점은 다음과 같다.[11]

생태계의 중시	–자연 생태의 회복·보호·보전 –생명·생태에 적합한 기술개발 도입
환경의식·교육의 중시	–자연·생태와의 공생 –생활양식·활동양식으로 개조

10 문화도시네트워크, 『우리가 만드는 문화도시』, 산지니, 2010, 237쪽.

11 위의 책, 238쪽.

사회적 제도 · 조직 만들기	─지역 공동체에서의 자주적 · 주체적인 대응과 네트워크화 ─시장의 결함을 보완하는 경제적 유도조치

자연 생태계를 충분히 고려한 미래형 도시인 자연생태도시는 콘크리트로 둘러싸여 삭막한 느낌을 주는 기존의 신도시와 달리 물과 에너지가 순환하고 동, 식물이 살아 숨쉬는 도시이다. 에코폴리스를 만들기 위해서는 적은 면적을 개발하는 것을 원칙으로 해 기존의 신도시보다 2배 이상의 녹지를 조성하고 무공해 발전시설인 태양열이나 풍력 발전시스템을 도입하여 무공해 에너지를 자급자족하며 도시 내 야생동물의 이동경로를 확보하는 등의 노력이 필요하다.

3. 도시재생과 생태적 공생

도시재개발사업은 주로 도시재생으로 지칭되는데, 물리적 측면만이 아니라 사회 · 경제적 재구조화Restructuring까지도 포함된다. 다시 말해 도시의 특성은 단순히 물리적 환경을 개선한다는 일차원적인 정비 사업에서 벗어나 문화적 · 경제적 측면에서 기성시가지의 활력을 도모하고 있다는 점이며, 이러한 의미에서 도시 철거 재개발Urban Renewal보다 한 차원 발전된 도시재생으로 불리고 있다.

결국 도시재생은 사회구조와 생활양식 등 생활환경의 연속성을 유

하이라인-갠스부르트 스트리트[12]

지하면서 자연환경의 훼손을 최소화함으로써 미래세대에의 배려를 유지할 수 있는 지속가능한 도시개발방식을 그 공통된 이념으로 한다고 볼 수 있다. 바로 이것으로부터 도시재생 프로젝트의 일반적 효과도 비롯되어진다고 할 수 있다. 이에 따른 도시재생 프로젝트의 일반적 효과는 궁극적으로 사람과 환경이 공생할 수 있는 쾌적하고 풍요로운 삶의 공간 조성, 자족성과 경쟁력, 안전성을 갖춘 건강하고 지속가능한 주거 공간 및 지역사회, 도시 공간, 나아가 국가사회를 이루어

12 출처 : http://www.thehighline.org(http://farm4.static.flickr.com/3257/3251566660_38be489cea_b.jpg)

가는데 주어진다고 볼 수 있다.

이 절에서는 생태적 도시재생과 생태도시의 대표적 사례를 통하여 구체적인 내용을 살펴보자.

1) 뉴욕 하이라인Highline 공원[13]

하이라인은 1934년 첫 운행을 시작한 도시 화물철도로 뉴욕의 미래 지향적 근대화를 상징하는 대표적인 산물이다. 당시 지상철도에서는 잦은 사고가 발생했고 이를 근본적으로 방지하고 효과적으로 물자를 운송하기 위하여 건설되었다. 뉴욕시의 각기 다른 개성을 가진 20개의 도시블록을 가로지르며 각각의 지구들을 서로 연결시키는 2.3km의 화물철도는 지상 2~3층 높이로 만들어져 공장과 창고 건물을 관통하면서 뉴욕의 산업물자를 수송했던 중요한 운송수단이었다. 맨해튼 서부 34번가부터 갠스부르트 가까지 22블록 총 21km에 이르는 지역 산업경제를 이끌었던 견인차 역할을 했지만 트럭에 의한 수송이 증가함에 따라 철도교통이 쇠퇴하고 하이라인의 가치는 급격히 추락하였다. 1980년을 마지막으로 철도운행은 완전히 중단되었으며 그 후 20여 년간 방치되었다. 철로가 폐쇄되자 이곳은 잡초가 우거지고 쓰레기가 난무한 우범지역이 되었고 주변의 토지 소유자들은 철도의 철거와 재건축을 요구하였다. 그러나 운행을 멈춘 폐철로에 대하여 뉴

13 강성중, 「도시재생을 위한 뉴욕 하이라인 공원의 산업유산 활용 사례 연구」, 『한국디자인문화학회지』 17-4, 2011, 1~12쪽.

첼시마켓 남쪽14

욕시민은 개발론자와 보존론자로 양분되었다.

당시 첼시지역에 거주하고 있던 환경운동가 피터 오블레츠Peter Orbletz는 산업유산의 철거를 막고 하이라인의 재운영을 요구하며 법정싸움까지 불사하였다. 수년에 걸친 소송 끝에 많은 시민들과 단체의 지지로 보존론자가 승소하였고 철거위기에 놓였던 하이라인을 위하여 친환경개발을 원칙으로 다양한 계획을 모색하기 시작했다. 이 계획의 배경에는 1999년에 하이라인 구조물의 철거를 막고 산업유산의 보존과 공공공간으로서 재사용을 목적으로 설립된 단체인 '하이라인의 친

14 출처 : http://www.thehighline.org(http://farm4.static.flickr.com/3384/3251382258_f0f309d3bf_b.jpg)

하이라인 공원[15]

구들The Friends of High Line'이 있다.[16] 2000년 '하이라인의 친구들'은 뉴욕시의 공공공간의 디자인을 개선하기 위해 공공조직과 지역그룹이 파트너십을 이루는 독립적인 비영리기구인 'Design Trust for Public Space'에게 종합계획을 요청한다. DTPS는 하이라인 가진 잠재적인 공공의 오픈 스페이스로서의 특별한 가치와 폐기된 사회간접자본의 재생의 선례로서의 보편적 의미에 기초하여 계획을 진행하였다.

하이라인 프로젝트는 산업 사회의 도시를 상징하는 도시 기반 시설을 도시 구조 내에 도입시키려는 계획으로 철도 부지의 역사적 장소

15 출처 : http://www.thehighline.org(http://www.tuxboard.com/photos/2012/04/High-Line-Park-10.jpg)

16 http://www.thehighline.org/about/friends-of-the-high-line

성을 유지하고 건축, 경제, 환경적 가치를 이끌어내어 도시의 새로운 공공 공간을 창출하는 것을 목적으로 구성되었다.

이런 콘셉트를 기반으로 도시 내 생태복원 및 녹지 네트워크 구축을 위하여 보행자 전용, 생태 공원, 야외 이벤트 플라자, 여러 상업구역 등으로 활용되고 있다. 하이라인은 도심을 관통하는 고가형 철로로서 철도부지 자체가 주변과 독립적이라 철로를 특별히 많이 활용하지 않아도 유도의 성격이 강하고, 이용자에게 색다른 경험을 제공하고 있다. 2009년 6월 1구간이 개장되었고 1년도 되지 않아 200만 명이 방문하는 성공을 거두었다. 2011년 2구간이 완공되어 공원의 길이는 1.6km로 늘어났다.

2) 프라이부르크와 보방 생태도시[17]

프라이부르크는 독일 바덴뷔르템베르크주에 위치한 23만의 인구가 거주하는 도시이다. 독일의 남서부 끝에 위치한 입지적 특성으로 프랑스, 스위스, 오스트리아를 잇는 관문의 역할을 한다. 길이 200km, 폭 60km의 울창한 삼림지대인 흑림 / 슈바르츠발트Schwarzwald의 핵심도시로서 행정구역 면적 150㎢ 2의 3분의 1 이상이 녹지로 형성된 독일의 대표적인 환경도시이다. 1992년 환경수도로 선정되었고 생태, 에너지, 교통 등 여러 분야에서의 정책과 관리 노력으로 그린시티의

17 홍윤순, 『녹색문화도시, 프라이부르크』, 나무도시, 2010.

이름을 높이고 있다.

1960년대 프라이부르크 시민은 급격한 공업화와 산업시설들이 야기한 산성비로 지역민들의 긍지이자 자부심이었던 흑림이 서서히 파괴되는 현상을 보면서 서서히 환경의 문제를 자각하기 시작했다. 그러다가 본격적으로 환경운동을 촉발시킨 사건이 있었다. 중동전쟁의 여파로 에너지 위기가 고조된 시기인 1974년 연방정부와 주정부는 프라이부르크 인근 비일Wyhl 지역에 원자력발전소 건설 계획을 발표하였다. 이에 건설예정지 인근의 농민들이 방사능 오염가능성과 포도재배와 와인생산에 끼칠 영향을 우려하여 이 계획의 철회를 요구하는 집회를 가졌고 이에 대학생과 지식인 그룹이 합류하면서 반대운동이 본격화되었다. 후에 시와 시의회도 동조하게 되었다. 이 운동의 결과로 일상생활환경 속에서의 에너지 절약과 환경보호실천운동이 활성화되었고 이를 통해 황경과 생태에 대한 논의가 심화되었다. 시의회는 1986년 만장일치로 원자력의 영구폐기를 결정하였으며 프라이부르크는 환경보호부서를 설립하는 최초의 지자체가 되었다. 이후 프라이부르크는 도시환경을 위하여 시 당국, 환경단체, 시민은 물론이고 다양한 사회구성원이 참여하는 행정체계를 구축하였다.

① 친환경 교통체계

1970년 독일 최초 자전거전용도로 건설하였고 1972년 자동차 억제 정책 도입하였는데 승용차 이용의 불편유발을 통한 운행 억제를 근간으로 한다. 구도심의 대부분을 보행자전용구역으로 지정하고 대중교통의 활성화를 위한 장려책을 마련하였다. 교통은 도시 노면전차 트램을 근간으로 자동차, 버스, 자전거와의 환승 시스템을 국축하였다.

② 모빌레Mobile

베흘레[18]

1970년대부터 지속적으로 자전거 도로망을 확장한 프라이부르크는 현재 전용도로 160km를 포함하여 500km에 달하는 자전거 도로와 9천여 개소의 자전거 주차시설을 확보하고 있다. 특히 드라이잠Dreisam강 주변의 전용도로는 매일 1만 5천여 대의 자전거가 통과하고 있다. 현재 자전거의 교통 부담률은 약 30%에 달하고 있으나 시는 앞으로 이를 50%까지 끌어올릴 계획이다.

자전거도시 프라이부르크의 인프라를 상징하는 시설은 중앙역 근처의 모빌레라는 건축물이다. 자전거 바퀴의 모습에서 영감을 받은 3층의 원형 건물은 1999년 9월 독일의 대표적 환경단체 분트BUNT와 독일교통클럽VCD, 프라이부르크 자동차협회 등이 공동출자하여 건설하였다. 태양 에너지를 사용하도록 설계된 이 건물에는 1층에 승용차 함께 타기를 위한 카쉐어링car-sharing의 자동차 주차장이 있고 2층에는 1천여 대를 수용할 수 있는 자전거 주륜장, 3층은 자전거클럽과 자전거여행안내소, 판매·수리소 등이 들어서 있다.

---

18 http://cache.virtualtourist.com/4/3629887-Baechle_Freiburg_im_Breisgau.jpg

모빌레[19]

③ 도시수로 베흘레

베흘레Bächle는 프라이부르크 도심의 곳곳을 흐르는 작은 인공수로이다. 과거 중세시대에 유럽의 많은 도시들은 인공 수로를 도시 한가운데까지 연결하였지만 상하수도가 완비된 오늘날에는 대부분 사라졌지만 프라이부르크에는 잘 보존되어 있다. 오늘날 프라이부르크 내 베흘레의 길이는 총 9.1km로서 이중 3분의 2 정도는 개방되어 있고 나머지는 땅 속에 묻혀있다. 넓이 108cm, 깊이 61cm 정도로 규모가 큰 곳도 있으며 폭 35cm, 깊이 18cm 정도의 규모도 있다.

16세기에는 베흘레가 오물을 처리하기 위하여 사용되기도 했으나 후에 비위생적인 환경의 개선을 위하여 시에서 이를 금지하였다. 이

19 http://www.tipsfromthetopfloor.com/wp-content/strobist_special.jpg

후 베흘레의 중요기능은 화재 예방이었으나 오늘날에는 도시에 신선한 물을 공급하여 여름철 도시의 온도를 낮추고 관광객들에게는 볼거리를 제공한다. 베흘레는 이제 프라이부르크의 도시 정체성을 형성하는 중요한 요소로서 작용하고 있다.

④ 보방생태주거단지

프라이부르크 도심에서 남동쪽으로 약 3km 떨어진 위치에 자리 잡고 있는 보방Vauban 생태주거단지는 군부대가 이전한 38만 ha의 부지에 600여 개의 일자리와 5,000명의 인구를 수용한다는 목표로 계획되었다. 이 단지는 시민참여를 통한 지역 공동체의 활성화와 친환경적이면서 지속가능한 환경을 이룩한 우수한 주거단지 개발의 사례로 "환경마을의 미래"로 평가받는다. 주민들의 다양한 생활양식을 존중하고 여러 사회계층의 주민들이 자신들에게 걸맞는 주택을 구입할 수 있도록 배려하면서도 사회적 혼합을 이루는 것을 목표로 하여 도시계획이 이루어졌다. 부지와 건물의 용도, 공원의 환경과 디자인에 이르기까지 주민의 실제적인 참여를 통하여 시가 제안을 검토하고 받아들이는 방식으로 진행되었다.

⑤ 교통과 친환경 에너지 정책

단지 내로 최소한의 차량만을 유입시키기 위하여 차량의 보유 여부가 주거비용과 밀접히 관계된다. 차량이 없는 주민은 '차량 없는 삶을 위한 주민모임'이라는 주민단체와 협약을 체결하며 차량보유자는 이 단체의 승인하에 3,700유로 이상의 금액을 주차비용으로 지불하여야 한다. 반면에 차량을 소유하지 않은 주민은 프라이부르크 대중교통의 무료이용과 기차표 50%의 할인 혜택이 주어진다. 주민들의 긴급한 필요에 대비하여 12대 이상의 카쉐어링 차량이 항시 대기하고 있으며 입주자들을 위한 대형주차창이 단지 외곽에 배치되어 있다.

보방에는 태양열 집열기와 뛰어난 단열효과를 갖춘 패시브하우스와 태양광시설로 에너지를 생산해내는 플러스에너지하우스가 있으며 부족한 전력과 난방열은 마을 앞의 열병합발전소에서 공급받고 있다.

4. 생태학적 패러다임의 변화를 위한 노력

우리나라에서는 아직 독일의 프라이부르크나 보방에 비교할만한 본격적인 생태도시는 존재하지 않는다. 그러나 지자체 차원에서 친환경 자원과 에너지 사용, 생태환경 복원, 공해와 오염원 감소 등의 다양한 노력을 하고 있다. 예를 들어 오염된 도심 하천을 복원하여 하천의 수질 개선은 물론이고 시민들에게 녹색 휴식공간을 제공하는 사업은 여러 곳에서 시도하였다. 서울의 양재천과 청계천, 부산의 온천천, 대구의 신천 등은 이미 사업이 완료되었고 현재 복원이 추진 중인 곳도 있다. 대도시를 관통하는 하천의 경우 갈수기가 길고 수량의 변화가 심하여 하천으로서의 기능을 유지하기가 힘들어 인공적으로 물을 확보하여 흐르게 하는 방식을 사용하고 곳도 있어서 완전한 자연환경 복원이라고 이야기하기는 어려운 점이 있다. 지자체 중심의 이러한 사업은 자칫하면 가시적 성과와 전시행정의 희생물이 될 수 있어서 주민들과 시민단체들의 적극적 관심이 필요하다.

생태의 문제는 인간과 자연의 공생, 조화의 문제로 귀결되며 현재 지구가 당면한 생태의 위기와 환경문제는 연대와 공동체 의식에 기초해서만 해결될 수 있을 것이다. 우리나라에서도 생태와 환경에 대한 관심이 커지면서 녹색성장과 지속가능한 발전, 생태도시와 관련된 정책들이 정부나 지자체 차원에서 발표되었다. 그러나 이러한 정책이 구체적이고 효과적인 결과를 가져오려면 사회 구성원들의 공감대가 형성되어야 하며 장기간의 투자와 행정적 지원이 필요하다.

결국 이러한 생태적 관심과 활동은 전지구적 차원의 인식과 로컬 차원의 실천이 결합할 때 구체화 될 수 있다. 아래의 글을 읽고 전지구적 차원에서 그리고 우리 삶의 일상 공간인 지역에서 생태학적 패러다임을 변화시키기 위하여 고민할 바를 생각해보자.

● 해수면 상승으로 수몰위기에 처한 작은 섬나라들의 연합체인 '에이오시스Aosis'의 안토니오 리마 부회장은 멕시코 칸쿤에서 열리고 있는 유엔기후회의에 참석해 "우리는 멸종위기 대상이 된 첫 인간들"이라며 "21세기에 멸종돼 잊히지 않도록 도와 달라"고 호소했다. 영국 옥스퍼드대 연구에 따르면 지구 온난화가 현 추세로 계속될 경우 21세기 말 카리브 해 연안의 해수면은 2m까지 상승할 것으로 우려된다. 이렇게 되면 이 지역 26만 명이 섬을 떠나야 하고 100만 명은 홍수 위험에 노출된다. 태평양과 카리브 해 작은 섬나라 대표들은 "우리에게 기후변화는 테러보다 더 위협적인 생존과 직결된 문제"임을 주장하면서 국제사회의 관심과 지원을 호소하였다. 투발루를 비롯해 나우루, 몰디브 등도 해수면 상승으로 국가가 없어질 위기에 있는

섬나라들이다. 또한 인도네시아 정부 발표에 따르면 향후 100년 안에 세계 최대 군도群島 국가인 인도네시아의 지도에서 4천 개의 섬이 사라질 위험에 노출되어있다고 한다. 이것이 칸쿤회의 기간 유엔기구, 연구기관들이 기후변화가 가져올 재앙에 대해 경고를 쏟아내며 국제사회의 행동을 촉구하였던 이유 중 하나였다.[20]

● 투발루는 26㎢의 면적에 1만 2천여 명의 인구를 가진 남태평양 중부 폴리네시아 서단에 있는 작은 섬나라이다. 1978년에 옛 영국령 길버트 · 엘리스제도 가운데 엘리스제도 9개 섬이 독립하여 형성되었고, 투발루라는 국명은 '8개 섬의 결합'을 의미한다고 한다. 열대성 기후이며 야자, 코코야자, 바나나, 빵나무 등이 자라긴 하지만 산호질의 토양 때문에 식생에는 한계가 있고, 쥐가 유일하게 서식하고 있는 야생동물이다. 이 투발루 정부가 2001년 국토포기를 선언하면서 국민들을 이주시킬 곳을 찾다가 뉴질랜드로부터 간신히 허가를 받아 2002년부터 단계적으로 이주 작업을 진행하고 있다. 투발루가 이주를 결정하게 된 배경은 바로 해수면 상승이다. 투발루의 국토는 산호초 섬들로 구성되어 있으며, 해수면보다 불과 4m 높이에 위치한다. 지구온난화로 해수면이 상승이 계속되면 결국 국토 전체가 바다 밑으로 사라질 위기에 처한 것이다.

20 http://news.hankooki.com/lpage/world/201012/h2010120621364822450.htm.

참고문헌

강성중, 「도시재생을 위한 뉴욕 하이라인 공원의 산업유산 활용 사례 연구」, 『한국디자인문화학회지』, 17-4, 2011.

경상대 인문학연구소, 『인문학과 생태학』, 백의, 2001.
김우창 외, 『21세기의 환경과 도시』, 민음사, 2000.
문순홍,『생태학의 담론』, 솔, 1999.
문화도시네트워크, 『우리가 만드는 문화도시』, 산지니, 2010.
양병이, 『녹색도시 만들기』, 서울대 출판부, 2011.
진희종, 『근본적 생태철학에 대한 비판적 고찰』, 제주대 대학원, 2008.
홍윤순, 『녹색문화도시, 프라이부르크』, 나무도시, 2010.

C. 머천트, 허남혁 역, 『레디컬 에콜로지』, 이후, 2007.
M. 북친, 문순홍 역, 『사회생태론의 철학』, 솔, 1997.

http://www.thehighline.org/about/friends-of-the-high-line